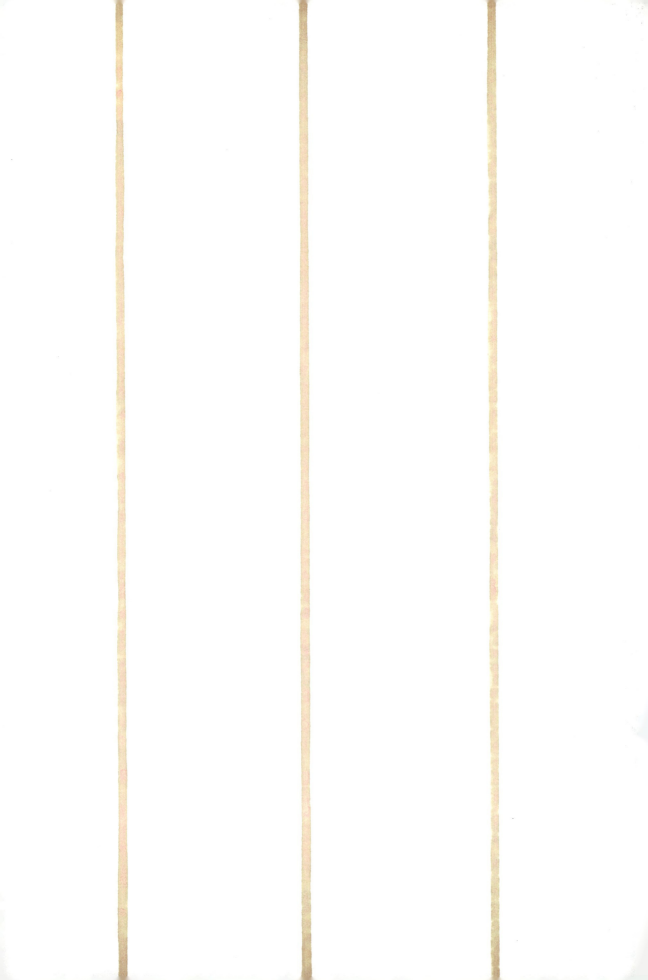

普通高等教育土建学科专业"十一五"规划教材
全国高职高专教育土建类专业教学指导委员会规划推荐教材

建筑企业财务管理

(建筑经济管理与建筑管理类专业适用)

主　编　王丽敏
副主编　蒋丽波
主　审　丁　健

中国建筑工业出版社

图书在版编目（CIP）数据

建筑企业财务管理/王丽敏主编. —北京：中国建筑工业出版社，2008

普通高等教育土建学科专业"十一五"规划教材. 全国高职高专教育土建类专业教学指导委员会规划推荐教材. 建筑经济管理与建筑管理类专业适用

ISBN 978-7-112-09831-6

Ⅰ. 建… Ⅱ. 王… Ⅲ. 建筑企业-财务管理-高等学校：技术学校-教材 Ⅳ. F407.967.2

中国版本图书馆 CIP 数据核字（2008）第 055403 号

《建筑企业财务管理》是全国高职高专教育土建类专业教学指导委员会规划推荐教材。全书围绕建筑企业生产经营过程中的主要命脉——资金来展开论述，内容涉及建筑企业财务管理中的资金筹措管理、投资管理、资金运作管理以及利润分配管理。全书每个章节都配备了相应的复习思考题，有较强的实用性，对学生在建筑企业财务管理工作方面有现实的指导作用。

本书可作为高职高专建筑经济管理与建筑管理类专业的教材，也可供建筑企业财务人员学习参考使用。

* * *

责任编辑：张　晶
责任设计：董建平
责任校对：关　健　陈晶晶

普通高等教育土建学科专业"十一五"规划教材
全国高职高专教育土建类专业教学指导委员会规划推荐教材

建筑企业财务管理
（建筑经济管理与建筑管理类专业适用）

主　编　王丽敏
副主编　蒋丽波
主　审　丁　健

*

中国建筑工业出版社出版、发行（北京西郊百万庄）
各地新华书店、建筑书店经销
北京嘉泰利德公司制版
北京圣夫亚美印刷有限公司印刷

*

开本：787×1092 毫米　1/16　印张：13¼　字数：322 千字
2008 年 7 月第一版　2016 年 9 月第七次印刷
定价：**22.00** 元
ISBN 978-7-112-09831-6
（16535）

版权所有　翻印必究
如有印装质量问题，可寄本社退换
（邮政编码 100037）

教材编审委员会名单

主　任：吴　泽
副主任：陈锡宝　范文昭　张怡朋
秘　书：袁建新
委　员：（按姓氏笔画排序）

丁　健	马纯杰	王丽敏	王武齐	王要武	王　敏	田恒久
任　宏	刘　玲	刘德甫	汤万龙	但　霞	何　辉	宋岩丽
张小平	张凌云	李文生	李跃珍	杨太生	迟晓明	陈东佐
项建国	夏清东	徐佳芳	秦永高	秦洪双	耿震岗	贾福根
高　远	景星蓉	蒋国秀				

序 言

全国高职高专教育土建类专业教学指导委员会工程管理类专业指导分委员会（原名高等学校土建学科教学指导委员会高等职业教育专业委员会管理类专业指导小组）是建设部受教育部委托，由建设部聘任和管理的专家机构。其主要工作任务是，研究如何适应建设事业发展的需要设置高等职业教育专业，明确建设类高等职业教育人才的培养标准和规格，构建理论与实践紧密结合的教学内容体系，构筑"校企合作、产学结合"的人才培养模式，为我国建设事业的健康发展提供智力支持。

在建设部人事教育司和全国高职高专教育土建类专业教学指导委员会的领导下，2002年以来，全国高职高专教育土建类专业教学指导委员会工程管理类专业指导分委员会的工作取得了多项成果，编制了工程管理类高职高专教育指导性专业目录；在重点专业的专业定位、人才培养方案、教学内容体系、主干课程内容等方面取得了共识；制定了"工程造价"、"建筑工程管理"、"建筑经济管理"、"物业管理"等专业的教育标准、人才培养方案、主干课程教学大纲；制定了教材编审原则；启动了建设类高等职业教育建筑管理类专业人才培养模式的研究工作。

全国高职高专教育土建类专业教学指导委员会工程管理类专业指导分委员会指导的专业有工程造价、建筑工程管理、建筑经济管理、房地产经营与估价、物业管理及物业设施管理等6个专业。为了满足上述专业的教学需要，我们在调查研究的基础上制定了这些专业的教育标准和培养方案，根据培养方案认真组织了教学与实践经验较丰富的教授和专家编制了主干课程的教学大纲，然后根据教学大纲编审了本套教材。

本套教材是在高等职业教育有关改革精神指导下，以社会需求为导向，以培养实用为主、技能为本的应用型人才为出发点，根据目前各专业毕业生的岗位走向、生源状况等实际情况，由理论知识扎实、实践能力强的双师型教师和专家编写的。因此，本套教材体现了高等职业教育适应性、实用性强的特点，具有内容新、通俗易懂、紧密结合工程实践和工程管理实际、符合高职学生学习规律的特色。我们希望通过这套教材的使用，进一步提高教学质量，更好地为社会培养具有解决工作中实际问题的有用人才打下基础。也为今后推出更多更好的具有高职教育特色的教材探索一条新的路子，使我国的高职教育办的更加规范和有效。

全国高职高专教育土建类专业教学指导委员会
工程管理类专业指导分委员会

前　言

随着社会经济的发展，企业财务管理的内容也在不断地变化。建筑企业作为一个特定的生产领域，对企业财务管理提出了新的要求。面对建筑企业多元化的筹资渠道、宽泛的投资渠道以及建筑企业的各种资金运营活动和利润分配活动，要求企业管理者不断更新自身所学的知识，更好地掌握管理技巧，使企业有限的资金发挥最大的效益。

《建筑企业财务管理》是全国高职高专教育土建类专业教学指导委员会规划推荐教材。全书围绕建筑企业生产经营过程中的主要命脉——资金来展开论述，内容涉及建筑企业财务管理中的资金筹措管理、投资管理、资金运作管理以及利润分配管理。全书每个章节都配备了相应的复习思考题，有较强的实用性，对学生在建筑企业财务管理工作方面有现实的指导作用。

本书由上海城市管理职业技术学院王丽敏主编，黑龙江建筑职业技术学院蒋丽波任副主编，上海财经大学金融学院丁健教授主审。本书第一章、第五章、第九章由王丽敏编写，第二章、第三章、第四章由蒋丽波编写，第六章、第七章由褚小囡编写，第八章、第九章由陈雪飞编写。在编写过程中难免有不足和遗漏甚至不妥之处，敬请同行、专家和读者批评指正。

目录

第一章 总论 ... 1
第一节 建筑企业财务管理的内容 ... 1
第二节 建筑企业财务管理的目标 ... 4
第三节 建筑企业财务管理的环节 ... 6
第四节 建筑企业财务管理的环境 ... 8
复习思考题 ... 16

第二章 资金时间价值与风险价值 ... 17
第一节 资金时间价值 ... 17
第二节 风险价值 ... 23
复习思考题 ... 27

第三章 筹资管理 ... 28
第一节 筹资管理概述 ... 28
第二节 权益资金的筹集 ... 30
第三节 负债资金的筹集 ... 38
复习思考题 ... 48

第四章 资金成本和资金结构 ... 49
第一节 资金成本 ... 49
第二节 杠杆原理 ... 53
第三节 资本结构 ... 60
复习思考题 ... 65

第五章　项目投资管理 …… 66
第一节　项目投资概述 …… 66
第二节　项目投资的现金流量 …… 68
第三节　项目投资决策评价指标及其计算 …… 72
第四节　投资决策评价方法的应用 …… 78
复习思考题 …… 85

第六章　证券投资管理 …… 86
第一节　证券投资概述 …… 86
第二节　债券投资 …… 88
第三节　股票投资 …… 95
第四节　证券投资组合 …… 99
复习思考题 …… 103

第七章　流动资产管理 …… 104
第一节　流动资产管理概述 …… 104
第二节　现金管理 …… 105
第三节　应收账款管理 …… 114
第四节　存货管理 …… 122
复习思考题 …… 131

第八章　利润分配管理 …… 133
第一节　利润分配概述 …… 133
第二节　股利政策 …… 138
第三节　股利支付的程序和方式 …… 140
第四节　股票分割与股票回购 …… 143
复习思考题 …… 147

第九章　财务预算 …… 148
第一节　财务预算概述 …… 148
第二节　财务预算的编制方法 …… 149
第三节　现金预算及预计财务报表的编制 …… 151
复习思考题 …… 163

第十章　财务分析 …… 164
第一节　财务分析概述 …… 164
第二节　财务分析方法 …… 166

第三节　财务分析指标 …………………………………………… 168
第四节　财务综合分析 …………………………………………… 189
复习思考题 ………………………………………………………… 192

附表一：复利终值系数表 …………………………………………… 194
附表二：复利现值系数表 …………………………………………… 196
附表三：普通年金终值系数表 ……………………………………… 198
附表四：普通年金现值系数表 ……………………………………… 200
参考文献 ……………………………………………………………… 202

第一章

总 论

第一节 建筑企业财务管理的内容

建筑企业是从事建筑安装工程施工生产的企业。建筑企业财务是指建筑企业在生产过程中客观存在的资金运动及其所体现的经济利益关系。建筑企业财务管理是由建筑施工企业在生产过程中客观存在的财务活动和财务关系而产生的，是建筑企业组织财务活动和处理建筑企业与各方面的财务关系的一项经济管理活动。要了解建筑企业财务管理的内容，就必须了解建筑企业财务活动和建筑企业财务关系。

一、建筑企业财务活动

建筑企业财务活动是以现金收支为主的企业资金收支活动的总称，具体包括资金的筹集、投放、使用、收回、分配等一系列行为。建筑企业财务活动的内容包括以下四个方面：

（一）筹资活动

筹资活动是指建筑企业为了满足投资和用资的需要，筹措和汇集所需资金的过程。资金筹措是建筑企业资金运动的起点，从注册成立建筑企业开始，就需要有一定量的资金作为原始资本金。建筑企业筹措资金可以有两个渠道，并形成两种性质的资金来源：一是可以由国家、法人、个人等直接投入，或通过发行股票、内部留存收益等方式取得，形成建筑企业的权益资金；二是可以通过从银行借款、发行债券、融资租赁、利用商业信用等方式取得，形成建筑企业的债务资金。通过筹措取得的资金,主要表现为货币资金,也可以是固定资产或无形资产等其他形式资金。建筑企业筹措到的资金体现为资金流入,当企业归还借款、支付利息、股利或支付各种发生的费用时,体现为资金的流出。由此而产生的资金收支,即是建筑企业筹资引起的财务活动。

(二) 投资活动

建筑企业的投资有广义和狭义之分。广义的投资是指建筑企业将筹集的资金投入使用的过程,包括建筑企业内部使用资金的过程和建筑企业对外投资资金的过程。建筑企业将筹集的资金用于添置固定资产,购置无形资产,垫支流动资产或其他资金时,即为对内投资;建筑企业将筹集的资金用于购买其他企业的股票和债券或和其他企业联营投资时,即为对外投资。建筑企业在对内投资和对外投资时,都将涉及资金流入和资金流出。这种由投资而产生的资金收支,即是建筑企业投资引起的财务活动。我们在财务管理学中所指的投资,通常是狭义的概念,即对外投资。

(三) 资金营运活动

建筑企业在日常施工生产经营过程中,会有一系列资金收支活动产生。在施工生产过程中,要采购水泥、砂子等原材料,要支付管理人员和生产工人的工资,还要支付在施工生产过程中发生的其他各种费用,由此将带来资金流出。同时,通过一个生产流转期,工程完工进行结算时,就会有资金流入。这种由建筑企业经营活动而产生的资金收支,即是建筑企业日常经营引起的财务活动。

(四) 分配活动

建筑企业通过出售施工产品(即工程结算)取得工程结算收入,这部分工程结算收入抵扣了对应的工程结算成本、工程结算税金附加以及费用后,形成建筑企业经营利润或亏损;同时建筑企业的对外投资也会带来收益或损失,由此而形成建筑企业的利润总额。按照应纳税所得额,企业依法交纳所得税后,即可进行相关的分配:按规定提取盈余公积金(法定盈余公积、任意盈余公积)、支付给投资者利润(应付现金股利或利润)或暂时留存建筑企业形成未分配利润。这种由建筑企业分配活动而产生的资金收支,即是建筑企业利润分配引起的财务活动。

综上所述,建筑企业财务活动的四个方面是相互联系、相互依存的,它们共同构成了建筑企业完整的财务活动过程,并且是周而复始、循环往复地进行的。

二、建筑企业财务关系

建筑企业财务关系,是指建筑企业在筹资、投资、资金营运、分配的财务活动中,与有关各方发生的经济利益关系。建筑企业在生产经营活动中,必然会和各类组织发生各种联系,主要包括以下几个方面:

(一) 建筑企业与投资者之间的财务关系

主要是指投资者向建筑企业投入资金,建筑企业向投资者支付报酬所形成的经济关系。每一个企业在成立时,都要有一定量的资本金作为启动资金,建筑企业也不例外。建筑企业的资本金来源是多样的,有国家投入的、法人投入的,也有个人投入的。投资者按照章程、合约履行出资义务，企业则运用这些资金进行施工生产活动，实现收益后，按照事先约定的收益分配原则向投资者分配利润。由此形成了建筑企业与投资者之间的财务关系。

（二）建筑企业与债权人之间的财务关系

主要是指建筑企业向债权人借入资金，并按合同规定支付利息和归还本金所形成的经济关系。建筑企业的资金除了投资者投入企业外，还可以向银行等金融机构借入资金。债权人借给企业资金是以获取利息为主要目的的，企业取得了借入资金后，将按照合同约定的利率、期限等支付利息并到期偿还本金。由此形成了建筑企业与债权人之间的财务关系。

（三）建筑企业与债务人之间的财务关系

主要是指建筑企业将企业资金以购买债券、商业信用等形式出借给其他单位所形成的经济关系。具体体现为：建筑企业将部分资金用于购买债券；企业在结算工程价款时，以赊销的方式为建设单位提供商业信用等。建筑企业出借资金是有偿的，它会要求债务人按约定的条件还本付息。由此形成了建筑企业与债务人之间的财务关系。

（四）建筑企业与政府之间的财务关系

主要是指政府作为社会管理者，通过收缴各种税款的方式与建筑企业发生的经济关系。如果是国有独资的建筑企业，那么企业和政府之间的关系就是投资者与被投资者的关系。企业实现收益后，按照事先约定的收益分配原则向政府（投资者）分配利润。此外企业还需依法纳税，交纳营业税、增值税等流转税，交纳企业所得税。若是非政府投资的建筑企业，企业与政府之间的关系就体现为纳税与征税的关系。

（五）建筑企业与被投资者之间的财务关系

主要是指建筑企业将企业资金以购买股票或直接投资的形式向其他企业投资所形成的经济关系。企业有闲置资金时，可用于对外投资，如：购买股票、向其他企业投资搞联营等。企业对外投资的目的是获取收益，被投资企业通过生产经营后，将按照合约进行收益分配。由此形成了建筑企业与被投资者之间的财务关系。

（六）建筑企业内部各单位之间的财务关系

主要是指建筑企业内部各单位之间在施工生产经营各环节中互相提供产品或劳务所形成的经济关系。在实行内部独立核算的经济体制下，建筑企业内部各单位都是相对独立的，各部门之间提供的产品或劳务都将进行资金结算。由此形成了建筑企业内部各单位之间的财务关系。

（七）建筑企业与职工之间的财务关系

主要是指建筑企业向职工支付劳动报酬过程中所形成的经济利益关系。职工为企业提供服务和劳动，企业则应按规定支付给职工工资、奖金等劳动报酬。由此形成了建筑企业与职工之间的财务关系。

第二节　建筑企业财务管理的目标

一、建筑企业财务管理目标的含义

建筑企业财务管理的目标，又可称之为建筑企业的理财目标，是指建筑企业组织财务活动、处理财务关系所要达到的根本目的，是建筑企业财务管理活动所希望实现的结果。建筑企业财务管理的目标不同，就会有不同的财务管理运行机制产生。根据建筑企业自身的特点，订立适合建筑企业的财务管理目标，对建筑企业的良好运作具有相当重要的意义。财务管理的目标，必须与建筑企业生存和发展的目标保持一致。建筑企业财务管理的目标并非一成不变的，随着社会的进步、环境的变化，管理者对建筑企业财务管理目标的认识也在不断地改变。社会发展到今天，对建筑企业财务管理目标存在多种不同的观点，以下是几种最具有代表性的观点：

（一）利润最大化目标

利润是建筑企业在一定期间内全部收入抵扣全部费用后的余额。它反映了建筑企业当期生产经营活动中投入与产出对比的结果。它不仅可以反映建筑企业创造剩余价值的多少，而且在一定程度上体现了建筑企业经济效益的高低。利润既是资本报酬的来源，又是提高建筑企业职工劳动报酬的来源，还是建筑企业补充资本、扩大经营规模的源泉。因此，以利润最大化作为建筑企业财务管理的目标，有利于建筑企业加强管理，增加利润，由此来看建筑企业追求利润最大化是合理的。但是利润最大化目标在建筑企业生产经营过程中存在着一些难以解决的问题：第一，这里的利润是指建筑企业一定时期实现的税后净利润，没有考虑资金时间价值；第二，没有反映建筑企业实现的利润与投入的资本之间的关系，对于不同资本规模的建筑企业无法做出比较；第三，没有考虑风险因素，高额利润往往是靠承担过大的风险取得，不一定符合建筑企业目标；第四，片面追求利润最大化可能导致建筑企业的短期行为，会与建筑企业长期发展的目标不一致。

（二）每股收益最大化目标

每股收益是实现股份制的建筑企业在一定时期普通股东的税后净利润与发行在外的普通股股数的比值，它的大小反映了股东（投资者）投入资本获得回报的能力。每股收益最大化作为建筑企业财务管理的目标，可以解决利润最大化目标不能反映建筑企业获得的利润额同投入资本额之间的投入产出关系的问题，能够正确衡量建筑企业经济效益水平，对于不同资本规模建筑企业之间或同一建筑企业不同时期之间可以做出盈利水平比较，从而为管理者经营决策提供一定的依据。但是，和利润最大化目标一样，每股收益最大化目标仍然没有考虑资金时间价值和风险因素，也没有能够避免建筑企业的短期行为，该目标也可能导致与建筑企业长期发展的目标不一致。

（三）企业价值最大化目标

投资者创立建筑企业的目的是尽可能地扩大财富。这种财富应该表现为建筑企业价值。企业价值就是企业的市场价值，是企业所能创造的预计未来现金流量的现值。建筑企业价值就是建筑企业的出售价格。当然企业不是一般意义上的商品，一般是不出售的，但是现在的投资市场是开放的，投资者往往可以通过假设出售的价格来评价一个企业的投资价值。随着建筑企业经营管理水平的提高，理财观念的改变，投资者在对建筑企业进行评价时，更多的是看重建筑企业潜在的盈利能力，而不是建筑企业已获得的利润水平。建筑企业价值并不是指账面资产的总价值，而是指建筑企业全部资产的市场总价值，它反映了人们对建筑企业潜在获利能力的预期。未来现金流量的现值这一概念，包含了资金的时间价值和风险价值两方面的因素。现金流量的现值是以资金的时间价值为基础对现金流量进行折现计算出来的，对未来现金流量的预测则包含了不确定性和风险因素。由此可见，这种评价方法考虑了资金的时间价值和风险因素，有利于建筑企业统筹安排长短期规划，有利于建筑企业的可持续发展，克服建筑企业的短期片面行为，确保建筑企业资产的保值增值。

但是，以企业价值最大化作为财务管理的目标也有其不足之处，主要表现为：第一，对于非股票上市企业，企业价值较难确认，只有对企业进行专门的客观和准确的评估才能确定其价值。第二，股票价格受多种因素影响，在目前我国资本市场效率低下的情况下，虽然股票价格的变动在一定程度上反映了股票上市企业价值的变化，但是股票价格还是很难反映企业所有者权益的价值。第三，为了控股和稳定企业间的购销关系，不少企业采用环形持股的形式互相持股。法人股东对股票市价的敏感程度远不及个人股东，对股价的变动没有足够的兴趣。第四，在现代企业中，政府、债权人、职工等其他人员也承担了相当的风险，相对股东而言，这部分人的利益被重视的程度不够。

企业价值最大化应该是在权衡企业相关者利益的约束下，实现所有者或股东权益最大化。虽然企业价值最大化存在着种种不足之处，但是企业价值最大化有利于体现建筑企业管理的目标，而且它考虑了资金的时间价值和风险价值，因此，一般认为它是一个比较合理的财务管理目标。

二、建筑企业财务管理目标在股东、经营者、债权人之间的冲突与协调

建筑企业财务管理目标在股东、经营者、债权人之间往往会发生一定的矛盾和冲突。将企业价值最大化目标作为建筑企业财务管理的目标时，必须协调好相关利益者的关系，而正确处理他们之间的关系是建筑企业财务管理中很重要的财务关系。

（一）所有者和经营者的矛盾与协调

所有者（股东）也就是企业的拥有者，建筑企业财务管理的目标当然是所有者（股东）的目标。所有者（股东）将企业委托给经营者进行管理，就形成了所有者（股东）与经营者之间的财务关系。所有者（股东）希望经营者能代表他们的利益工作，实现所有者（股东）财富最大化；但是经营者往往有着自

身利益的考虑，他们和所有者（股东）的目标有时会不一致。所有者（股东）和经营者的主要矛盾就是：经营者希望在增加企业价值和股东财富的同时，提高自身的报酬并尽量避免风险；而所有者（股东）则希望以较少的支出获得最大的企业价值或股东财富。为了避免这个矛盾，可采取以下方法加以解决：

1. 解聘：这是一种通过所有者（股东）约束经营者的办法。所有者对经营者予以监督，如果经营者未能使建筑企业价值达到最大化，就解聘经营者；而经营者因害怕被解聘就会努力去实现财务管理目标。

2. 接收：这是一种通过市场约束经营者的办法。如果经营者经营决策失误、管理不力，导致建筑企业的生产经营每况愈下，企业就有可能被其他企业强行接收或吞并，经营者便会因此自动被解聘。因此，经营者为了避免这种接收，必然会采取一切措施提高自身企业股票市价。

3. 激励：这是一种将经营者的报酬与其个人效益挂钩的办法。让经营者分享企业增加的财富，从而刺激其进一步采取符合企业价值最大化目标的措施。激励的方式通常有：以固定的价格购买一定数量的公司股票给经营者，当股票的市场价格高于固定价格时，经营者所得的报酬也会相应增加；当企业业绩增加时，可根据业绩增长的幅度给予经营者数量不等的现金或股票作为奖励。如此一来，经营者为了多得"绩效股"和奖金，会不断采取措施提高企业的经营业绩，又由于经营者持有自身企业的股票，也就能更自觉地采取措施促使股票市价稳定上升。

（二）所有者与债权人的矛盾与协调

所有者和债权人之间形成的是债权和债务的关系。债权人借款给企业的目的是利用闲置资金获取高于银行利息的收益，他们关心的是按期收到利息和本金。但是资金一旦进入企业，就有可能发生如下情况：一是所有者可能要求经营者改变原定资金的用途，将资金用于风险更高的项目，这样就加大了偿债风险；二是所有者在未征得债权人同意的情况下，发行新债券或举借新债，导致企业负债增加，致使旧债券或老债券的价值降低。为了避免所有者与债权人之间的矛盾，可采取以下方法加以解决：

1. 限制性借款：即在借款合同中加入某些限制性条款，例如规定借款资金的用途、借款的担保条款和借款的信用条件等。

2. 收回借款或终止借款：即当债权人发现企业有侵害债权人利益的行为时，采取收回债权和不再提供新的借款。

第三节　建筑企业财务管理的环节

财务管理环节是指建筑企业为了达到所定的财务管理目标而进行财务管理工作的步骤与程序。财务管理的基本环节包括财务预测、财务决策、财务预算、财务控制以及财务分析五个部分。

一、财务预测

财务预测是指建筑企业根据财务活动的历史资料,考虑现实的条件和管理要求,运用科学的方法,对建筑企业未来的财务活动和财务成果进行科学的预计和测算。通过财务预测,为建筑企业财务决策、财务预算、财务控制、财务分析提供可靠的依据。进行财务预测工作的一般程序是:①明确预测对象和目的;②收集和整理相关资料;③确定预测方法,建立预测模型;④确定并提供预测结果。

二、财务决策

财务决策是指财务人员在财务管理目标的总体要求下,依据财务预测所建立的多种设想和方案,运用专门的方法从多种设想和方案中选出最佳方案的过程。在建筑企业财务管理系统中,财务决策是财务管理的核心,它决定着建筑企业未来的发展方向,关系到企业的兴衰成败。其他财务管理环节的工作都是围绕着这个核心展开的。进行财务决策工作的一般程序是:①确定决策目标;②提出备选方案;③选择最优方案。

三、财务预算

财务预算是运用科学的技术手段和方法,对财务决策中选定的方案进行具体规划,制定出主要的计划指标的过程。财务预算是以财务决策确立的方案和财务预测提供的信息为基础编制的,是财务预测和财务决策所确定的施工生产经营目标的系统化、具体化,是控制财务活动的依据。进行财务预算工作的一般程序是:①分析财务环境,确定预算指标;②协调财务能力,组织综合平衡;③选择预算方法,编制财务预算。

四、财务控制

财务控制是指在建筑企业财务管理过程中,财务管理机构及人员以财务预算为依据,采用特定的方法和手段,对企业各项财务活动进行日常的计算、审核和调节,以保证建筑企业财务预算所规定的财务目标的实现。进行财务控制工作的一般程序是:①制定控制标准,分解落实责任;②进行过程控制,及时纠正误差;③落实考核措施,做到奖优罚劣。

五、财务分析

财务分析是依据会计核算资料和其他方面的资料,运用特定的方法,对建筑企业财务活动的过程和结果进行分析,评价财务预算的完成情况。通过财务分析,可以掌握各项财务预算和财务指标的完成情况,可以了解影响财务预算执行的因素,进一步挖掘建筑企业的潜力,提出改进措施,不断完善财务预测和财务预算工作，提高财务管理水平。进行财务分析工作的一般程序是：①收集资料，掌握信息；②指标对比，作出评价；③分析原因，明确责任；④提出措施，改进工作。

第四节　建筑企业财务管理的环境

财务管理环境又称理财环境，是指对建筑企业财务活动和财务管理产生影响作用的企业内外部各种条件的统称。

在现行经济条件下，建筑企业财务活动必然会受到理财环境的制约，市场、物价、金融、税收等因素都会对财务管理工作产生重大影响。不同的企业或同一个企业在不同的时期，其所面临的财务管理环境是不同的。财务管理环境涉及的范围很广，其中最重要的是经济环境、法律环境和金融环境。

一、经济环境

经济环境是指建筑企业在进行财务活动时所面临的宏观经济状况。主要包括以下几个方面：经济发展状况、政府的经济政策、通货膨胀和通货紧缩、市场竞争、劳动力市场等。

1. 经济发展状况

经济发展状况通过经济发展水平体现，经济发展水平是指国家整个经济增长和发展水平，它对建筑企业调度资金、调整生产结构有很大影响。近年来，我国国民经济发展状况良好，呈现持续高速的增长。高速发展的经济给建筑企业扩大规模，打开市场以及开辟企业财务活动的新领域带来了机遇；同时，在高速发展的经济中，资金短缺会成为建筑企业不可避免的、长期的矛盾。这样的经济发展局面就给建筑企业财务管理人员提出了更高的要求，财务管理人员应适应新的经济形势，探索新的财务管理模式，多渠道筹措企业资金。

2. 政府的经济政策

我国的经济体制决定了政府具有较强的宏观经济调控职能，国家制定的国民经济发展规划、国家的产业政策、经济体制改革的措施以及行政法规等，都会直接影响建筑企业的财务活动。近几年来，我国已经并正在进行着财税体制、金融体制、外汇体制、投资体制、社会保障体制、会计准则体系等的各项改革，这些改革措施的出台，已经对建筑企业的发展和财务活动的运行产生了深刻影响。财务管理人员在提供财务决策依据时，要把握和运用好这些经济政策，为企业理好财、当好家。

3. 通货膨胀和通货紧缩

通货膨胀最初指因纸币发行量超过商品流通中的实际需要量而引起的货币贬值现象。通货膨胀在现代经济学中是指整体物价水平持续上涨。当通货膨胀时，今天的一元较明年的一元更具价值，通货膨胀即为对未来资本价值的不确定性。

通货膨胀对企业的影响主要表现为：持续上涨的物价导致企业成本的增加，企业可能无法实现期望的投资报酬率。

通货紧缩是指价格和成本正在普遍下降。当市场上流通的货币减少，购买力下降，使物价随之下跌，就会造成通货紧缩。通货紧缩会抑制投资与生产，导致失业率升高及经济衰退。通货紧缩对企业的影响主要表现为：物价的持续下降会使生产者利润减少甚至亏损，继而减少生产或停产；物价持续下降将使债务人受损，继而影响生产和投资。

4. 市场竞争

在市场经济的大环境下，企业和企业之间的竞争是不可避免的，它们将涉及企业设备、人才、技术、管理等方方面面，有竞争才能有进步、有发展。对企业管理人员来说，竞争既是机会也是挑战，为了在竞争中赢取对手，企业往往会扩大投资、引进人才。若竞争成功，企业的盈利就会增加，从而更上一个台阶；若竞争失败，则企业将面临重重困难，接受严峻的考验。

5. 劳动力市场

劳动力市场也即是整个社会的就业状况，它和经济发展状况密切相关。在经济繁荣时期，就业率会较高；在经济萧条时期，就业率会较低。企业总是希望劳动力市场呈现平稳的状态，较高的就业率和较低的就业率都会对企业产生不利的影响。在经济繁荣时期一般就业率较高，企业为了留住人才往往要付出较高的工资薪酬，从而将增加企业成本；在经济萧条时期一般就业率较低，企业为了今后的发展，不可能裁员过多，要保留相当一部分技术骨干，从而也将增加企业成本。

二、法律环境

法律环境是指对企业财务管理活动产生影响的各种法律因素。广义的法律包括各种法律、法规和制度。从建筑企业财务管理角度来看，法律法规一方面给建筑企业提出了从事各项业务活动所必须遵守的规范或前提条件，从而对建筑企业行为进行约束；另一方面也为建筑企业从事各项业务活动提供了法律保护。财务管理的法律环境主要包括企业组织形式、公司治理的有关规定以及税收法规。

（一）企业组织形式

建筑企业的组织形式主要包括：国有独资公司；股份有限公司；有限责任公司。

1. 国有独资公司

我国的国有独资公司，是指国家单独出资、由国务院或者地方人民政府授权本级人民政府国有资产监督管理机构履行出资人职责的有限责任公司。国有独资公司章程由国有资产监督管理机构制定，或者由董事会制定报国有资产监督管理机构批准。国有独资公司不设股东会，由国有资产监督管理机构行使股东会职权。国有资产监督管理机构可以授权公司董事会行使股东会的部分职权，决定公司的重大事项，但公司的合并、分立、解散、增加或者减少注册资本和发行公司债券，必须由国有资产监督管理机构决定。其中，重要的国有独资公司合并、分立、解散、申请破产的，应当由国有资产监督管理机构审核后，报本级人民政府批准。

国有独资公司具有以下特征：

(1) 全部资本由国家投入，股东只有一个。公司的财产权源于国家对投资财产的所有权。国有独资公司是一种国有企业。作为国有独资公司的股东，国家授权投资的机构或者国家授权的部门是唯一的投资主体和利益主体。

(2) 性质上属于有限责任公司，公司投资者承担有限责任。国有独资公司按公司形式组成，除投资者和股东人数与一般公司不同外，其他如公司设立、组织机构、生产经营制度、财务会计制度等均与有限责任公司的一般规定与特征相同或相近。

2. 股份有限公司

股份有限公司可以向社会公开募集资金。股份有限公司的设立，可以采取发起设立或者募集设立的方式。股份有限公司采取发起设立方式设立的，注册资本为在公司登记机关登记的全体发起人认购的股本总额。股份有限公司采取募集方式设立的，注册资本为在公司登记机关登记的实收股本总额。股份有限公司注册资本的最低限额为人民币五百万元。在股份有限公司中，股东的股权证明是股票，即股东所持有的股份是以股票的形式来体现，股票是公司签发的证明股东所持股份的凭证，股票可以转让、流通。股东以投入公司的投资额为限，对公司承担有限责任。

3. 有限责任公司

有限责任公司由五十个以下股东出资设立。有限责任公司的注册资本为在公司登记机关登记的全体股东认缴的出资额。有限责任公司注册资本的最低限额一般为人民币三万元。股东应当按期足额缴纳公司章程中规定的各自所认缴的出资额。股东缴纳出资后，必须经依法设立的验资机构验资并出具证明。在有限责任公司中，股东的股权证明是出资证明书，出资证明书不能转让、流通。股东按照实缴的出资比例分取红利，公司新增资本时，股东有权优先按照实缴的出资比例认缴出资。有限责任公司股东会由全体股东组成，股东会是公司的权力机构。

建筑企业不同的组织形式对财务管理活动的影响和制约，主要表现在以下几个方面：

(1) 对企业筹资决策的影响

法律法规规范了不同类型企业筹资的最低规模和结构；规范了不同类型企业的筹资渠道和筹资方式；规范了不同类型企业筹资的前提条件和基本程序。

(2) 对企业投资决策的影响

法律法规规范了企业投资的方式和条件；规范了企业投资的程序；规范了企业投资的方向；规范了投资者的出资期限和违约责任。

(3) 对企业分配决策的影响

法律法规规范了企业成本开支的范围和标准；规范了企业应缴纳的税种及计算方法；规范了利润分配的前提条件和利润分配的程序。

（二）公司治理机制和治理结构

公司治理机制有公司内部治理机制和公司外部治理机制两部分。公司内部治理机制主要包括：大股东的集权；董事会、经理人员的报酬计划等几个方面。而外部治理机制主要是外部的公司治理市场。

一般来说，掌握控股权的投资者的治理效果是有限制的，更何况在许多公司中，所有权分散化的情况占了相当的比例。因此，董事会对公司治理的作用就显得很重要了。董事会是由股东选出的，代表股东利益来行使对企业高级管理层监控的组织，公司内部董事由公司的首席执行官和其他高层经理担任。一个结构合理、行之有效的董事会能保护股东的利益免受损害。

公司治理结构是一种对公司进行管理和控制的体系，是现代企业制度的核心。公司治理结构具体表现为公司的组织制度和管理制度。组织制度包括股东（大）会、董事会、监事会和经理层各自的分工与职责，建立各负其责、协调运转、有效制衡的运行机制。管理制度包括公司基本管理制度和具体规章，是保证公司法人财产始终处于高效有序运营状态的主要手段；是保证公司各负其责、协调运转、有效制衡的基础。

公司法人治理结构，按照公司法的规定由四个部分组成：

（1）股东会或者股东大会，由公司股东组成，所体现的是所有者对公司的最终所有权；

（2）董事会，由公司股东大会选举产生，对公司的发展目标和重大经营活动做出决策，维护出资人的权益；

（3）监事会，是公司的监督机构，对公司的财务、董事和经营者的行为发挥监督作用；

（4）经理，由董事会聘任，是经营者、执行者。

（三）税法

税法是国家法律体系中一个重要部分，是国家利用法律的形式，组织财政收入、调节国民经济、进行宏观控制的重要工具和特殊手段。建筑企业中涉及的税收项目主要包括：增值税、营业税、企业所得税、印花税等。

1. 增值税

（1）增值税的征收范围是：在中华人民共和国境内销售的货物或者提供的加工、修理修配劳务以及进口的货物。

（2）增值税的税率及适用范围见表1-1。

增值税的税率及适用范围　　　　表1-1

增值税税率或征收率	适用范围
0%	出口货物（国务院另有规定的除外）
13%	1. 粮食、食用植物油
	2. 自来水、暖气、冷气、热水、煤气、石油液化气、天然气、沼气、居民用煤炭制品
	3. 图书、报纸、杂志
	4. 饲料、化肥、农药、农机、农膜
	5. 国务院规定的其他货物

续表

增值税税率或征收率	适用范围
17%	加工、修理修配劳务及除了零税率、13%税率以外的其他货物销售或进口
6%	非商业企业的小规模纳税人
4%	小规模商业企业（需每年申请核定）

经国务院批准，从1998年7月1日起，将增值税一般纳税人购进或销售应税货物支付的运输费用的扣除率由10%降低为7%。从2002年1月1日起，增值税一般纳税人购进农业生产者销售的免税农业产品的进项税额扣除率由10%提高到13%。

2. 营业税

（1）营业税的征收范围是指：纳税人在中华人民共和国境内所提供的应税劳务、转让无形资产和销售不动产。

（2）营业税的税目税率见表1-2

营业税的税目税率及征收范围　　表1-2

税　目	征　收　范　围	税率
一、交通运输业	陆路运输、水路运输、航空运输、管道运输、装卸搬运	3%
二、建筑业	建筑、安装、修缮、装饰及其他工程作业	3%
三、金融保险业	金融业包括融资租赁、金融商品转让、贷款、金融经纪业、其他金融业务；保险	5%
四、邮电通信业	邮政、电信	3%
五、文化体育业	文化业：表演、播映、其他文化业；体育业	3%
六、娱乐业	歌厅、舞厅、卡拉OK歌舞厅（包括夜总会、练歌房、恋歌房）、音乐茶座（包括酒吧）、台球、高尔夫球、保龄球、游艺（如射击、狩猎、跑马、游戏机、蹦极、卡丁车、热气球、动力伞、射箭、飞镖等）、网吧	20%
七、服务业	代理业、旅店业、饮食业、旅游业、仓储业、租赁业、广告业、其他服务业	5%
八、转让无形资产	转让土地使用权、转让商标权、转让专利权、转让非专利权、转让著作权、转让商誉	5%
九、销售不动产	销售建筑物或构筑物、销售其他土地附着物	5%

3. 企业所得税

2007年3月16日，第十届全国人民代表大会第五次会议通过了《中华人民共和国企业所得税法》，从2008年1月1日起实施。该税法的通过，标志着内、外资企业在所得税税负上的统一。所得税法规定了在中华人民共和国境内，企业和其他取得收入的组织为企业所得税的纳税人，依照本法的规定缴纳企业所得税。企业所得税税率的确定如下：

（1）企业所得税的法定税率为25%。

（2）符合条件的小型微利企业，减按20%的税率征收企业所得税；国家需要重点扶持的高新技术企业，减按15%的税率征收企业所得税。

4. 印花税

中华人民共和国境内书立、领受《中华人民共和国印花税暂行条例》所列举凭证的单位和个人，都是印花税的纳税义务人。

印花税的税目税率见表1-3。

印花税的税目税率表　　　　表1-3

税　　目	税率或税额
购销合同	0.3‰
加工承揽合同	0.5‰
建设工程勘察设计合同	0.5‰
建筑安装工程承包合同	0.3‰
财产租赁合同	1‰
货物运输合同	0.5‰
仓储保管合同	1‰
借款合同	0.05‰
财产保险合同	1‰
技术合同	0.3‰
产权转移书据	0.5‰
营业账簿中记载资金的账簿	0.5‰
营业账簿中的其他账簿	按件贴花5元
权利许可证照	按件贴花5元
证券（股票）交易股权转让书据A、B股	3‰

三、金融环境

建筑企业从事生产经营活动离不开资金。企业资金的取得，除了自有资金外，还可以从金融机构和金融市场取得。金融市场环境的变化必然会影响建筑企业的筹资、投资和资金运营活动。金融环境同样是影响建筑企业较为重要的环境因素之一。影响建筑企业财务管理目标实现的金融环境因素主要包括金融机构、金融市场和利息率等。

（一）金融机构

社会资金从资金供应者手中转移到资金需求者手中，大部分是通过金融机构来实现的。现行金融机构体系的特点是：由中国人民银行、中国银行业监督管理委员会、中国证券监督管理委员会、中国保险监督管理委员会作为最高金融管理机构，对各类金融机构在金融业分业经营的条件下实行分业监管。具体构成是：各类商业银行；政策性银行；保险公司；证券公司；信用合作机构；信托投资公司；金融租赁公司等。

1. 银行

银行是指经营存款、放款、汇兑、储蓄等金融业务，承担信用中介的金融机构。银行可以从企事业单位及城乡居民处吸收存款，可以面向这些客户发放贷款，办理汇兑、结算等业务。我国银行主要包括：

（1）商业银行，包括国有商业银行（如：中国工商银行、中国农业银行、中国建设银行、中国银行）和其他商业银行（如：交通银行、招商银行、光大银行、中信银行、广东发展银行、深圳发展银行等）；

（2）国家政策性银行，如：中国进出口银行、国家开发银行。

2. 非银行金融机构

非银行金融机构主要包括信托投资公司、金融租赁公司、保险公司、证券公司和财务公司等。

（二）金融市场

1. 金融市场是指资金供求双方运用各种金融工具，通过各种途径实现货币借贷和资金融通的交易活动的总称。其含义有广义和狭义之分。广义的金融市场是指金融机构与客户之间、各金融机构之间、客户与客户之间所有以资金商品为交易对象的金融交易，包括存款、贷款、信托、租赁、保险、票据抵押与贴现、股票债券买卖等全部金融活动。狭义的金融市场一般限定在以票据和有价证券为交易对象的融资活动范围之内。

按照交易工具的期限、交易方式、交易时间和地点的不同，可将金融市场分为如下几类：

（1）按金融工具上约定的期限差别分为货币市场和资本市场。

货币市场交易的对象是较短期（1年以内）的票据和有价证券，一般具有"准货币"的性质，流动性强，安全性大，但收益较资本市场（1年以上）交易对象为低。货币市场的功能主要是进行短期资金融通。资本市场交易对象一般是较长期的有价证券，如股票、债券等。长期有价证券大都具有投资性质，所以资本市场主要以筹集运用长期资金为特点。

（2）按成交后是否立即交割，分为现货市场和期货市场。

现货市场是指即期买卖，立即交割（一般在成交当日或3日内进行）的交易市场。期货市场是指先行成交，而在以后某一约定时间交割的交易市场。

（3）按证券的新旧为标准，分为证券发行市场（一级市场）和证券转让市场（二级市场）。

证券发行市场（一级市场）是指新发行的股票、债券的初次认购，以及包销后转手的市场。证券转让市场（二级市场）是指已发行证券的买卖市场。

（4）按交易标的物分为票据市场、证券市场、外汇市场、黄金市场等。

（5）按地理范围分为地方性、全国性、区域性、国际性金融市场等。

2. 金融市场的基本要素

金融市场的基本要素构成包括：交易主体、交易对象、交易工具、交易价格。

（1）交易主体，是指包括资金供给者、资金需求者、中介人和管理者在内所有参加交易的单位、机构和个人。

（2）交易对象，金融市场的交易对象不管具体形态如何，都是货币资金，其交易都是实现货币资金的所有权、使用权转移的过程。

（3）交易工具，又称金融工具和融资工具，它是证明债权债务关系并据以进行货币资金交易的合法凭证。这种工具必须具备规范化的书面格式、广泛的社会可接受性和可转让性以及法律效力。

（4）交易价格，是指它所代表的价值，即规定的货币资金及其所代表的利率或收益率的总和。

(三) 利息率

利息率简称利率，是利息占本金的比率。从资金的借贷关系看，利率是一定时期运用资金资源的交易价格。因此，它在资金分配及建筑企业财务决策中起着重要作用。

1. 利率的分类

利率可按照不同的标准进行分类：

（1）按利率之间的变动关系，分为基准利率和套算利率。

基准利率又称基本利率，是指在多种利率并存的条件下起决定作用的利率。这种利率变动，其他利率也相应变动。因此，了解基准利率水平的变化趋势，就可了解全部利率的变化趋势。套算利率是指在基准利率确定后，各金融机构根据基准利率和借贷款项的特点而换算出的利率。

（2）按利率与市场资金供求情况的关系，分为固定利率和浮动利率。

固定利率是指在借贷期内固定不变的利率。在通货膨胀条件下实行固定利率，会使债权人利益受到损害。浮动利率是指在借贷期内可以调整的利率。在通货膨胀条件下采用浮动利率，可使债权人减少损失。

（3）按利率形成机制不同，分为市场利率和法定利率。

市场利率是指根据资金市场上的供求关系，随着市场变动而自由变动的利率。法定利率是指由政府金融管理部门或者中央银行确定的利率。

2. 利率的一般计算公式

资金的利率通常由三部分组成：

（1）纯利率；

（2）通货膨胀补偿率（或称通货膨胀贴水）；

（3）风险报酬率。纯利率是指没有风险和通货膨胀情况下的均衡点利率；通货膨胀补偿率是指由于持续的通货膨胀会不断降低货币的实际购买力，为补偿其购买力损失而要求提高的利率；风险报酬率包括违约风险报酬率、流动性风险报酬率和期限风险报酬率。其中，违约风险报酬率是指为了弥补因债务人无法按时还本付息而带来的风险，由债权人要求提高的利率；流动性风险报酬率是指为了弥补因债务人资产流动性不好而带来的风险，由债权人要求提高的利率；期限风险报酬率是指为了弥补因偿债期长而带来的风险，由债权人要求提高的利率。

利率的一般计算公式可表示如下：

利率＝纯利率＋通货膨胀补偿率＋风险报酬率

复习思考题

1. 什么是建筑企业财务活动？建筑企业财务活动的内容包括哪些？
2. 简述建筑企业财务关系。
3. 以"利润最大化"作为建筑企业财务目标的缺陷是什么？
4. 建筑企业如何解决所有者和经营者、所有者与债权人的矛盾？
5. 财务管理的基本环节包括几个部分？
6. 建筑企业不同的组织形式对企业财务管理活动的影响和制约主要体现在哪几个方面？
7. 简述利率的分类及利率的计算。

第二章

资金时间价值与风险价值

第一节 资金时间价值

一、资金时间价值的概念

资金时间价值,是指一定量资金在不同时点上的价值量的差额,也称货币时间价值。众所周知,在市场经济条件下,即使不存在通货膨胀,等量资金在不同时点上的价值量也不相等,今天的 100 元钱和将来的 100 元钱不等值,前者要比后者的价值大。比如,若银行存款年利率为 10%,将今天的 100 元钱存入银行,一年以后就会是 110 元。可见,经过一年时间,这 100 元钱发生了 10 元的增值,今天的 100 元钱和一年后的 110 元钱等值。人们将资金在使用过程中随时间的推移而发生增值的现象,称为资金具有时间价值的属性。

资金的时间价值是资金在周转使用中产生的,是资金所有者让渡资金使用权而参与社会财富分配的一种形式。

通常情况下,资金的时间价值相当于没有风险和没有通货膨胀条件下的社会平均资金利润率,这是利润平均化规律作用的结果。由于时间价值的计算方法同有关利息的计算方法相同,因而时间价值与利率容易被混为一谈。实际上,财务管理活动总是或多或少地存在风险,而通货膨胀也是市场经济中客观存在的经济现象。因此,利率不仅包含时间价值,而且也包含风险价值和通货膨胀的因素。只有在购买国库券等政府债券时几乎没有风险,如果通货膨胀率很低的话,可以用政府债券利率来表现时间价值。

二、资金时间价值的计算

建筑企业的财务管理工作要求我们必须明确不同时点上资金之间的数量关系，也就是要计算资金的时间价值，在这里主要介绍单利、复利和年金的终值与现值的计算方法。

（一）单利的终值与现值

单利是指资金无论期限长短，仅按本金计算利息，本金所派生的利息不再计入本金计算利息的方法。实际上，它是一种本能生利，利不能生利的计算利息的方法。

单利终值是指资金在若干期限以后包括本金和单利利息在内的未来价值，又称为本利和。单利现值是指资金现在的价值。

为计算方便，先设定如下符号标识：I 为利息；P 为现值；F 为终值；i 为每一计息期的利率（折现率）；n 为计算利息的期数。按照单利的计算法则，利息的计算公式为：

$$I = P \cdot i \cdot n \tag{2-1}$$

[例 2-1] 某人持有一张带息票据，面额为 5000 元，票面利率 8%，出票日期为 8 月 10 日，到期日为 11 月 8 日（90 天），则该持有者到期可得多少利息？

票据持有者到期可得利息为：

$$I = 5000 \times 8\% \times 90/360 = 100 \text{（元）}$$

除非特别指明，在计算利息时，给出的利率均为年利率，对于不足一年的利息，以一年等于 360 天来折算。

单利终值的计算公式如下：

$$F = P + P \cdot i \cdot n = P \times (1 + i \cdot n) \tag{2-2}$$

单利现值的计算同单利终值的计算是互逆的，由终值计算现值的过程称为折现。单利现值的计算公式为：

$$P = F/(1 + i \cdot n) \tag{2-3}$$

[例 2-2] 若 5 年后可取得本利和 2000 元，则在利率为 5%，单利方式计算条件下，现在需存入银行多少本金？

现在应存入银行的资金为：

$$P = 2000/(1 + 5 \times 5\%) = 1600 \text{（元）}$$

（二）复利的终值与现值

资金时间价值一般是按复利方式来进行计算的。所谓复利，是指资金要按一定期限（如一年），将本金所派生的利息计入本金，然后再计算利息的方法。实际上，它是一种本能生利，利也能生利的计算利息的方法，即俗称的"利滚利"。

复利终值是指资金在若干期限以后包括本金和复利利息在内的未来价值，也称本利和。复利现值是资金现在的价值。

复利终值的计算公式为：

$$F = P \times (1 + i)^n \tag{2-4}$$

式中，$(1+i)^n$ 被称为复利终值系数或 1 元复利终值，用符号（F/P, i,

n)表示。复利终值系数可通过查阅复利终值系数表(见本书附表)直接获得。

[例2-3] 某人在银行存入5年期定期存款2000元,年存款利率为7%,则5年后的本利和为多少?

根据公式(2-4)可知5年后本利和为:
$$F = P \times (1+i)^n = 2000 \times (1+7\%)^5 = 2805.2 \text{(元)}$$

复利现值的计算公式为:
$$P = F \times (1+i)^{-n} \qquad (2-5)$$

式中,$(1+i)^{-n}$被称为复利现值系数或1元复利现值,用符号$(P/F, i, n)$表示。复利现值系数可通过查阅复利现值系数表(见本书附表)直接获得。

[例2-4] 某建筑企业欲投资一经营项目,预计6年后可获得收益400万元,按年利率(折现率)12%计算,则这笔收益的现值为:
$$P = F \times (1+i)^{-n} = F \times (P/F, i, n)$$
$$= 400 \times (1+12\%)^{-6} = 400 \times (P/F, 12\%, 6)$$
$$= 400 \times 0.5066 = 202.64 \text{(万元)}$$

(三) 年金

年金是指一定期间内每次等额收付的系列款项,通常记作"A"。

年金的形式多种多样,如保险费、养老费、租金、等额分期收款、等额分期付款以及零存整取或整存零取储蓄等等,都存在年金问题。

年金按其每次收付发生的时点不同,可分为普通年金、预付年金、递延年金、永续年金等几种。

1. 普通年金

普通年金是指从第一期起,在一定时期内每期期末等额发生的系列收付款项,又称后付年金。

①普通年金终值(已知年金A,求年金终值F)

如果年金相当于零存整取储蓄存款的零存数,那么,年金终值就是零存整取的整取数,年金终值的计算公式为:
$$F = A \times (1+i)^0 + A \times (1+i)^1 + A \times (1+i)^2 + \cdots + A \times (1+i)^{n-2} + A \times (1+i)^{n-1}$$

整理上式,可得到:
$$F = A \times \frac{(1+i)^n - 1}{i} \qquad (2-6)$$

式中的分式称作"年金终值系数",也可用$(F/A, i, n)$表示,查阅年金终值系数表(见本书附表)能得到有关数值。

[例2-5] 假设某项目在5年建设期内每年年末从银行借款100万元,借款年利率为10%,则该项目竣工时应付本息的总额为:
$$F = 100 \times \frac{(1+10\%)^5 - 1}{10\%} = 100 \times (F/A, 10\%, 5)$$
$$= 100 \times 6.1051 = 610.51 \text{(万元)}$$

②年偿债基金的计算（已知年金终值 F，求年金 A）

偿债基金是指为了在约定的未来某一时点清偿某笔债务或积聚一定数额的资金而必须分次等额形成的存款准备金。由于每次形成的等额准备金类似年金存款，因而同样可以获得按复利计算的利息，所以债务实际上等于年金终值，每年提取的偿债基金等于年金 A。也就是说，偿债基金的计算实际上是年金终值的逆运算。其计算公式为：

$$A = F \times \frac{i}{(1+i)^n - 1} \tag{2-7}$$

式中的分式称作"偿债基金系数"，也可用 $(A/F, i, n)$ 表示，可查阅偿债基金系数表或通过年金终值系数的倒数推算出有关数值。上式也可写作：

$$A = F \times (A/F, i, n) \tag{2-8}$$

或

$$A = F \times [1/(F/A, i, n)] \tag{2-9}$$

[例 2-6] 某建筑企业有一笔 4 年后到期的借款，到期值为 1000 万元，若存款复利率为 10%，则为偿还该项借款建立的偿债基金应为多少？

应建立的偿债基金为：

$$A = 1000 \times \frac{10\%}{(1+10\%)^4 - 1} = 1000 \times 0.2154 = 215.4 \text{（万元）}$$

或

$$A = 1000 \times [1/(F/A, 10\%, 4)]$$
$$= 1000 \times (1/4.6410) = 215.4 \text{（万元）}$$

③普通年金现值的计算（已知年金 A，求年金现值 P）

年金现值是指一定时期内每期期末等额收付款项的复利现值之和。年金现值的计算公式为：

$$P = A \times (1+i)^{-1} + A \times (1+i)^{-2} + \cdots + A \times (1+i)^{-(n-1)} + A \times (1+i)^{-n}$$

整理上式，可得到：

$$P = A \times \frac{1 - (1+i)^{-n}}{i} \tag{2-10}$$

式中的分式称作"年金现值系数"，也可用 $(P/A, i, n)$ 表示，查阅年金现值系数表（见本书附表）能得到有关数值。

[例 2-7] 某建筑企业租入设备，每年年末需要支付租金 1000 元，年复利率为 10%，则 5 年内应支付的租金总额的现值是多少？

租金总额的现值为：

$$P = 1000 \times \frac{1 - (1+10\%)^{-5}}{10\%}$$
$$= 1000 \times (P/A, 10\%, 5)$$
$$= 1000 \times 3.7908 = 3791 \text{（元）}$$

④年资本回收额的计算（已知年金现值 P，求年金 A）

资本回收是指在给定的年限内等额回收初始投入资本或清偿所欠债务的价值指标。年资本回收额的计算是年金现值的逆运算。其计算公式为：

$$A = P \times \frac{i}{1-(1+i)^{-n}} \qquad (2-11)$$

式中的分式称作"资本回收系数",也可用 $(A/P, i, n)$ 表示,可直接查阅"资本回收系数表"或利用年金现值系数的倒数求得。上式也可写作:

$$A = P \times (A/P, i, n) \qquad (2-12)$$

或

$$A = P \times [1/(P/A, i, n)] \qquad (2-13)$$

[**例 2-8**] 某建筑企业以 10% 的利率借款 50 万元,投资于某个寿命期为 10 年的项目,则每年至少要收回多少现金才是有利的?

根据公式（2-11）可知该企业每年至少应收回现金为:

$$A = 500000 \times \frac{10\%}{1-(1+10\%)^{-10}} = 500000 \times 0.1627 = 81350（元）$$

或

$$A = 500000 \times [1/(P/A, 10\%, 10)]$$
$$= 500000 \times [1/6.1446] = 81350（元）$$

2. 预付年金

预付年金是指从第一期起,在一定时期内每期期初等额收付的系列款项,又称先付年金。它与普通年金的区别仅在于付款时间的不同。

n 期预付年金与 n 期普通年金的关系如图 2-1 所示。横线代表时间的延续,用数字标出各期的顺序号,竖线的位置表示收付的时刻,竖线上端数字表示收入的金额,竖线下端数字表示支付的金额。

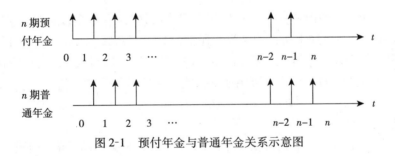

图 2-1 预付年金与普通年金关系示意图

① 预付年金终值的计算

预付年金的终值是其最后一期期末时的本利和,是各期收付款项的复利终值之和。

从图 2-1 可以看出,n 期预付年金与 n 期普通年金的付款次数相同,但由于其付款时间不同,n 期预付年金终值比 n 期普通年金的终值多计算一期利息。因此,在 n 期普通年金终值的基础上乘上 $(1+i)$ 就是 n 期预付年金的终值。其计算公式为:

$$F = A \times \frac{(1+i)^n - 1}{i} \times (1+i)$$

$$= A \times \left[\frac{(1+i)^{n+1} - 1}{i} - 1 \right] \qquad (2-14)$$

式中方括号内的内容称作"预付年金终值系数",它是在普通年金终值系数的基础上,期数加1,系数值减1所得的结果。通常记为$[(F/A, i, n+1)-1]$。这样,通过查阅"年金终值系数表"得到$(n+1)$期的值,然后减去1便可得对应的预付年金系数的值。这时可用如下公式计算预付年金的终值:

$$F = A \times [(F/A, i, n+1) - 1] \tag{2-15}$$

[**例2-9**] 某建筑企业决定连续5年于每年年初存入10万元作为住房基金,银行存款利率为10%。则该公司在第5年末能一次取出本利和为:

$$F = A \times [(F/A, i, n+1) - 1]$$
$$= 10 \times [(F/A, 10\%, 6) - 1]$$
$$= 10 \times (7.7156 - 1) \approx 67.156 \text{(万元)}$$

② 预付年金现值的计算

如前所述,n期预付年金现值与n期普通年金现值的期限相同,但由于其付款时间不同,n期预付年金现值比n期普通年金现值少折现一期。因此,在n期普通年金现值的基础上乘以$(1+i)$,便可以求出n期预付年金的现值。其计算公式为:

$$P = A \times \frac{1-(1+i)^{-n}}{i} \times (1+i)$$
$$= A \times \left[\frac{1-(1+i)^{-(n-1)}}{i} + 1\right] \tag{2-16}$$

式中方括号内的内容称作"预付年金现值系数",它是在普通年金系数的基础上,期数减1,系数加1所得的结果。通常记为$[(P/A, i, n-1)+1]$。这样,通过查阅"年金现值系数表"得到$(n-1)$期的值,然后加1,便可得出对应的预付年金现值系数的值。这时可用如下公式计算预付年金的现值:

$$P = A \times [(P/A, i, n-1) + 1] \tag{2-17}$$

3. 递延年金

递延年金是指第一次收付款发生时间与第一期无关,而是隔若干期(假设为m期,$m \geq 1$)后才开始发生的系列等额收付款项。它是普通年金的特殊形式,凡不是从第一期开始的年金都是递延年金。递延年金与普通年金的关系可用图2-2来表示。

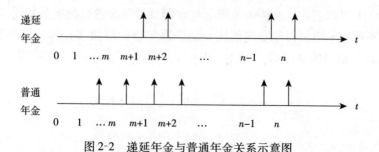

图2-2 递延年金与普通年金关系示意图

①递延年金现值的计算

递延年金的现值可按以下公式计算：

$$P = A \times \left[\frac{1-(1+i)^{-n}}{i} - \frac{1-(1+i)^{-m}}{i} \right] \quad (2\text{-}18)$$

$$= A \times [(P/A, i, n) - (P/A, i, m)]$$

或

$$P = A \times \frac{1-(1+i)^{-(n-m)}}{i} \times (1+i)^{-m} \quad (2\text{-}19)$$

上述（2-18）式是先计算出 n 期的普通年金现值，然后减去前 m 期的普通年金现值，即得递延年金的现值；公式（2-19）是先将此递延年金视为（$n-m$）期普通年金，求出在第 m 期的现值，然后再折算为时间零点的现值。

[例2-10] 某人在年初存入一笔资金，存满3年后每年末取出1000元，至第7年末取完，银行存款利率为10%。则此人应在最初一次存入银行的钱数为：

$$P = A \times [(P/A, 10\%, 7) - (P/A, 10\%, 3)]$$
$$= 1000 \times (4.8684 - 2.4869) \approx 2381 \text{（元）}$$

或

$$P = A \times (P/A, 10\%, 4) \times (P/F, 10\%, 3)$$
$$= 1000 \times 3.1699 \times 0.7513 \approx 2381 \text{（元）}$$

②递延年金终值的计算

递延年金终值的计算方法与普通年金终值相同，此处不再详细介绍。

4. 永续年金

永续年金是指无限期等额收付的特种年金，可视为普通年金的特殊形式，即期限趋于无穷的普通年金。存本取息可视为永续年金的例子。此外，也可将利率较高、持续期限较长的年金视同永续年金计算。

由于永续年金持续期无限，没有终止的时间，因此没有终值，只有现值。通过普通年金现值计算可推导出永续年金现值的计算公式为：

$$P = A \times \sum_{t=1}^{\infty} \frac{1}{(1+i)^t} = \frac{A}{i} \quad (2\text{-}20)$$

[例2-11] 某人持有的某公司优先股，每年每股股利为2元，若此人想长期持有，在利率为10%的情况下，请对该项股票投资进行估价。

这是一个求永续年金现值的问题，即假设该优先股每年股利固定且持续较长时期，计算出这些股利的现值之和，即为该股票的估价。

$$P = A/i = 2/10\% = 20 \text{（元）}$$

第二节 风险价值

一、风险的概念

（一）风险的概念

风险是指预期结果的不确定性。在风险存在的情况下，人们只能事先估计到采取某种行动可能导致的结果,以及每种结果出现的可能性,而行动的真正结果究竟会怎样,不能事先确定。例如,某建筑企业试制一种新产品,事先只能确定该种产品试制成功或失败两种可能,但不会知道这两种后果出现可能性的大小。又如购买股票,投资者事实上不可能事先确定所有可能达到的报酬率及其出现的概率大小。

（二）风险的类别

1. 从个别理财主体的角度看,风险分为市场风险和企业特别风险两类。

市场风险是指那些影响所有企业的风险,如战争、自然灾害、经济衰退、通货膨胀等。这类风险涉及所有企业,不能通过多角化投资来分散,因此,又称不可分散风险或系统风险。企业特别风险是发生于个别企业的特有事项造成的风险,如罢工、诉讼失败、失去销售市场等。这类事件是随机发生的,可以通过多角化投资来分散。这类风险也称可分散风险或非系统风险。

2. 从企业本身来看,按风险形成的原因可将企业特别风险进一步分为经营风险和财务风险两大类。

经营风险是指因生产经营方面的原因给企业盈利带来的不确定性。企业生产经营的许多方面都会受到来源于企业外部和内部的诸多因素的影响,具有很大的不确定性。财务风险又称筹资风险,是指由于举债而给企业财务成果带来的不确定性。企业举债经营,全部资金中除自有资金外还有一部分借入资金,这会对自有资金的盈利能力造成影响;同时,借入资金需还本付息,一旦无力偿付到期债务,企业便会陷入财务困境甚至破产。

二、风险的衡量

风险客观存在,广泛影响着建筑企业的财务和经营活动,因此,正视风险并将风险程度予以量化,进行较为准确的衡量,便成为企业财务管理中的一项重要工作。风险与概率直接相关,并由此而与期望值、离散程度等相联系,对风险进行衡量时应着重考虑这几方面因素。

（一）概率分布

在现实生活中,某一事件在完全相同的条件下可能发生也可能不发生。即可能出现这种结果又可能出现那种结果,我们称这类时间为随机事件。概率就是用百分数或小数来表示随机事件发生可能性及出现某种结果可能性大小的数值。用 P 表示随机概率。若随机事件发生,则 $P_i = 1$。若不发生,则 $P_i = 0$,同时,所有可能结果出现的概率之和必定为 1。因此,概率必须符合下列两个要求：

1. $0 \leq P_i \leq 1$

2. $\sum_{t=1}^{n} P_i = 1$

将随机事件各种可能的结果按一定的规则进行排列,同时列出各结果出现的相应概率,这一完整的描述称为概率分布。

[例2-12] 某建筑企业现在考虑投资于某项目10000元，而该投资项目可能带来的收益率与宏观经济的景气程度有关。具体情况见表2-1。

市场预测和预期收益概率分布表　　　表2-1

经济景气程度	投资报酬率	发生的概率
经济增长减退	10%	0.2
经济适度增长	12%	0.3
经济强劲增长	14%	0.5

概率分布有两种类型，一种是离散型分布，也称不连续的概率分布，其特点是概率分布在各个特定的点上。另一种是连续型分布，其特点是概率分布在连续图像的两点之间的区间上。两者的区别在于，离散型分布中的概率是可数的，而连续型分布中的概率是不可数的。

（二）期望值

期望值是一个概率分布中的所有可能结果，以各自相应的概率为权数计算的加权平均值，是加权平均的中心值，通常用符号 $\overline{E}$ 表示，其计算公式如下：

$$\overline{E} = \sum_{i=1}^{n} X_i P_i \qquad (2\text{-}21)$$

[例2-13] 以[例2-12]中有关数据为依据计算甲产品投产后预计收益率的期望值，即期望值收益率为：

$$\overline{E} = 10\% \times 0.2 + 12\% \times 0.3 + 14\% \times 0.5 = 12.6\%$$

期望收益率反映预计收益率的平均化，在各种不确定性因素（本例中假定只有市场情况因素影响产品收益）影响下，它代表着投资者的合理预期。

（三）离散程度

离散程度是用以衡量风险大小的统计指标。一般说来，离散程度越大，风险越大；离散程度越小，风险越小。反映随机变量离散程度的指标包括平均差、方差、标准离差率和全距等。这里主要介绍方差、标准离差和标准离差率三项指标。

1. 方差

方差是用来表示随机变量与期望值之间的离散程度的一个数值，用 σ^2 表示。其计算公式为：

$$\sigma^2 = \sum_{i=1}^{n} \left(X_i - \overline{E} \right)^2 \cdot P_i \qquad (2\text{-}22)$$

2. 标准离差

标准离差也叫均方差，是方差的平方根，用 σ 表示。其计算公式为：

$$\sigma = \sqrt{\sum_{i=1}^{n} \left(X_i - \overline{E} \right)^2 \cdot P_i} \qquad (2\text{-}23)$$

标准离差以绝对数衡量决策方案的风险，在期望值相同的情况下，标准离差越大，风险越大；反之，标准离差越小，则风险越小。

3. 标准离差率

标准离差率是标准离差同期望值之比，通常用符号 v 表示，其公式为：

$$v = \frac{\sigma}{E} \tag{2-24}$$

标准离差率是一个相对指标，它以相对数反映决策方案的风险程度。方差和标准离差作为绝对数，只适用于期望值相同的决策风险程度的比较，对于期望值不同的决策方案，评价和比较其各自的风险程度只能借助于标准离差率这一相对数值。在期望值不同的情况下，标准离差率越大，风险越大；反之，标准离差率越小，风险越小。

三、风险报酬

资金的时间价值是投资者在无风险条件下进行投资所要求的收益率（这里暂不考虑通货膨胀因素）。但是，建筑企业财务和经营活动总是处于或大或小的风险之中，任何经济预测的准确性都是相对的，预测的时间越长，风险程度就越高。

标准离差率虽然能正确评价投资风险程度的大小，但还无法将风险与收益结合起来进行分析。假设我们面临的决策不是评价与比较两个投资项目的风险水平，而是要决定是否对某一投资项目进行投资，此时我们就需要计算出该项目的风险收益率。因此，我们还需要一个指标将对风险的评价转化为收益率指标，这便是风险价值系数。从理论上来说，风险收益率 R_R 可以表述为风险价值系数 b 与标准离差率 v 乘积。即：

$$R_R = b \times v \tag{2-25}$$

在不考虑通货膨胀因素的情况下，投资的必要收益率 R 为：

$$\begin{aligned}
必要收益率\ R &= 无风险收益率 + 风险收益率 \\
&= R_f + R_R \\
&= R_f + bv
\end{aligned}$$

标准离差率 v 反映了资产全部风险的相对大小；而风险价值系数 b 则取决于投资者对风险的偏好。对风险的态度越是回避，要求补偿也就越高，因而要求的风险收益就越高，所以风险价值系数 b 的值也就越大；反之，如果对风险的容忍程度越高，则说明风险的承受能力越强，那么要求的风险补偿也就没那么高，所以风险价值系数的取值就会较小。

风险价值系数 b 的计算可采用统计回归方法对历史数据进行分析得出估计值，也可结合建筑企业管理人员的经验分析判断而得出，但是由于 b 受风险偏好的影响，而风险偏好又受风险种类、风险大小及心理因素的影响，因此对于 b 的准确估计就变得相当困难。

复习思考题

1. 若本金 80000 元，投资 3 年，年利率为 10%，则按每季复利一次计算的终值是多少？

2. 假定某投资项目的净现金投资额为 16000 元，第 1 年末的净现金效益为 9000 元，第 2 年末的净现金效益为 8000 元，第 3 年末的净现金效益为 6000 元，贴现率为 10%，则它的净现值是多少？这个方案是否可以接受？

3. 若某物业公司以 10% 的利率借款 20 万元，投资于某个合作期为 10 年的项目，那么每年至少应收回多少投资收益才合算？

4. 某项目需要 4 年建成，每年末投资 60 万元，按年利率 6% 计算，这一项目的投资总额将是多少？

5. 某学校拟建立一项永久性的奖学金，每年计划颁发 20000 元奖学金。若利率为 10%，则现在应存入多少钱？

6. 某建筑企业现有两个投资项目可供选择，有关资料如表 2-2 所示：

甲、乙两投资项目的预测信息 表 2-2

市场销售情况	概率	甲项目的收益率	乙项目的收益率
很好	0.2	30%	25%
一般	0.4	15%	10%
很差	0.4	−5%	5%

根据以上资料计算甲、乙两项目的期望收益率、标准差和标准离差率。

第三章

筹资管理

第一节 筹资管理概述

一、建筑企业筹资的概念

建筑企业筹资,是指建筑企业根据其生产经营、对外投资以及调整资本结构等需要,通过一定的渠道,采取适当的方式,获取所需资金的一种行为。建筑企业筹集资金可按不同的标准进行分类,主要分类如下:

(一)按照资金的来源渠道不同,可将企业筹资分为权益性筹资和负债性筹资

权益性筹资,也称自有资金筹资,是指建筑企业通过发行股票、吸收直接投资、内部积累等方式筹集资金。企业采用吸收自有资金的方式筹集资金,一般不用还本,财务风险小,但付出的资金成本相对较高。

负债性筹资,也称借入资金筹资,是指建筑企业通过发行债券、向银行借款、融资租赁等方式筹集的资金。企业采用借入资金的方式筹集资金,到期要归还本金和支付利息,一般承担较大风险,但相对而言,付出的资金成本较低。

(二)按照所筹资金使用期限的长短,可将企业筹资分为短期资金筹集与长期资金筹集

短期资金,是指使用期限在一年以内或超过一年的一个营业周期以内的资金。短期资金主要投资于现金、应收账款、存货等,一般在短期内可收回。短期资金通常采用商业信用、短期银行借款、短期融资券、应收账款转让等方式来筹集。

长期资金,是指使用期限在一年以上或超过一年的一个营业周期以上的资金。长期资金主要投资于新产品的开发和推广、生产规模的扩大、厂房和设备的更新等，一般需几年甚至十几年才能收回。长期资金通常采用吸收直接投资、发行股票、发行债券、长期借款、融资租赁和利用留存收益等方式来筹集。

二、建筑企业筹资的渠道与方式

（一）筹资渠道

筹资渠道，是指筹措资金来源的方向与通道，体现资金的来源与流量。目前我国建筑企业筹资渠道主要包括：

1. 银行信贷资金

银行对建筑企业的各种贷款，是我国目前各类企业最为重要的资金来源。我国银行分为商业性银行和政策性银行两种。商业银行是以盈利为目的、从事信贷资金投放的金融机构，它主要为企业提供各种商业贷款。商业银行主要有中国银行、中国农业银行、中国工商银行、中国建设银行、交通银行等。政策性银行是为特定企业提供政策性贷款，主要有国家开发银行、中国进出口银行和农业发展银行。

2. 其他金融机构资金

其他金融机构也可以为建筑企业提供一定的资金来源，其他金融机构主要指信托投资公司、保险公司、金融租赁公司、证券公司、财务公司等。它们所提供的各种金融服务，既包括信贷资金投放，也包括物资的融通，还包括为企业承销证券等金融服务。

3. 其他企业资金

其他企业资金也可以为建筑企业提供一定的资金来源。建筑企业在生产经营过程中，往往形成部分暂时闲置的资金，并为一定的目的而进行相互投资。另外，企业间的购销业务可以通过商业信用方式来完成，从而形成企业间的债权债务关系，形成债务人对债权人的短期信用资金占用。企业间的相互投资和商业信用的存在，使其他企业资金也成为企业资金的重要来源。

4. 居民个人资金

居民个人资金也可以为建筑企业提供一定的资金来源，企业职工和居民个人的结余货币，作为"游离"于银行及非银行金融机构等之外的个人资金，可用于对建筑企业进行投资，形成民间资金来源渠道，从而为建筑企业所用。

5. 国家资金

国家对企业的直接投资是国有企业特别是国有独资企业获得资金的主要渠道之一。现在国有企业的资金来源中，其资本部分大多是由国家财政以直接拨款方式形成的。除此以外，还有一部分是国家对企业"税前还贷"或减免各种税款而形成的。不管是何种形式形成的，从产权关系上看，它们都属于国家投资的资金，产权归国家所有。

6. 企业自留资金

企业自留资金，也称企业内部留存，是指企业内部形成的资金，主要包括提取公积金和未分配利润等。这些资金的重要特征之一是，它们无须企业通过一定的方式去筹集，而直接由企业内部自动生成或转移。

（二）筹资方式

筹资方式，是指建筑企业筹集资金所采用的具体形式。目前我国企业的筹资方式主要有以下几种：

1. 吸收直接投资

吸收直接投资即企业按照"共同投资、共同经营、共担风险、共享利润"的原则直接吸收国家、法人、个人投入资金的一种筹资方式。

2. 发行股票

发行股票，即股票公司通过发行股票筹措权益性资本的一种筹资方式。

3. 利用留存收益

留存收益，是指企业按规定从税后利润中提取的盈余公积、根据投资人意愿和企业具体情况留存的应分配给投资者的未分配利润。利用留存收益筹资是指企业将留存收益转化为投资的过程，它是企业筹集权益性资本的一种重要方式。

4. 向银行借款

向银行借款，即企业根据借款合同从有关银行或非银行金融机构借入的需要还本付息的款项。

5. 利用商业信用

商业信用，是指商品交易中的延期付款或延期交货所形成的借贷关系，它是企业筹集短期资金的重要方式。

6. 发行公司债券

发行公司债券，即企业通过发行债券筹措债务性资本的一种筹资方式。

7. 融资租赁

融资租赁，也称资本租赁或财务租赁，是区别于经营租赁的一种长期租赁形式，是指出租人根据承租人对租赁物和供货人的选择或认可，将其从供货人处取得的租赁物，按融资租赁合同的约定出租给承租人占用、使用，并向承租人收取租金，最短租赁期限为一年的交易活动，它是企业筹集长期债务性资本的一种方式。

筹资渠道解决的是资金来源问题，筹资方式则解决通过何种方式取得资金的问题，它们之间存在着一定的对应关系。一定的筹资方式可能只适用于某一特定的筹资渠道，但是，同一渠道的资金往往可采用不同的方式取得，同一筹资方式又往往适用于不同的筹资渠道。因此，建筑企业在筹资时，应实现两者的合理搭配。

第二节 权益资金的筹集

权益性资金的筹集也称自有资金的筹集，是指建筑企业通过吸收直接投资、发行股票和利用留存收益等方式筹集资金。

一、吸收直接投资

吸收直接投资是指建筑企业按照"共同投资、共同经营、共担风险、共享利润"的原则直接吸收国家、法人、个人投入资金的一种筹资方式。吸收直接投资中的出资者都是企业的所有者，他们对企业具有经营管理权。企业经营状况好，盈利多，各方可按出资额的比例分享利润，但如果企业经营状况差，连年亏损，甚至被迫破产清算，则各方要在其出资的限额内按出资比例承担损失。

（一）吸收直接投资的种类

建筑企业采用吸收直接投资方式筹集的资金一般可分为以下三类：

1. 吸收个人投资

个人投资是指社会个人或本企业内部职工以个人合法财产投入企业，这种情况下形成的资本称为个人资本。

2. 吸收法人投资

法人投资是指法人单位以其依法可以支配的资产投入企业，这种情况下形成的资本叫法人资本。

3. 吸收国家投资

国家投资是指有权代表国家投资的政府部门或者机构以国有资产投入企业，这种情况下形成的资本叫国有资本。吸收国家投资是国有企业筹集自有资金的主要方式之一。根据《企业国有资本与财务管理暂行办法》的规定，国家对企业注册的国有资本实行保全原则。企业在持续经营期间，对注册的国有资本除依法转让外，不得抽回，并且以出资额为限承担责任。

（二）吸收直接投资中的出资方式

企业在采用吸收投资方式筹集资金时，投资者可以用现金、厂房、机器设备、材料物资、无形资产等作价出资。

1. 以现金出资

以现金出资是吸收投资中一种最重要的出资方式。有了现金，便可获取其他物质资源。因此，企业应尽量动员投资者采用现金方式出资。吸收投资中所需投入现金的数额，取决于投入的实物、工业产权之外尚需多少资金来满足建厂的开支和日常周转需要。

2. 以实物出资

以实物出资就是投资者以厂房、建筑物、设备等固定资产和原材料、商品等流动资产所进行的投资。一般来说，企业吸收的实物应符合如下条件：

（1）确为企业科研、生产、经营所需；

（2）技术性能比较好；

（3）作价公平合理。另外，实物出资所涉及的实物作价方法应按国家的有关规定执行。

3. 以工业产权出资

以工业产权出资是指投资者以专有技术、商标权、专利权等无形资产所进行的投资。一般来说，企业吸收的工业产权应符合以下条件：

(1) 能帮助研究和开发出新的高科技产品；
(2) 能帮助生产出适销对路的高科技产品；
(3) 能帮助改进产品质量，提高生产效率；
(4) 能帮助大幅度降低各种消耗；
(5) 作价比较合理。

4. 以土地使用权出资

投资者也可以用土地使用权来进行投资。土地使用权是按有关法规和合同的规定使用土地的权利。建筑企业吸收土地使用权投资应符合以下条件：
(1) 建筑企业科研、生产、销售活动所需要的；
(2) 交通、地理条件比较适宜；
(3) 作价公平合理。

（三）吸收直接投资的优缺点

1. 吸收直接投资的优点

(1) 有利于尽快形成生产能力。吸收直接投资可以直接获取投资者的先进设备和先进技术，有利于尽快形成生产能力，满足生产经营的需要。

(2) 有利于增强企业信誉。吸收直接投资所筹集的资金属于自有资金，能增强企业的信誉和借款能力，对扩大企业经营规模、增强企业实力具有重要作用。

(3) 有利于降低财务风险。建筑企业可根据其经营状况向投资者支付报酬，如果其经营状况不好，就可不向投资者支付报酬或少支付报酬，比较灵活，所以财务风险较小。

2. 吸收直接投资的缺点

(1) 资金成本较高。一般而言，采用吸收投资方式筹集资金所需负担的资金成本较高，特别是企业经营状况较好和盈利较强时，更是如此。因为向投资者支付的报酬是根据其出资额和建筑企业实现的利润来计算的。

(2) 容易分散企业控制权。采用吸收投资方式筹集资金，投资者一般都要求获得与投资数量相适应的经营管理权。如果外部投资者的投资较多，则投资者会有相当大的管理权，甚至会对企业实行完全控制。

二、发行普通股

（一）股票的含义、特征与分类

1. 股票的含义

股份有限公司的资本金称为股本，是通过发行股票方式筹集的。股票是指股份有限公司发行的、用以证明投资者股东身份和权益并据以获得股利的一种可转让的书面证明。

2. 股票的特征

股票的具体形式是股票证书，具有以下性质：
(1) 法定性。股票是经过国家主管部门核准发行的，具有法定性。
(2) 收益性。投资者凭所持有的股票，有权按公司章程从公司领取股息和分享公司的经营红利，股票持有者还可以利用股票获取差价和保值。

（3）参与性。股东有权出席股东大会，选举公司的董事会，参与公司的经营决策，权利大小取决于其持有的股票份额的多少。

（4）风险性。认购股票必须承担一定的风险，因为股票的盈利要随着股份有限公司的经营状况和盈利水平上下浮动，并且受到股票交易市场的行情影响。

（5）无限期性。在股份有限公司的存续期间，股票是一种无限期的法律凭证，它反映着股东与股份有限公司之间比较稳定的经济关系。

（6）可转让性。股票是流通性很高的证券，股票可以在股票市场上，作为买卖对象和抵押品随时转让。

（7）价格波动性。股票的波动性是指股票价格经常与股票票面价值不一致。

3. 股票的分类

根据不同标准，可以对股票进行不同的分类，现介绍几种主要分类方式。

（1）按股东权利和义务的不同分为普通股票和优先股票

普通股票简称普通股，是股份公司依法发行的具有管理权、股利不固定的股票。普通股具备股票的最一般特征，是股份公司资本的最基本部分。优先股票简称优先股，是股份公司依法发行的具有一定优先权的股票。从法律上讲，企业对优先股不承担法定的还本义务，是企业自有资金的一部分。

（2）按股票票面是否记名分为记名股票和无记名股票

无记名股票是指在股票上不记载股东姓名或名称的股票。凡持有无记名股票，都可成为公司股东。无记名股票的转让、继承无需办理过户手续，只要将股票交给受让人，就可发生转让效力，移交股权。公司向发行人、国家授权投资的机构和法人发行的股票，应当为记名股票。对社会公众发行的股票，可以为记名股票，也可以为无记名股票。

（3）按股票票面有无金额分为有面值股票和无面值股票

有面值股票是指在股票的票面上记载每股金额的股票。股票面值的主要功能是确定每股股票在公司所占有的份额；另外，还表明在有限公司中股东对每股股票所负有限责任的最高限额。无面值股票是指股票票面不记载每股金额的股票。无面值股票仅表示每一股在公司全部股票中所占有的比例。也就是说，这种股票只在票面上注明每股占公司全部净资产的比例，其价值随公司财产价值的增减而增减。

（4）按股票发行时间的先后分为始发股和新发股

始发股是公司设立时发行的股票。新发股是公司增资时发行的股票。无论是始发股还是新发股，其发行条件、发行目的、发行价格都不尽相同，但是股东的权利和义务却是一样的。

（5）按发行对象和上市地区分为A股、B股、H股和N股等

在我国内地，有A股、B股。A股是以人民币标明票面金额并以人民币认购和交易的股票。B股是以人民币标明票面金额，以外币认购和交易的股票。另外，还有H股和N股，H股为在香港上市的股票，N股是在纽约上市的股票。

（二）普通股股东的权利

普通股股票的持有人叫普通股股东，普通股股东一般具有如下权利：

1. 公司管理权

普通股股东的管理权主要体现为在董事会选举中有选举权和被选举权。通过选出的董事会代表所有股东对企业进行控制和管理。具体来说，普通股股东的管理权主要包括投票权、查账权、阻止越权经营的权利。

2. 分享盈余权

分享盈余也是普通股股东的一项基本权利，即普通股股东经董事会决定后有从净利润中分得股息和红利的权利。

3. 出让股份权

出让股份权，即股东有权出售或转让股票。

4. 优先认股权

优先认股权，即普通股股东可优先于其他投资者购买公司增发新股票的权利。

5. 剩余财产要求权

剩余财产要求权，即当公司解散、清算时，普通股股东对剩余财产有要求权。但是，公司破产清算时，财产的变价收入，首先要用来清偿债务，然后支付优先股股东，最后才能分配给普通股股东。所以，在破产清算时，普通股股东实际上很少能分到剩余财产。

（三）股票的发行

我国股份公司发行股票必须符合《证券法》和《上市公司证券发行管理办法》规定的发行条件。股票的发行方式有公募发行和私募发行，公募发行有自销方式和承销方式，承销方式具体分为包销和代销。

（四）股票上市

股票上市指股份有限公司公开发行的股票经批准在证券交易所进行挂牌交易。经批准在交易所上市交易的股票称为上市股票。股票获准上市交易的股份有限公司简称为上市公司。我国《公司法》规定，股东转让其股份，即股票流通必须在依法设立的证券交易场所进行。

股票上市作为一种有效的筹资方式，对公司的成长起着重要的作用。发达国家的绝大部分发展迅速的公司都选择了上市。然而，股票上市也会给公司带来一些负面效果，因此，在做出股票上市的决定前，公司管理者应该非常慎重地考虑，并且应该尽可能向专家或有过类似经历的企业家进行咨询，以便做出的决策能够达到预期目的。

1. 股票上市可为公司带来的益处

（1）有助于改善财务状况。公司公开发行股票可以筹得自有资金，能迅速改善公司财务状况，并有条件得到利率更低的贷款。同时，公司一旦上市，就可以在今后获得更多的从证券市场上筹集资金的机会。

（2）利用股票收购其他公司。一些公司常用出让股票而不是付现金的方式去对其他企业进行收购。被收购企业也乐意接受上市公司的股票。因为上市的股票具有良好的流通性，持股人可以很容易将股票出手而得到资金。

（3）利用股票市场客观评价企业。对于已上市的公司来说，每日每时的股市，都是对企业客观的市场估价。

（4）提高公司知名度，吸引更多顾客。股票上市公司为社会所知，并被认为经营优良，这会给公司带来良好的声誉，从而吸引更多的顾客，扩大公司的销售。

（5）利用股票可激励职员。上市公司利用股票作为激励关键人员的手段是卓有成效的。公开的股票市场提供了股票的准确价值，也可使职员的股票得以兑现。

2. 股票上市可能对公司产生的不利影响

（1）容易泄露商业机密，使公司失去隐私权。一家公司转为上市公司，其最大的变化是公司隐私权的消失。国务院证券监督管理机构要求上市公司将关键的经营情况向社会公众公开。

（2）限制经理人员操作的自由度。公司上市后其所有重要决策都需要经董事会讨论通过，有些对企业至关重大的决策则需全体股东投票决定。股东们通常以公司盈利、分红、股价等来判断经理人员的业绩，这些压力往往使得企业经理人员注重短期效益而忽略长期效益。

（3）公开上市需要很高的费用。这些费用包括：资产评估费用、股票承销佣金、律师费、注册会计师费、材料印刷费、登记费等等。这些费用的具体数额取决于每一个企业的具体情况、整个上市过程的难易程度和上市数额等因素。公司上市后尚须花费一些费用为证券交易所、股东等等提供资料，聘请注册会计师、律师等。

（五）普通股筹资的优缺点

1. 普通股筹资的优点

（1）没有固定股利负担。公司有盈余，并认为适合分配股利，就可以分给股东；公司盈余较少，或虽有盈余但资金短缺或有更有利的投资机会，就可少支付或不支付股利。

（2）没有固定到期日，不用偿还。利用普通股筹集的是永久性的资金，除非公司清算才需偿还。它对保证企业最低的资金需求有重要意义。

（3）能增加公司的信誉。普通股本与留存收益构成公司所借入一切债务的基础。有了较多的自有资金，就可为债权人提供较大的损失保障，因而，普通股筹资既可以提高公司的信用价值，同时也为使用更多的债务资金提供了强有力的支持。

（4）筹资限制较少。利用优先股或债券筹资，通常有许多限制，这些限制往往会影响公司经营的灵活性，而利用普通股筹资则没有这种限制。

（5）筹资风险小。由于普通股没有固定到期日，不用支付固定的股利，此种筹资实际上不存在不能偿付的风险，因此风险最小。

2. 普通股筹资的缺点

（1）资金成本较高。一般来说，普通股筹资的成本要大于债务资金。这主要是股利要从净利润中支付，而债务资金的利息可在税前扣除，另外，普通股的发行费用也比较高。

（2）容易分散控制权。利用普通股筹资，出售了新的股票，引进了新的股东，容易导致公司控制权的分散。

此外，新股东分享公司未发行新股前积累的盈余，会降低普通股的每股净收益，从而可能引起股价的下跌。

三、发行优先股

（一）优先股的性质

优先股与普通股有许多相似之处，但又具有债券的某些特征。但从法律的角度来讲，优先股属于自有资金。

优先股股东所拥有的权利与普通股股东近似。优先股的股利不能像债务利息那样从税前扣除，而必须从净利润中支付。但优先股有固定的股利，这与债券利息相似，优先股对盈利的分配和剩余资产的求偿具有优先权，这也类似于债券。

另外，公司的不同利益集团，对优先股有不同的认识。普通股的股东一般把优先股看成是一种特殊债券，这是因为，它必须在普通股之前取得收益，分享资产。投资人在购买普通股票时也往往把优先股看作债券。但是，从债券的持有人来看，优先股则属于股票，因为它对债券起保护作用，可以减少债券投资的风险，属于主权资金。从公司管理当局和财务人员的观点来看，优先股则具有双重性质，这是因为，优先股虽没有固定的到期日，不用偿还本金，但往往需要支付固定的股利，成为财务上的一项负担。所以当公司利用优先股筹资时，一定要考虑它这两方面的特性。

（二）发行优先股的动机

筹资是股份公司发行优先股的基本目的，但由于优先股具有其特征，因此，发行公司往往还有其他的动机。其他动机主要表现在以下四个方面：

1. 防止公司股权分散化。优先股股东一般无表决权，发行优先股就可以避免公司股权分散，保障公司老股东的原有控制权。

2. 调剂现金余缺。公司在需要现金资本时可发行优先股，在现金充裕时可赎回部分或全部优先股，从而调剂现金余缺。

3. 改善公司的资金结构。公司在安排借入资本与自有资本的比例关系时，可较为便利地利用优先股的发行、转换、赎回等手段进行资金结构和自有资本内部结构的调整。

4. 维持举债能力。公司发行优先股，有利于巩固自有资本的基础，维持乃至增强公司的举债能力。

（三）优先股股东的权利

优先股的"优先"是相对普通股而言的，这种优先权主要表现在以下几个方面：

1. 优先分配股利权

优先分配股利的权利，是优先股的最主要特征。优先股通常有固定股利，一般按面值的一定百分比来计算。另外，优先股的股利除数额固定外，还必须在支付普通股股利之前予以支付。对于累积优先股来说，这种优先权就更为突出。

2. 优先分配剩余资产权

在企业破产清算时，出售资产所得的收入，优先股位于债权人的求偿之后，但先于普通股。其金额只限于优先股的票面价值，加上累积未支付的股利。

3. 部分管理权

优先股股东的管理权限是有严格限制的。通常，在公司的股东大会上，优先股股东没有表决权，但是，当公司研究与优先股有关的问题时有权参加表决。例如，如果讨论把一般优先股改为可转换优先股时，或推迟优先股股利的支付时，优先股股东都有权参加股东大会并有权表决。

（四）优先股筹资的优缺点

1. 利用优先股筹资的优点

（1）没有固定到期日，不用偿还本金。事实上等于使用的是一笔无限期的贷款，无偿还本金义务。但大多数优先股又附有收回条款，这就使得使用这种资金更有弹性。当财务状况较弱时发行，而财务状况转强时收回，有利于结合资金需求，同时也能控制公司的资金结构。

（2）股利支付既固定，又有一定弹性。一般而言，优先股都采用固定股利，但固定股利的支付并不构成公司的法定义务。如果财务状况不佳，则可暂时不支付优先股股利，那么，优先股股东也不能像债权人一样迫使公司破产。

（3）有利于增强公司信誉。从法律上讲，优先股属于自有资金，因而，优先股扩大了权益基础，可适当增加公司的信誉，加强公司的借款能力。

2. 利用优先股筹资的缺点

（1）筹资成本高。优先股所支付的股利要从税后净利润中支付，不同于债务利息可在税前扣除。因此，优先股成本很高。

（2）财务负担重。优先股需要支付固定股利，但又不能在税前扣除，所以，当利润下降时，优先股的股利会成为一项较重的财务负担，有时不得不延期支付。

（3）筹资限制多。发行优先股，通常有许多限制条款，例如，对普通股股利支付上的限制，对公司借债限制等。

四、留存收益筹资

留存收益是公司税后利润形成的，属于权益资本。一般企业都不会把全部收益以股利形式分给股东，留存收益是企业资金的一项重要来源。留存收益来源渠道有盈余公积和未分配利润两个方面。

留存收益筹资的优缺点主要有以下几方面。

1. 留存收益筹资的优点

（1）资金成本较普通股低。用留存收益筹资，不用考虑筹资费用，资金成本较普通股低。

（2）保持普通股股东的控制权。用留存收益筹资，不用对外发行股票，由此增加的权益资本不会改变企业的股权结构，不会分散原有股东的控制权。

（3）增强公司的信誉。留存收益筹资能够使企业保持较大的可支配的现金流，既可解决企业经营发展的资金需要，又能提高企业举债的能力。

2. 留存收益筹资的缺点

（1）筹资数额有限制。留存收益筹资最大可能的数额是企业当期的税后利润加上年末未分配利润之和。如果企业经营亏损，则不存在这一渠道的资金来源。

（2）资金使用受制约。留存收益中某些项目的使用，如法定盈余公积金等，受国家有关规定的制约。

第三节 负债资金的筹集

一、向银行借款

向银行借款就是由企业根据借款合同从有关银行或非银行金融机构借入所需资金的一种筹资方式，又称银行借款筹资。

（一）银行借款的种类

1. 按借款的期限分类

按借款的期限，银行借款可分为短期借款、中期借款和长期借款。短期借款是指借款期限在1年以内（含1年）的借款；中期借款是指借款期限在1年以上（不含1年）5年以下（含5年）的借款；长期借款是指借款期限在5年以上（不含5年）的借款。

2. 按借款的条件分类

按借款是否需要担保，银行借款可以分为信用借款、担保借款和票据贴现。信用借款是指以借款人的信誉为依据而获得的借款，企业取得这种借款，无需以财产做抵押；担保借款是指以一定的财产做抵押或以一定的保证人做担保为条件所取得的借款；票据贴现是指企业以持有的未到期的商业票据向银行贴付一定的利息而取得的借款。

3. 按提供贷款的机构分类

按提供贷款的机构，可将银行借款分为政策性银行贷款和商业银行贷款。政策性银行贷款一般是指执行国家政策性贷款业务的银行向企业发放的贷款。如国家开发银行为满足企业承建国家重点建设项目的资金需要提供贷款；进出口信贷银行为大型设备的进出口提供买方或卖方信贷。商业银行贷款是指由各商业银行向工商企业提供的贷款。这类贷款主要为满足企业生产经营的资金需要。此外，企业还可从信托投资公司取得实物或货币形式的信托投资贷款，从财务公司取得各种贷款等。

（二）银行借款筹资的程序

建筑企业向银行借款，通常要经过以下步骤：

1. 建筑企业提出借款申请

建筑企业向银行借入资金，必须向银行提出申请，填写包括借款金额、借款用途、偿还能力以及还款方式等主要内容的《借款申请书》，并提供以下资料：

（1）借款人及保证人的基本情况；

（2）财政部门或会计师事务所核准的上年度财务报告；

（3）原有的不合理借款的纠正情况；

（4）抵押物清单及同意抵押的证明，保证人拟同意保证的有关证明文件；

（5）项目建议书和可行性报告；

（6）贷款银行认为需要提交的其他资料。

2. 银行审查借款申请

银行接到建筑企业的申请后，要对建筑企业的申请进行审查，以决定是否对建筑企业提供贷款。一般包括如下几个方面：

（1）对借款人的信用等级进行评估。

（2）进行相关调查。贷款人受理借款人的申请后，应当对借款人的信用及借款的合法性、安全性和盈利性等情况进行调查，核实抵押物、保证人情况，测定贷款的风险。

（3）贷款审批。

3. 银行与建筑企业签订借款合同

为了维护借贷双方的合法权益，保证资金的合理使用，企业向银行借入资金时，双方签订借款合同。借款合同主要包括基本条款、保证条款、违约条款和其他附属条款等四方面内容。

4. 建筑企业取得借款

双方签订借款合同后，贷款银行要按合同的规定按期发放贷款，建筑企业便可取得相应的资金。贷款人不按合同约定按期发放贷款的，应偿付违约金。借款人不按合同的约定使用借款的，也应偿付违约金。

5. 建筑企业还本付息

建筑企业应按照借款合同的规定按时足额归还借款本息。

（三）与银行借款有关的信用条件

按照国际惯例，银行发放贷款时，往往涉及以下信用条款：

1. 信贷额度

信贷额度亦即贷款限额，是借款人与银行在协议中规定的允许借款人借款的最高限额。如借款人超过规定限额继续向银行借款，银行则停止办理。此外，如果企业信誉恶化，即使银行曾经同意按信贷限额提供贷款，企业也可能得不到借款。这时，银行不会承担法律责任。

2. 周转信贷协定

周转信贷协定是银行从法律上承诺向企业提供不超过某一最高限额的贷款协

定。在协定的有效期内,只要企业借款总额未超过最高限额,银行必须满足企业任何时候提出的借款要求。企业享用周转信贷协定,通常要对贷款限额的未使用部分付给银行一笔承诺费。

3. 补偿性余额

补偿性余额是银行要求借款人在银行中保持按贷款限额或实际借用额的一定百分比计算的最低存款余额。补偿性余额有助于银行降低贷款风险,补偿其可能遭受的损失;但对借款企业来说,补偿性余额则提高了借款的实际利率。

4. 借款抵押

银行向财务风险较大、信誉不好的企业发放贷款,往往需要有抵押品担保,以减少自己蒙受损失的风险。借款的抵押品通常是借款企业的应收账款、存货、股票、债券以及房屋等。

5. 偿还条件

无论何种借款,一般都会规定还款的期限。根据我国金融制度的规定,贷款到期后仍无能力偿还的,视为逾期贷款,银行要照章加收逾期罚息。

6. 以实际交易为贷款条件

当建筑企业发生经营性临时资金需求,向银行申请贷款以求解决时,银行则以建筑企业将要进行的实际交易为贷款基础,单独立项,单独审批,最后做出决定并确定贷款的相应条件和信用保证。

(四)借款利息的支付方式

1. 利随本清法

利随本清法,又称收款法,是在借款到期时向银行支付利息的方法。采用这种方法,借款的名义利率等于其实际利率。

2. 贴现法

贴现法是银行向企业发放贷款时,先从本金中扣除利息部分,而到期时借款企业再偿还全部本金的一种计息方法。采用这种方法,建筑企业可利用的贷款额只有本金扣除利息后的差额部分,因此,其实际利率高于名义利率。

贴现贷款实际利率的计算公式为:

$$贴现贷款实际利率 = \frac{利息}{贷款金额 - 利息} \times 100\% \qquad (3-1)$$

或

$$贴现贷款实际利率 = \frac{名义利率}{1 - 名义利率} \times 100\% \qquad (3-2)$$

[例3-1] 某建筑企业现取得借款100万元,期限1年,名义利率为10%,则利息为10万元。按照贴现法付息,企业实际可动用的借款为90万元。则该项借款的实际利率为:

$$\begin{aligned}贴现贷款实际利率 &= \frac{利息}{贷款金额 - 利息} \times 100\% \\ &= \frac{10}{100 - 10} \times 100\% \approx 11.11\%\end{aligned}$$

或

$$贴现贷款实际利率 = \frac{名义利率}{1-名义利率} \times 100\%$$
$$= \frac{10\%}{1-10\%} \times 100\% \approx 11.11\%$$

（五）银行借款筹资的优缺点

1. 银行借款筹资的优点

（1）筹资速度快。发行各种证券筹集长期资金所需时间一般较长。做好证券发行的准备，如印刷证券、申请批准等，以及证券的发行都需要一定时间。而向银行借款与发行证券相比，一般所需时间较短，可以迅速地获取资金。

（2）筹资成本低。就目前我国情况来看，利用银行借款所支付的利息比发行债券所支付的利息低，另外，也无需支付大量发行费用。

（3）借款弹性好。企业与银行可以直接接触，可通过直接商谈，来确定借款的时间、数量和利息。在借款期间，如果企业情况发生了变化，也可与银行进行协商，修改借款的数量和条件。借款到期后，如有正当理由，还可延期归还。

2. 银行借款筹资的缺点

（1）财务风险较大。建筑企业举借长期借款，必须定期还本付息，在经营不利的情况下，可能会产生不能偿付的风险，甚至会导致破产。

（2）限制条款较多。建筑企业与银行签订的借款合同中，一般都有一些限制条款，如定期报送有关报表、不准改变借款用途等，这些条款可能会限制建筑企业的经营活动。

（3）筹资数额有限。银行一般不愿借出巨额的长期借款。因此，利用银行借款筹资都有一定的上限。

二、发行公司债券

（一）债券的含义与特征

债券是债务人依照法律程序发行，承诺按约定的利率和日期支付利息，并在特定日期偿还本金的书面债务凭证。债券的发行人是债务人，投资于债券的人是债权人。债券的特点：一是通过券面载明的财产内容表明财产权；二是权利义务的变更和债务的转让同时发生。

公司债券是由企业或公司发行的有价证券，是企业或公司为筹措资金而公开负担的一种债务契约，表示公司借款后，有义务偿还其所借金额的一种期票。即发行债券的企业以债券为书面承诺，答应在未来的特定日期，偿还本金并按照事先规定的利率付给利息。发行债券是企业主要筹资方式之一。

公司债券与股票都属于有价证券，对于发行公司来说，都是一种筹资手段，而对于购买者来说，都是投资手段。但二者有很大区别，主要有以下几点：

（1）债券是债务凭证，是对债权的证明；股票是所有权凭证，是对所有权的证明。债券持有人是债权人，股票持有人是所有者。债券持有者与发行公司只是一种借贷关系，而股票持有者则是发行公司经营的参与者。

（2）债券的收入为利息，利息的多少一般与发行公司的经营状况无关，是固定的；股票的收入是股息，股息的多少是由公司的盈利水平决定的，一般是不固定的。如果公司经营不善发生亏损或者破产，投资者就得不到任何股息，甚至连本金也保不住。

（3）债券的风险较小，因为其利息收入基本是稳定的；股票的风险则较大。

（4）债券是有期限的，到期必须还本付息；股票除非公司停业，一般不退还股本。

（5）债券属于公司的债务，它在公司剩余财产分配中优先于股票。

（二）债券的种类

债券可以从各种不同的角度进行分类，其主要的分类方式如下：

1. 按有无特定的财产担保分为信用债券和抵押债券

信用债券，是指仅凭债券发行者的信用发行的、没有抵押品作抵押或担保人作担保的债券。抵押债券，是指以一定抵押品作抵押而发行的债券。抵押债券按抵押物品的不同，又可分为不动产抵押债券、设备抵押债券和证券信托债券。

2. 按债券是否记名分为记名债券和无记名债券

记名债券，是指在债券票面上注明债权人姓名或名称，同时在发行公司的债权人名册上进行登记的债券。无记名债券，是指债券票面未注明债权人姓名或名称，也不用在债权人名册上登记债权人姓名或名称的债券。

3. 按债券能否转换为公司股票分为可转换债券和不可转换债券

可转换债券，是指在一定时期内，可以按规定的价格或一定比例，由持有人自由地选择转换为普通股的债券。不可转换债券，是指不可转换为普通股的债券。

（三）公司债券的发行

1. 债券发行的条件

我国发行公司债券，必须符合《公司法》、《证券法》规定的有关条件。

2. 债券的发行程序

债券发行的基本程序如下：

（1）作出发行债券的决议；

（2）提出发行债券的申请；

（3）公告债券募集办法；

（4）委托证券机构发售；

（5）交付债券，收缴债券款，登记债券存根簿。

3. 债券的发行价格

债券的发行价格有三种：等价发行、折价发行和溢价发行。等价发行又称按面值发行，是指按债券的面值出售；折价发行是指以低于债券面值的价格出售；溢价发行是指按高于债券面值的价格出售。

债券之所以会存在溢价发行和折价发行，这是因为资金市场上的利息率是经常变化的，而企业债券一经发行，就不能调整其票面利息率。从债券的开印到正式发行，往往需要经过一段时间，在这段时间内如果资金市场上的利率发生变化，就要靠调整发行价格的方法来使债券顺利发行。

在按期付息，到期一次还本，且不考虑发行费用的情况下，债券发行价格的计算公式为：

$$\text{债券发行价格} = \frac{\text{票面金额}}{(1+\text{市场利率})^n} \times \sum_{i=1}^{n} \frac{\text{票面金额} \times \text{票面利率}}{(1+\text{市场利率})^n} \quad (3\text{-}3)$$

式中：n 为债券期限。

[例3-2] 某建筑企业打算发行面值为1000元的债券，票面利率为8%，期限为5年。在公司决定发行债券时，如果市场上的利率发生变化，那么就要调整债券的发行价格。现在按以下三种情况分别讨论。

(1) 资金市场上的利率保持不变，该建筑企业的债券利率为8%仍然合理，则可采用等价发行。债券的发行价格为：

$1000 \times (P/F, 8\%, 5) + 1000 \times 8\% \times (P/A, 8\%, 5)$
$= 1000 \times 0.6806 + 80 \times 3.9927 = 1000$（元）

(2) 资金市场上的利率有较大幅度的上升，达到12%，则应采用折价发行。发行价格为：

$1000 \times (P/F, 12\%, 5) + 1000 \times 8\% \times (P/A, 12\%, 5)$
$= 1000 \times 0.5674 + 80 \times 3.6048 = 855$（元）

也就是说，该建筑企业只有按855元的价格出售，投资者才能购买此债券，并获得12%的报酬。

(3) 资金市场上的利率有较大幅度的下降，达到5%，则可采用溢价发行。发行价格为：

$1000 \times (P/F, 5\%, 5) + 1000 \times 8\% \times (P/A, 5\%, 5)$
$= 1000 \times 0.7835 + 80 \times 4.3295 = 1130$（元）

也就是说，投资者把1130元的资金投资于该建筑企业面值为1000元的债券，才可获得5%的报酬。

（四）债券的偿还

1. 债券的偿还时间

债券偿还时间按其实际发生与规定的到期日之间的关系，分为到期偿还、提前偿还与滞后偿还三类。

（1）到期偿还

到期偿还，是指当债券到期后还清债券所载明的义务，又包括分批偿还和一次偿还两种形式。

（2）提前偿还

提前偿还又称提前赎回或收回，是指在债券尚未到期之前就予以偿还。只有在建筑企业发行债券的契约中明确规定了有关允许提前偿还的条款，企业才可以进行此项操作。提前偿还所支付的价格通常要高于债券的面值，并随到期日的临近而逐渐下降。具有提前偿还条款的债券可使企业融资有较大的弹性。当企业资金有结余时，可提前赎回债券；当预测利率下降时，也可提前赎回债券，而后以较低的利率来发行新债券。

赎回有三种形式：强制性赎回、通知赎回、选择性赎回。

①强制性赎回：指要保证公司拥有一定的现款来减少其固定负债，从而减少利息支付时，能够提前还债，强制性赎回有偿债基金和赎债基金两种形式。

偿债基金主要是为分期偿还未到期债券而设立，它要求发行人在债券到期前陆续偿还债务，因而缩短了债务的有效期限，同时分散了还本付息的压力，这样在某种程度上减少了违约的风险。但另一方面，在市场看好时（如市场价格高于面值），强制性赎回使投资人遭受损失，举债公司要给予补偿，通常的办法是提高赎回价格。

赎债基金同样是举债人为提前偿还债券设立的基金，与偿债基金不同的是，赎债基金是债券持有人强制举债公司收回债券。赎债基金只能从二级市场上购回自己的债券，其主要任务是支持自己的债券在二级市场上的价格。

②通知赎回：指举债公司在到期日前准备赎回债券时，要提前一段时间向债券持有人发出赎债通知，告知赎回债券的日期和条件。债券持有人有权将债券在通知赎回日期之前售回举债公司，债券持有人的这种权利称为提前售回优先权。

③选择性赎回：指举债公司有选择债券到期前赎回全部或部分债券的权利。选择性赎回的利息率略高于其他同类债券。

通知赎回中对于债券持有人，还有一种提前售回选择权，指债券持有人有权选择在债券到期前某一或某几个指定日期、按指定价格把债券售回举债公司，这和选择性赎回的选择主体正好相反。

（3）滞后偿还

债券在到期日之后偿还叫滞后偿还。这种偿还条款一般在发行时便订立，主要是给予持有人以延长持有债券的选择权。滞后偿还有转期和转换两种形式。

①转期：指将较早到期的债券换成到期日较晚的债券，实际上是将债务的期限延长。常用的办法有两种：一是直接以新债券兑换旧债券；二是用发行新债券得到的资金来赎回旧债券。

②转换：通常指股份有限公司发行的债券可以按一定的条件转换成本公司的股票。

2. 债券的付息

债券的付息主要表现在利息率的确定、付息频率和付息方式三个方面。

（1）利息率的确定

利息率的确定有固定利率和浮动利率两种形式。浮动利率一般指由发行人选择一个基准利息率，按基准利息率水平在一定的时间间隔中对债务的利率进行调整。

（2）付息频率

付息频率越高，资金流发生的次数越多，对投资人的吸引力越大。付息频率高有效地缩短了债券的期限。

债券付息频率主要有按年付息、按半年付息、按季付息、按月付息和一次性付息（利随本清、贴现发行）五种。

（3）付息方式

付息方式有两种：一种是采取现金、支票或汇款的方式；另一种是息票债券的方式。

（五）债券筹资的优缺点

1. 债券筹资的优点

（1）资金成本较低。利用债券筹资的成本要比股票筹资的成本低。这主要是因为债券的发行费用较低，债券利息在税前支付，有一部分利息由政府负担了。

（2）因债券持有人无权干涉企业的管理事务，所以可有效保证控制权。

（3）可以发挥财务杠杆作用。不论公司赚钱多少，债券持有人只收取固定的有限的利息，在企业投资效益良好的情况下，更多的收益可用于分配给股东，增加其财富，或留归企业以扩大经营。

2. 债券筹资的缺点

（1）筹资风险高。债券有固定的到期日，并定期支付利息。利用债券筹资，要承担还本、付息的义务。在企业经营不景气时，向债券持有人还本、付息，会给企业带来更大的困难，甚至导致企业破产。

（2）限制条件多。发行债券的契约书中往往有一些限制条款。这种限制比优先股及短期债务严得多，可能会影响企业的正常发展和以后的筹资能力。

（3）筹资额有限。利用债券筹资有一定的限度，当公司的负债比率超过了一定程度后，债券筹资的成本要迅速上升，有时甚至会发行不出去。

三、融资租赁

（一）融资租赁的含义

租赁是指出租人在承租人给予一定收益的条件下，授予承租人在约定的期限内占有和使用财产权利的一种契约性行为。

融资租赁又称财务租赁，是区别于经营租赁的一种长期租赁形式，由于它可满足企业对资产的长期需要，故有时也称为资本租赁。融资租赁是现代租赁的主要形式。

（二）融资租赁的形式

融资租赁可细分为如下三种形式：

1. 售后租回。根据协议，企业将某资产卖给出租人，再将其租回使用。

2. 直接租赁。直接租赁是指承租人直接向出租人租入所需要的资产，并付出租金。

3. 杠杆租赁。杠杆租赁涉及承租人、出租人和资金出借者三方当事人。从承租人的角度来看，这种租赁与其他租赁形式并无区别，同样是按合同的规定，在基本租赁期内定期支付定额租金，取得资产的使用权。但对出租人却不同，出租人只出购买资产所需的部分资金，作为自己的投资；另外以该资产作为担保向资金出借者借入其余资金。因此，它既是出租人又是借款人，同时拥有对资产的所有权，既收取租金又要偿付债务。如果出租人不能按期偿还借款，那么资产的所有权就要转归资金出借者。

（三）融资租赁的程序

（1）选择租赁公司；

（2）办理租赁委托；

（3）签订购货协议；

（4）签订租赁合同；

（5）办理验货与投保；

（6）支付租金；

（7）处理期满的租赁设备。

（四）融资租赁筹资的优缺点

1. 融资租赁筹资的优点

（1）筹资速度快，筹资弹性大。租赁往往比借款购置设备更迅速、更灵活，因为租赁是筹资与设备购置同时进行，可以缩短设备的购进、安装时间，使企业尽快形成生产能力，有利于企业尽快占领市场，打开销路。

（2）限制条款少。如前所述，债券和长期借款都制定有相当多的限制条款，虽然类似的限制在租赁公司中也有，但一般比较少。

（3）设备淘汰风险小。当今，科学技术在迅速发展，固定资产更新周期日趋缩短。企业设备陈旧过时的风险很大，利用租赁筹资可减少这一风险。

（4）财务风险小。租金在整个租期内分摊，不用到期归还大量本金。许多借款都在到期日一次偿还本金，这会给财务基础较弱的公司造成相当大的困难，有时会造成不能偿付的风险。而租赁则把这种风险在整个租期内分摊，可适当减少不能偿付的风险。

（5）税收负担轻。租金可在税前扣除，具有抵免所得税的效用。

2. 融资租赁筹资的缺点

（1）资金成本较高。一般来说，融资租赁租金要比举借银行借款或发行债券所负担的利息高得多。在企业财务困难时，固定的租金也会构成一项较沉重的负担。

（2）资产处置权有限。由于承租企业在租赁期内无资产所有权，因而不能根据企业的要求自行处置租赁资产。

四、商业信用

商业信用是指商品交易中的延期付款或延期交货所形成的借贷关系，是企业之间的一种直接信用关系。利用商业信用，又称商业信用融资，是一种形式多样、适用范围很广的短期资金筹措方式。

（一）可利用的商业信用的形式

1. 赊购商品

赊购商品是一种最典型、最常见的商业信用形式。在此种情况下，买卖双方发生商品交易，买方收到商品后并不立即支付现金，可延期到一定时间以后付款。

2. 预收货款

在这种形式下，卖方要先向买方收取货款，但要延期到一定时期以后交货，这等于卖方向买方先借一笔资金，是另外一种典型的商业信用形式。

3. 商业汇票

商业汇票是指单位之间根据购销合同进行延期付款的商品交易时，开出的反映债权债务关系的票据。根据承兑人的不同，商业汇票可分为商业承兑汇票和银行承兑汇票。商业承兑汇票是指由收款人开出，经付款人承兑，或由付款人开出并承兑的汇票。银行承兑汇票是指由收款人或承兑申请人开出，由银行审查同意承兑的汇票。商业汇票是一种期票，是反映应付账款和应收账款的书面证明。对于买方来说，它是一种短期融资方式。

（二）商业信用条件

所谓信用条件是指销货人对付款时间和现金折扣所作的具体规定，主要有以下几种形式：

1. 预收货款

这是企业在销售商品时，要求买方在卖方发出货物之前支付货款的情形。一般用于以下两种情况：（1）企业已知买方的信用欠佳；（2）销售生产周期长、售价高的产品。在这种信用条件下，销货单位可以得到暂时的资金来源，购货单位则要预先垫支一笔资金。

2. 延期付款，但不涉及现金折扣

这是指企业购买商品时，卖方允许企业在交易发生后一定时期内按发票金额支付货款的情形，如"$n/40$"，是指在40天内按发票金额付款。这种条件下的信用期间一般为30~60天，但有些季节性的生产企业可能为其顾客提供更长的信用期间。在这种情况下，买卖双方存在商业信用，买方可因延期付款而取得资金来源。

3. 延期付款，但早付款可享受现金折扣

在这种条件下，买方若提前付款，卖方可给予一定的现金折扣，如买方不享受现金折扣，则必须在一定时期内付清账款。如"$2/10,n/30$"便属于此种信用条件。应用现金折扣的目的主要是为了加速账款的收现。现金折扣一般为发票金额的1%~5%。

在这种条件下，双方存在信用交易。买方若在折扣期内付款，则可获得短期的资金来源，并能得到现金折扣；若放弃现金折扣，则可在稍长时间内占用卖方的资金。

（三）现金折扣成本的计算

在采用商业信用形式销售产品时，为鼓励购买单位尽早付款，销货单位往往都规定一些信用条件，这主要包括现金折扣和付款期间两部分内容。如果销货单位提供现金折扣，购买单位应尽量争取获得此项折扣，因为丧失现金折扣的机会成本很高。放弃现金折扣的成本可按下式计算：

$$放弃现金折扣的成本 = \frac{现金折扣率}{1-现金折扣率} \times \frac{360}{信用期-折扣期} \times 100\% \quad (3\text{-}4)$$

[例3-3] 某建筑企业向供应商购入500万元的商品，该供应商提供的信用条件为"2/10，n/30"，若该企业放弃上述现金折扣条件，则其资金成本计算如下：

$$放弃现金折扣的成本 = \frac{2\%}{1-2\%} \times \frac{360}{30-10} \times 100\% = 36.73\%$$

这说明该建筑企业只要从其他途径取得资金所付出的代价低于36.73%时，就应放弃这种商业信用筹资方式，在10天以内把货款付清以取得2%的现金折扣。

（四）商业信用筹资的优缺点

1. 商业信用融资的优点

（1）筹资便利。利用商业信用筹措资金非常方便。因为商业信用与商品买卖同时进行，属于一种自然性融资，不用做非常正规的安排。

（2）筹资成本低。如果没有现金折扣，或建筑企业不放弃现金折扣，则利用商业信用集资没有实际成本。

（3）限制条件少。如果建筑企业利用银行借款筹资，银行往往对贷款的使用规定一些限制条件，而商业信用则限制较少。

2. 商业信用融资的缺点

商业信用的期限一般较短，如果企业取得现金折扣，则时间会更短，如果放弃现金折扣，则要付出较高的资金成本。

复习思考题

1. 某企业从银行借款300万元，期限1年，名义利率10%。按照贴现法付息，计算企业该项贷款的实际利率。

2. 某公司发行面值为1000元，票面利率为10%，期限为10年，每年年末付息的债券。计算以下三种市场利率情况下债券的发行价格：（1）12%；（2）10%；（3）8%。

3. 某企业每年向A公司购入100万元的商品，A公司提供的信用条件为"2/10，n/40"，若该企业放弃现金折扣，则其放弃现金折扣的资金成本为多少？

第四章

资金成本和资金结构

第一节 资金成本

一、资金成本的概念与作用

(一) 资金成本的概念

资金成本是指建筑企业为筹集和使用资金而发生的代价。在市场经济条件下，任何企业都不能无偿使用资金，必须向资金提供者支付一定数量的费用作为补偿。

资金成本包括用资费用和筹资费用两部分内容。用资费用，是指企业在生产经营、投资过程中因使用资金而支付的代价，如向股东支付的股利、向债权人支付的利息等，这是资金成本的主要内容。筹资费用，是指企业在筹措资金过程中为获取资金而支付的费用，如向银行支付的借款手续费，因发行股票、债券而支付的发行费等。筹资费用与用资费用不同，它通常是在筹措资金时一次支付的，在用资过程中不再发生。

资金成本可以用绝对数表示，也可用相对数表示，但在财务管理中，一般用相对数表示，即表示为用资费用与实际筹得资金（即筹资数额扣除筹资费用后的差额）的比率。其通用计算公式如下：

$$资金成本 = \frac{每年的用资费用}{筹资总额 - 筹资费用} \times 100\% \tag{4-1}$$

(二) 资金成本的作用

资金成本在许多方面都可加以应用，主要表现在以下几方面：

1. 资金成本是建筑企业筹资决策的主要依据

资金成本的高低是决定筹资活动的首要因素,因为不同的资金来源和筹资方式下,资金成本各不相同,为了提高筹资效果,就必须分析各种筹资方式资金成本的高低,并进行合理配置,使资金成本降到最低。

资金成本并不是企业筹资决策中所要考虑的唯一因素。企业筹资还要考虑财务风险、资金期限、偿还方式、限制条件等。但资金成本作为一项重要的因素,直接关系到企业的经济效益,是筹资决策时需要考虑的一个首要问题。

2. 资金成本是评价投资项目的重要标准

建筑企业投资项目的决策通常采用净现值、现值指数和内含报酬率等指标来进行评价,其中净现值的计算一般就是以资金成本为折现率,当净现值大于0时方案可行,否则方案不可行;而用内含报酬率评价方案的可行性时,一般以资金成本作为基准收益率,当内含报酬率大于资金成本时,说明方案可行,否则不可行。

3. 资金成本可以作为衡量建筑企业经营成果的尺度。当企业投资利润率大于资金成本时,说明经营业绩好。

二、资金成本的计算

(一)个别资金成本

个别资金成本是指各种筹资方式的成本。主要包括债券成本、银行借款成本、优先股成本、普通股成本和留存收益成本,前两者可统称为负债资金成本,后三者统称为权益资金成本。

建筑企业资金来源及取得方式不同,其筹资成本也不相同,因此对于不同来源和方式下的资金,应分别计算其资金成本。

1. 债券筹资成本

债券利息在税前支付,具有减税效应。债券成本主要是指债券利息和筹资费用。债券的筹资费用一般较高,主要包括申请发行债券的手续费、债券注册费、印刷费、上市费以及推销费用等。债券筹资成本的计算公式为:

$$债券筹资成本 = \frac{年利息 \times (1-所得税税率)}{债券筹资金额 \times (1-债券筹资费率)} \times 100\% \quad (4-2)$$

[例4-1] 假设某建筑企业拟发行总面额为500万元的5年期债券,票面利率10%,发行费率为4%,企业所得税率为25%。根据市场环境的不同,企业可能采取:平价发行500万元。则债券的资金成本为:

$$\frac{500 \times 10\% \times (1-25\%)}{500 \times (1-4\%)} \times 100\% = 7.81\%$$

2. 银行借款筹资成本

银行借款成本的计算与债券成本的计算相同。借款利息亦在税前支付,但筹资费用一般较低(主要是借款的手续费)。银行借款成本的计算公式为:

$$银行借款筹资成本 = \frac{年利息 \times (1-所得税税率)}{银行债券筹资总额 \times (1-银行借款筹资费率)} \times 100\%$$

(4-3)

[例 4-2] 某建筑企业向银行取得借款 100 万元,年利率 8.28%,期限 3 年,每年付息一次,到期一次还本。筹措这笔借款的筹资费用率为 0.3%,企业适用所得税率为 25%。则该项借款的资金成本为:

$$\frac{100 \times 8.28\% \times (1-25\%)}{100 \times (1-0.3\%)} \times 100\% = 6.23$$

3. 优先股筹资成本

与债券相同,优先股的股利通常是固定的,这使得优先股筹资成本的计算与债券筹资成本的计算有相同之处。不同的是,优先股无届满期限(在一定意义上可以把优先股看成无期限的债券);另外优先股股利是不免税的。优先股筹资成本的计算公式为:

$$优先股筹资成本 = \frac{优先股每年的股利}{发行优先股总额 \times (1-优先股筹资费率)} \times 100\% \quad (4-4)$$

[例 4-3] 某建筑企业按面值发行 100 万优先股,发行费用为 4%,每年支付股利率 10%。则该企业优先股筹资成本为:

$$\frac{100 \times 10\%}{100 \times (1-4\%)} \times 100\% = 10.42\%$$

4. 普通股筹资成本

确定普通股成本通常比确定债务成本及优先股成本更困难些,这是因为支付给普通股股东的现金流量难以确定,即普通股股东的收益是随着企业税后收益额的大小而变动的。普通股股利一般是一个变动的值,每年股利可能各不相同。而且这种变化深受企业筹资意向与投资意向及股票市场股价变动因素的影响。从理论上分析,普通股的资金成本就是普通股投资的必要报酬率,其测算方法一般有三种:即股利折现模型、资本资产定价模型和无风险利率加风险溢价法。

(1) 股利折现模型

股利折现模型的基本形式是:

$$P_0 = \sum_{t=1}^{n} \frac{D_t}{(1+K_c)^t} \quad (4-5)$$

式中,P_0 为普通股筹资净额,即发行价格扣除发行费用;D_t 为普通股第 t 年股利;K_c 为普通股投资必要收益率,即普通股资金成本率。

运用上面的模型测算普通股筹资成本,因具体的股利政策而有所不同。

①公司采用固定股利政策

如果公司采用固定股利政策,即每年分派固定数额的现金股利,则普通股筹资成本可按下式测算:

$$普通股筹资成本 = \frac{每年固定股利}{普通股筹资金额 \times (1-普通股筹资费率)} \times 100\% \quad (4-6)$$

②公司采用固定股利增长率的政策

如果采用固定股利增长率的政策,股利固定增长率为 g,则普通股筹资成本可按下式测算:

$$\text{普通股筹资成本} = \frac{\text{第一年预期年股利}}{\text{普通股筹资金额} \times (1 - \text{普通股筹资费率})} \times 100\% + \text{股利固定增长率} \qquad (4\text{-}7)$$

[例4-4] 某公司发行面值总额1450万元普通股股票,每股面值为1元,发行价为每股2.89元,下一年的股利率为28%（按票面金额计算),以后每年增长5%。发行完毕,发行费用为实收金额4190.5万元的6%。则普通股成本为:

$$\text{普通股筹资成本} = \frac{1450 \times 28\%}{4190.5 \times (1 - 6\%)} \times 100\% + 5\% = 15.31\%$$

（2）资本资产定价模型

资本资产定价模型的含义可以简单地描述为：普通股投资的必要报酬率等于无风险报酬率加上风险报酬率。可用公式表示如下：

$$K_c = R_f + \beta(R_m - R_f) \qquad (4\text{-}8)$$

式中,R_f代表无风险报酬率;R_m代表市场报酬率或市场投资组合的期望收益率;β代表某公司股票收益率相对于市场投资组合期望收益率的变动幅度。

[例4-5] 某公司普通股的系数为1.20,市场股票平均收益率为12%,无风险利率为6%,则该普通股资金成本为:

$$\text{普通股资金成本} = 6\% + 1.20 \times (12\% - 6\%) = 13.2\%$$

（3）无风险利率加风险溢价法

根据风险和收益相匹配的原理,由于普通股的求偿权不仅在债权之后,而且还次于优先股,因此,持有普通股股票的风险要大于持有债权的风险。普通股股东要求的收益率,应该以债券投资者要求的收益率,亦即企业的税前债务成本为基础,追加一定的风险溢价。一般情况来看,通过一段时间的统计数据,可以测算出某公司普通股股票期望收益率超出无风险利率的大小,即风险溢价。无风险利率一般用同期国债收益率表示,这是证券市场最基础的数据。因此,用无风险利率加风险溢价法计算普通股筹资成本的公式为:

$$\text{普通股筹资成本} = \text{无风险利率} + \text{风险溢价} \qquad (4\text{-}9)$$

5. 留存收益成本

一般企业都不会把全部收益以股利形式分给股东,所以,留存收益是企业资金的一种重要来源。企业留存收益,等于股东对企业进行追加投资,股东对这部分投资与以前缴给企业的股本一样,也要求有一定的报酬,所以留存收益也要计算成本。留存收益筹资成本的计算与普通股基本相同,但不用考虑筹资费用。

（1）在普通股股利固定的情况下,留存收益筹资成本的计算公式为:

$$\text{留存收益筹资成本} = \frac{\text{每年固定股利}}{\text{普通股筹资金额}} \times 100\% \qquad (4\text{-}10)$$

（2）在普通股股利逐年固定增长的情况下,留存收益筹资成本的计算公式为:

$$\text{留存收益筹资成本} = \frac{\text{第一年预期股利}}{\text{普通股筹资金额}} \times 100\% + \text{股利年增长率} \qquad (4\text{-}11)$$

(二)加权平均资金成本

建筑企业可以从多种渠道、用多种方式来筹集资金,而各种方式的筹资成本是不一样的。为了正确进行筹资和投资决策,就必须计算建筑企业的加权平均资金成本。加权平均资金成本是指分别以各种资金成本为基础,以各种资金占全部资金的比重为权数计算出来的综合资金成本。综合资金成本率是由个别资金成本率和各种长期资金比例这两个因素所决定的。各种长期资金比例是指一个企业各种长期资金分别占企业全部长期资金的比例,即狭义的资本结构。其计算公式为:

$$\text{加权平均资金成本} = \sum(\text{某种资金占总资金的比重} \times \text{该种资金的成本})$$

(4-12)

[例4-6] 某建筑企业拟筹资8000万元。其中,按面值发行债券2000万元,筹资费率2%,债券年利率为5%;普通股6000万元,发行价10元/股,筹资费率为4%,第一年预期股利为1.2元/股,以后各年增长6%。所得税税率为25%。计算该筹资方案的加权平均资金成本。

$$\text{债券筹资成本} = \frac{2000 \times 5\% \times (1-25\%)}{2000 \times (1-2\%)} \times 100\% = 3.83\%$$

$$\text{普通股筹资成本} = \frac{1.2}{10 \times (1-4\%)} \times 100\% + 6\% = 18.5\%$$

$$\text{加权平均资金成本} = \frac{2000}{8000} \times 3.83\% + \frac{6000}{8000} \times 18.5\% = 14.83\%$$

第二节 杠杆原理

一、杠杆效应的含义

杠杆意指在力的作用下能围绕固定支点转动的杆,通过改变支点和力点间的距离,可以产生大小不同的力矩,这就是杠杆作用。经济学中所说的杠杆是无形的,它不同于物理学用语,经济学中的杠杆作用,反映的是不同经济变量的相互关系,具体表现为:由于特定费用(如固定成本或固定财务费用)的存在而导致的,当某一财务变量以较小幅度变动时,另一相关财务变量会以较大幅度变动。合理运用杠杆原理,有助于企业合理规避风险,提高资金营运效率。

财务管理中的杠杆效应有三种形式,即经营杠杆、财务杠杆和复合杠杆,要了解这些杠杆的原理,需要首先了解成本习性、边际贡献和息税前利润等相关术语的含义。

二、成本习性、边际贡献与息税前利润

(一)成本习性及分类

所谓成本习性,是指成本总额与业务量之间在数量上的依存关系。成本按习

性可划分为固定成本、变动成本和混合成本三类。

1. 固定成本

固定成本，是指其总额在一定时期和一定业务量范围内不随业务量发生任何变动的那部分成本。属于固定成本的主要有按直线法计提的折旧费、保险费、管理人员工资、办公费等。固定成本还可分为约束性固定成本和酌量性固定成本两类。

（1）约束性固定成本。属于建筑企业"经营能力"成本，是企业为维持一定的业务量所必须负担的最低成本，如厂房、机器设备折旧费、长期租赁费等。企业的经营能力一经形成，在短期内很难有重大改变，因而这部分成本具有很大的约束性，管理当局的决策行动不能轻易改变其数额。要想降低约束性固定成本，只能从合理利用经营能力入手。

（2）酌量性固定成本。属于建筑企业"经营方针"成本，是企业根据经营方针确定的一定时期（通常为一年）的成本，如广告费、研究与开发费、职工培训费等。这部分成本的发生，可以随企业经营方针和财务状况的变化，斟酌其开支情况。因此，要降低酌量性固定成本，就要在预算时精打细算，合理确定这部分成本的数额。

应当指出的是，固定成本总额只是在一定时期和业务量的一定范围内保持不变。这里所说的一定范围，通常为相关范围。超过了相关范围，固定成本也会发生变动。因此，固定成本必须和一定时期、一定业务量联系起来进行分析。从较长时间来看，所有的成本都在变化，没有绝对不变的固定成本。

2. 变动成本

变动成本是指总额随着业务量成正比例变动的那部分成本。直接材料、直接人工等都属于变动成本，但从产品单位成本来看，则恰恰相反，产品单位成本中的直接材料、直接人工将保持不变。

与固定成本相同，变动成本也存在相关范围，即只有在一定范围之内，产量和成本才能完全成同比例变化，即完全的线性关系，超过了一定的范围，这种关系就不存在了。

3. 混合成本

有些成本虽然也随业务量的变动而变动，但不成同比例变动，不能简单地归入变动成本或固定成本，这类成本称为混合成本。混合成本按其与业务量的关系又可分为半变动成本和半固定成本。

（1）半变动成本。它通常有一个初始量，类似于固定成本，在这个初始量的基础上随产量的增长而增长，又类似于变动成本。例如，建筑企业在租用机器设备时，有的租约规定租金同时按两种标准计算：①每年支付一定租金数额（固定部分）；②每运转一小时支付一定租金数额（变动部分）。

（2）半固定成本。这类成本随产量的变化而呈阶梯形增长，产量在一定限度内，这种成本不变，当产量增长到一定限度后，这种成本就上升到一个新水平。例如，建筑企业化验员、质量检查人员的工资属于这类成本。

4. 总成本习性模型

通过以上分析我们知道，成本按习性可分为变动成本、固定成本和混合成本三类，但混合成本又可以按一定方法分解成变动部分和固定部分，那么，总成本习性模型可以表示为：

$$Y = a + bx \tag{4-13}$$

式中，Y 代表总成本，a 代表固定成本，b 代表单位变动成本，x 代表业务量（如产销量，这里假定产量与销量相等，下同）。

显然，若能求出公式中 a 和 b 的值，就可以利用这个直线方程来进行成本预测、成本决策和其他短期决策。

（二）边际贡献及其计算

边际贡献是指销售收入减去变动成本以后的差额。其计算公式为：

$$\begin{aligned}边际贡献 &= 销售收入 - 变动成本 \\ &= (销售单价 - 单位变动成本) \times 产销量 \\ &= 单位边际贡献 \times 产销量\end{aligned} \tag{4-14}$$

若以 M 表示边际贡献，p 表示销售单价，b 表示单位变动成本，x 表示产销量，m 表示单位边际贡献，则上式可表示为：

$$M = px - bx = (p - b)x = mx \tag{4-15}$$

（三）息税前利润及其计算

息税前利润（*Earnings Before Interests and Taxation*，简称 *EBIT*）是指建筑企业支付利息和交纳所得税前的利润。其计算公式为：

$$\begin{aligned}息税前利润 &= 销售收入总额 - 变动成本总额 - 固定成本 \\ &= (销售单价 - 单位变动成本) \times 产销量 - 固定成本 \\ &= 边际贡献总额 - 固定成本\end{aligned} \tag{4-16}$$

若用 *EBIT* 表示息税前利润，则上式可表示为：

$$EBIT = px - bx - a = (p - b)x - a = M - a \tag{4-17}$$

显然，不论利息费用的习性如何，上式的固定成本和变动成本中不应包括利息费用因素。息税前利润也可以用利润总额加上利息费用求得。

三、经营杠杆

（一）经营风险

企业经营面临各种风险，可划分为经营风险和财务风险。经营风险是指由于经营上的原因导致的风险，即未来的息税前利润的不确定性。经营风险因具体行业、具体企业以及具体时期而异。市场需求、销售价格、成本水平、对价格的调整能力、固定成本等因素的不确定性影响经营风险。

（二）经营杠杆的含义

经营杠杆是指由于固定成本的存在，而导致息税前利润变动率大于产销量变动率的杠杆效应。在一定的产销量规模内，由于固定成本并不随产品销售量（或销售额）的变化而变化，因而在同等营业额条件下，固定成本在总成本中所占的比重较大时，单位产品分摊的固定成本额更大，若产品销售量发生变动时，单位产品分摊的固定成本会随之变动，最后导致利润更大幅度的变动。如果不存在固定成本，总成本随销量变动而成比例地变化，则企业息税前利润变动率就会同销量变动率完全一致。这种由于固定成本的存在，导致企业息税前利润变动幅度始终大于销售量的变动幅度，就是经营杠杆。

经营杠杆既可以为企业带来利益，也可以为企业带来负面效应。由于固定成本的存在，既会使企业息税前利润增加变动幅度大于销售量的增加变动幅度，也会使企业息税前利润下降幅度大于产销量的下降幅度。

由于经营杠杆对经营风险的影响最为综合，因此，常被用来衡量经营风险的大小。

（三）经营杠杆的计量

为了反映经营杠杆的作用程度，通常需要测算经营杠杆系数。经营杠杆系数（Degree of Operating Leverage，缩写为 DOL），也称经营杠杆程度，是息税前利润变动率相当于产销业务量变动率的倍数。经营杠杆系数的计算公式为：

$$经营杠杆系数（DOL）= \frac{息税前利润变动率}{产销量变动率} \quad (4-18)$$

为了便于应用，经营杠杆系数也可通过销售量和成本来表示，推导如下：

因为
$$EBIT = Q(P-V) - F$$
$$\Delta EBIT = \Delta Q(P-V)$$

所以
$$DOL = \frac{\Delta Q(P-V)/[Q(P-V)-F]}{\Delta Q/Q} = \frac{Q(P-V)}{Q(P-V)-F} \quad (4-19)$$

也可以表示为
$$DOL = \frac{S-VC}{S-VC-F} = \frac{EBIT+F}{EBIT} \quad (4-20)$$

式中 F——固定成本；
Q——基期销售量；
S——基期销售额；
V——单位变动成本；
VC——变动成本总额。

即简化公式为：

$$经营杠杆系数（DOL）= \frac{基期边际贡献}{基期息税前利润} \quad (4-21)$$

[例 4-7] 某企业的固定成本总额为 60 万元，变动成本率为 60%，在销售额为 400 万元时，息税前利润为 100 万元，经营杠杆系数为：

$$DOL = \frac{400 - 400 \times 60\%}{100} = 1.6$$

或
$$DOL = \frac{EBIT+F}{EBIT} = \frac{100+60}{100} = 1.6$$

（四）经营杠杆与经营风险的关系

引起企业经营风险的主要原因是市场需求和成本等因素的不确定性，经营杠杆本身并不是利润不稳定的根源。但是，经营杠杆扩大了市场和生产等不确定性因素对利润变动的影响。而且，经营杠杆系数越高，利润变动越剧烈，企业的经营风险就越大。一般来说，在其他因素一定的情况下，固定成本越高，经营杠杆系数越大，企业经营风险也就越大。

影响经营杠杆系数的因素包括产品销售数量、产品销售价格、单位变动成本和固定成本总额等因素。经营杠杆系数将随固定成本的变化呈同方向变化，即在其他因素一定的情况下，固定成本越高，经营杠杆系数越大。同理，固定成本越高，企业经营风险也越大；如果固定成本为零，则经营杠杆系数等于1。

在影响经营杠杆系数的因素发生变动的情况下，经营杠杆系数一般也会发生变动，从而产生不同程度的经营杠杆和经营风险。由于经营杠杆系数影响着企业的息税前利润，从而也就制约着企业的筹资能力和资本结构。因此，经营杠杆系数是资本结构决策的一个重要因素。

控制经营风险的方法有：增加销售额、降低产品单位变动成本、降低固定成本比重。

四、财务杠杆

（一）财务风险

财务风险，亦称筹资风险，是指建筑企业在经营活动过程中与筹资有关的风险，尤其是指在筹资活动中利用财务杠杆可能导致企业股权资本所有者收益下降的风险，甚至可能导致企业破产的风险。主要表现为丧失偿债能力的可能性和股东每股收益的不确定性。

（二）财务杠杆的概念

财务杠杆反映的是普通股每股收益与息税前利润的关系，是指由于债务利息、优先股股息等固定资本成本的存在，使得每股收益的变动率大于息税前利润的变动率。

在建筑企业资本结构一定的条件下，企业需要从息税前利润中支付的债务利息、优先股股息等资本成本通常都是固定的。当息税前利润增长时，每一元利润所负担的固定资本成本就会减少，从而使普通股的每股收益（$Earnings\ Per\ Share$，缩写为EPS）以更快的速度增长；当息税前利润减少时，每一元利润所负担的固定资本成本就会相应增加，从而导致普通股的每股收益以更快的速度下降。这种由于筹集资本的成本固定引起的普通股每股收益变动幅度大于息税前利润变动幅度的现象称为财务杠杆。

（三）财务杠杆的计量

只要在企业的筹资方式中有固定财务费用支出的债务，就会存在财务杠杆效应。但不同企业财务杠杆的作用程度是不完全一致的，为此，需要对财务杠杆进行计量。对财务杠杆计量的主要指标是财务杠杆系数。财务杠杆系数（$Degree\ of\ Financial\ Leverage$，缩写为$DFL$），又称财务杠杆程度，是指普通股每股收益的变动率相对于息税前利润变动率的倍数，计算公式为：

$$财务杠杆系数（DFL） = \frac{普通股每股收益变动率}{息税前利润变动率} \qquad (4\text{-}22)$$
$$= \frac{基期息税前利润}{基期息税前利润 - 基期利息}$$

[例4-8] 有A、B、C三个公司，公司全部长期资本皆为1000万元。A公司无负债，无优先股，全部为普通股股本；B公司的负债比例为25%，利率为6%，普通股股本为750万元，也无优先股；C公司的负债比例为60%，利率为10%，普通股股本为400万元。假定预期息税前利润为100万元，所得税率为25%。分别计算三个公司的财务杠杆系数。假设普通股每股1元，如果下年度三公司息税前利润可能增加10%，这三家公司的普通股每股收益将如何变化？

根据题意，可得：

A公司财务杠杆系数 = 100/100 = 1

B公司财务杠杆系数 = 100/(100 − 1000×25%×6%) = 1.18

C公司财务杠杆系数 = 100/(100 − 1000×60%×10%) = 2.5

A公司每股收益 = 100×(1 − 25%)/1000 = 0.075元

B公司每股收益 = (100 − 15)×(1 − 25%)/750 = 0.085元

C公司每股收益 = (100 − 60)×(1 − 25%)/400 = 0.075元

如果下年度三公司息税前利润可能增加10%，根据财务杠杆系数的含义，三家公司的普通股每股收益将分别增加：

A公司普通股每股收益增加：1×10% = 10%；则每股收益 = 0.08250元

B公司普通股每股收益增加：1.18×10% = 11.8%；则每股收益 = 0.09503元

C公司普通股每股收益增加：2.5×10% = 25%；则每股收益 = 0.09375元

上述计算表明，在资本总额、息税前利润相同的情况下，负债比例越高，财务杠杆系数越来越大。C公司的财务杠杆系数最大，其对财务杠杆利益的影响也是最强，承担的财务风险也最高；A公司的财务杠杆系数等于1，不能获得财务杠杆利益，也不承担财务杠杆风险。

对于建筑企业来说，影响企业财务杠杆系数的因素包括息税前利润、企业资金规模、企业的资本结构、固定财务费用水平等多个因素。财务杠杆系数将随固定财务费用的变化呈同方向变化，即在其他因素一定的情况下，固定财务费用越高，财务杠杆系数越大。同理，固定财务费用越高，企业财务风险也越大；如果企业固定财务费用为零，则财务杠杆系数为1。

（四）财务杠杆与财务风险的关系

由于财务杠杆的作用，当息税前利润下降时，税后利润下降得更快，从而给企业股权资本所有者造成财务风险。财务杠杆会加大财务风险，企业举债比重越大，财务杠杆效应越强，财务风险越大。财务杠杆与财务风险的关系可通过计算分析不同资本结构下普通股每股收益及其标准离差和标准离差率来进行测试。

控制财务风险的方法有：控制负债比率，即通过合理安排资本结构，适度负债使财务杠杆利益抵销风险增大所带来的不利影响。

五、复合杠杆

（一）复合杠杆的概念

复合杠杆也称总杠杆、联合杠杆。复合杠杆就是用来反映财务杠杆和经营杠杆综合发挥作用的，即研究每股收益变动与销售额变动的关系。经营杠杆是通过扩大销售量影响息税前利润，而财务杠杆是通过息税前利润影响普通股每股收益，两者最终都影响到普通股东的权益。如果建筑企业同时利用经营杠杆和财务杠杆，那么销售额变动对普通股收益的影响就会更大，总的风险也就更高。复合杠杆效应具有双面性，既可以产生杠杆效益，也可能带来杠杆风险。

（二）复合杠杆的计量

对复合杠杆计量的主要指标是复合杠杆系数或复合杠杆度。复合杠杆系数（Degree of Combined Leverage，英文缩写为 DCL）是指普通股每股收益变动率相当于产销量变动率的倍数。复合杠杆系数反映了经营杠杆与财务杠杆之间的关系，即为了达到某一复合杠杆系数，经营杠杆和财务杠杆可以有多种不同组合。在维持总风险一定的情况下，企业可以根据实际，选择不同的经营风险和财务风险组合，实施企业的财务管理策略。只要建筑企业同时存在固定生产经营成本和固定财务费用等财务支出，就会存在复合杠杆的作用。复合杠杆系数计算公式为：

$$复合杠杆系数（DCL）= \frac{普通股每股收益变动率}{产销量变动率} \quad (4-23)$$

复合杠杆系数与经营杠杆系数、财务杠杆系数之间的关系可用下式表示：

$$复合杠杆系数 = 经营杠杆系数 \times 财务杠杆系数 \quad (4-24)$$

复合杠杆系数亦可直接按下式计算：

$$复合杠杆系数 = \frac{边际贡献}{息税前利润 - 利息} \quad (4-25)$$

[例 4-9] 某企业长期资本总额为 1000 万元，其中长期负债占 50%，利率为 10%，企业销售额为 300 万元，固定成本总额为 20 万元，变动成本率为 60%，则复合杠杆系数可计算如下：

息税前利润 = 300 - 20 - 300 × 60% = 100 万元

边际贡献 = 100 + 20 = 120 万元

利息 = 1000 × 50% × 10% = 50 万元

$$复合杠杆系数 = \frac{边际贡献}{息税前利润 - 利息} = \frac{120}{100 - 50} = 2.4$$

若先分别计算经营杠杆系数和财务杠杆系数，可得

经营杠杆系数 =（300 - 300 × 60%）/（300 - 300 × 60% - 20）= 1.2

财务杠杆系数 =（300 - 300 × 60% - 20）/（300 - 300 × 60% - 20 - 50）= 2

复合杠杆系数 = 1.2 × 2 = 2.4

显然，复合杠杆的作用大于经营杠杆与财务杠杆的单独影响作用。两种杠杆可以有多种组合，经营杠杆与财务杠杆可以按许多方式组合，目的是得到一个理想的复合杠杆系数。

(三) 复合杠杆与企业风险的关系

建筑企业复合杠杆系数越大，每股收益的波动幅度越大。由于复合杠杆作用使普通股每股收益大幅度波动而造成的风险，称为复合风险。复合风险直接反映企业的整体风险。在其他因素不变的情况下，复合杠杆系数越大，复合风险越大；复合杠杆系数越小，复合风险越小。通过计算分析复合杠杆系数及普通股每股收益的标准离差和标准离差率，可以揭示复合杠杆与复合风险的内在联系。

第三节 资本结构

一、资本结构的含义

资本结构是指建筑企业各种资金的构成及其比例关系。资本结构是建筑企业筹资决策的核心问题。在建筑企业筹资管理活动中，资本结构有广义和狭义之分：广义的资本结构是指企业全部资本价值的构成及其比例关系，它不仅包括长期资本，还包括短期资本，主要是短期债权资本。狭义的资本结构是指企业各种长期资本价值的构成及其比例关系，尤其是指长期的股权资本与债权资本的构成及其比例关系，而短期债权资本是作为营运资本来管理。本章所指资本结构是指狭义的资本结构。

资本结构理论是现代企业财务管理理论的核心之一，主要研究资本结构的变动对企业价值的影响，其理论分析是以企业价值最大化或股东财富最大化为企业目标，以资本成本分析作为基础的。从技术上讲，综合资本成本最低，同时企业财务风险最小时的资本结构能实现企业价值最大化，也是最理想的资本结构。建筑企业应综合考虑有关影响因素，运用适当的方法确定最佳资本结构，并在以后追加筹资中继续保持。建筑企业现有资本结构不合理，应通过筹资活动进行调整，使其趋于合理化以至达到优化。

建筑企业资本结构是由企业采用的各种筹资方式筹集资金而形成的，各种筹资方式不同的组合类型决定着企业资本结构及其变化。建筑企业筹资方式有很多，但总的来看分为负债资本和权益资本两类，因此，资本结构问题总的来说是负债资本的比例问题，即负债在企业全部资本中所占的比重。

二、影响资本结构的因素

影响资本结构的因素包括：

(一) 企业财务状况

企业获利能力越强、财务状况越好、变现能力越强，就有能力负担财务上的风险，其举债筹资就越有吸引力。衡量企业财务状况的指标主要有流动比率、利息周转倍数、固定费用周转倍数、投资收益率等。

（二）企业资产结构

1. 拥有大量固定资产的企业，主要通过长期负债和发行股票筹集资金；
2. 拥有较多流动资产的企业，更多依赖流动负债筹集资金；
3. 资产适用于抵押贷款的公司举债额较多；
4. 以研发为主的公司则负债很少。

（三）建筑企业产品销售情况

如果企业的销售比较稳定，其获利能力也相对稳定，则企业负担固定财务费用的能力相对较强；如果销售具有较强的周期性，则企业将承担较大的财务风险。

（四）投资者和管理人员的态度

如果一个企业股权较分散，企业所有者并不担心控制权旁落，因而会更多地采用发行股票的方式来筹集资金。反之，有的企业被少数股东所控制，为了保证少数股东的绝对控制权，多采用优先股或负债方式筹集资金。喜欢冒险的财务管理人员，可能会安排比较高的负债比例；一些持稳健态度的财务人员则使用较少的债务。

（五）贷款人和信用评级机构的影响

一般而言，大部分贷款人都不希望企业的负债比例太大。同样，如果企业债务太多，信用评级机构可能会降低企业的信用等级，从而影响企业的筹资能力。

（六）行业因素

不同行业，资本结构有很大差别。财务经理必须考虑本企业所在的行业，以确定最佳的资本结构。

（七）所得税税率的高低

企业利用负债可以获得减税利益，因此，所得税税率越高，负债的好处越多；如果税率很低，则采用举债方式的减税利益就不显著。

（八）利率水平的变动趋势

如果财务管理人员认为利息率暂时较低，但不久的将来有可能上升，企业应大量发行长期债券，从而在若干年内把利率固定在较低的水平上。

三、资本结构优化决策

要实现企业的财务管理目标，必须优化资本结构。建筑企业利用负债资金具有双重作用，适当利用负债，可以降低企业资金成本，但当企业负债比率太高时，会带来较大的财务风险。为此，建筑企业必须权衡财务风险和资金成本的关系，确定最佳资本结构。最佳资本结构是指在一定条件下使企业加权平均资金成本最低、企业价值最大的资本结构。

确定最佳资本结构的方法有比较资金成本法、每股收益无差别点法和公司价值分析法。

（一）比较资金成本法

比较资金成本法是通过计算和比较建筑企业的各种可能的筹资组合方案的综合资金成本，选择综合资本成本最低的方案。并认为在一定时期最适宜的条件下，综合资本成本最低则实现企业价值最大化。综合资本成本最低的资本结构即为最佳资本结构。这种方法侧重于从资本投入的角度对资本结构进行优先分析。

该方法的基本思路是：决策前先拟订若干个备选方案、分别计算各方案的加权平均资金成本，并根据加权平均资金成本的高低来确定资本结构。

[例4-10] 某企业拟筹资组建一分公司，投资总额为500万元，有甲、乙、丙三个方案可供选择。其资金结构分别是，甲方案：长期借款50万元、债券100万元、普通股350万元；乙方案：长期借款100万元、债券150万元、普通股250万元；丙方案：长期借款150万元、债券200万元、普通股150万元。假设三种筹资方案的个别筹资成本相同，且长期借款、债券、普通股的筹资成本分别为：6%、10%、15%。分别计算其综合资金成本，并确定哪个方案最好。

甲方案的综合资金成本 = 50/500 × 6% + 100/500 × 10% + 350/500 × 15% = 13.1%
乙方案的综合资金成本 = 100/500 × 6% + 150/500 × 10% + 250/500 × 15% = 11.7%
丙方案的综合资金成本 = 150/500 × 6% + 200/500 × 10% + 150/500 × 15% = 10.3%

从计算结果可以看出，丙方案的综合资金成本最低，所以，应该选择丙方案。

该方法通俗易懂，计算过程也不是十分复杂，是确定资本结构的一种常用方法。因所拟定的方案数量有限，故有把最优方案漏掉的可能。同时，资金成本比较法仅以资金成本率最低为决策标准，没有具体测算财务风险因素，其决策目标实质上是利润最大化而不是公司价值最大化，一般适用于资本规模较小、资本结构较为简单的非股份制企业。

（二）每股收益无差别点法（又称每股利润无差别点或息税前利润-每股收益分析法，EBIT-EPS分析法）

资本结构是否合理可以通过分析每股收益的变化来衡量。在企业外部因素一定的情况下，企业价值（财富）高低与所创造的净收益的多少相关。一般而言，凡是能提高每股收益的资本结构是合理的（实际上不考虑由于每股收益提高而相应增加的风险）；反之，则认为不合理。每股收益除取决于息税前利润外，还取决于固定的财务支出（利息及优先股股息）及流通在外的普通股份数。当息税前利润一定时，负债比例的变动通过改变财务支出会导致每股收益的变动。一般而言，当企业实现的息税前利润足够大时，企业增加负债会有助于提高每股收益；反之，则会导致每股收益下降。那么，究竟息税前利润多大时，增加负债有利，息税前利润为多少时，发行普通股又有利呢？可以通过求得无差异点的息税前利润，即能使负债融资与股票融资产生同样大小每股收益的息税前利润。

每股收益无差别点处息税前利润的计算公式为：

$$\frac{(\overline{EBIT} - I_1) \times (1-T)}{N_1} = \frac{(\overline{EBIT} - I_2) \times (1-T)}{N_2} \tag{4-26}$$

可简化为：
$$\overline{EBIT} = \frac{N_2 \times I_1 - N_1 \times I_2}{N_2 - N_1} \quad (4-27)$$

式中，$\overline{EBIT}$为每股收益无差别点处的息税前利润，I_1、I_2为两种筹资方式下的年利息，N_1、N_2为两种筹资方式下的流通在外的普通股股数，T为所得税税率。

进行每股收益分析时，当销售额（或息税前利润）大于每股收益无差别点的销售额（或息税前利润）时，运用负债筹资可获得较高的每股收益；反之，运用权益筹资可获得较高的每股收益。每股收益越大，风险也越大，如果每股收益的增长不足以补偿风险增加所需要的报酬，尽管每股收益增加，股价仍会下降。

[例4-11] 某企业欲筹集新资金400万元以扩大生产规模。筹集新资金的方式可用增发普通股或长期借款的方式。若增发普通股，则以每股10元的价格增发40万股；若采用长期借款，则以10%的年利率借入400万元。已知该公司现有资产总额为2000万元，负债比率为40%，年利率8%，普通股100万股。假定增加资金后预期息税前利润为500万元，所得税税率为30%，试采用每股新收益无差别点法计算分析应选择何种筹资方式？

（1）计算每股收益无差异点。
$$\frac{(\overline{EBIT} - 64) \times (1 - 30\%)}{100 + 40} = \frac{(\overline{EBIT} - 64 - 40) \times (1 - 30\%)}{100}$$
$$\overline{EBIT} = 204 \text{（万元）}$$

即：当息税前利润为204万元时，两种筹资方案的每股收益相同。

（2）计算预计增资后的每股收益（见表4-1），并选择最佳筹资方式。

预计增资后的每股收益（单位：万元）　　表4-1

项目	增发股票	增加长期借款
预计息税前利润	500	500
减：利息	64	64 + 40
税前利润	436	396
减：所得税	130.8	118.8
税后利润	305.2	277.2
普通股股数（万股）	140	100
每股收益	2.18	2.77

由表可知，预期息税前利润为500万元时，追加负债筹资的每股收益为2.77元，高于增发股票筹资的每股收益2.18元，所以应该选择负债方式筹集资金。

（3）绘制 $EBIT - EPS$ 分析图（见图4-1）。

由图可以看出，当息税前利润 $EBIT$ 为204万元时，两种筹资方式下的每股收益 EPS 相等；当息税前利润大于204万元时，负债筹资的每股收益大于普通股筹资的每股收益，利用负债筹资较为有利；当息税前利润小于204万元时，普通股筹资的每股收益大于负债筹资的每股收益，不应再增加负债，以发行普通股为宜。

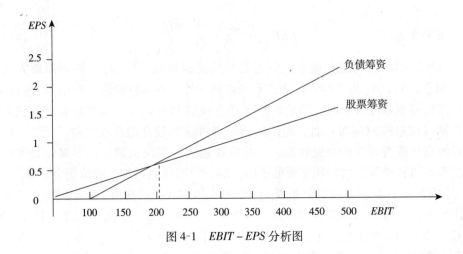

图 4-1 *EBIT* – *EPS* 分析图

应当说明的是,这种分析方法只考虑了资本结构对每股收益的影响,并假定每股收益最大,股票价格也最高。但把资本结构对风险的影响置于视野之外,是不全面的。因为随着负债的增加,投资者的风险加大,股票价格和企业价值也会有下降的趋势,所以,单纯地用 *EBIT* – *EPS* 分析法有时会作出错误的决策。但在资金市场不完善的时候,投资人主要根据每股收益的多少来作出投资决策,每股收益的增加也的确有利于股票价格的上升。

每股收益无差别点法的原理比较容易理解,测算过程较为简单。它以普通股每股收益最高为决策标准,也没有具体测算财务风险因素,其决策目标实际上是每股收益最大化而不是公司价值最大化,可用于资本规模不大、资本结构不太复杂的股份有限公司。

(三) 公司价值分析法

公司价值分析法是在充分反映公司财务风险的前提下,以公司价值的大小为标准,经过测算确定公司最佳资本结构的方法。与比较资金成本法和每股收益无差别点法相比,公司价值比较法充分考虑了公司的财务风险和资金成本等因素的影响,进行资本结构的决策以公司价值最大为标准,更符合公司价值最大化的财务目标;但其测算原理及测算过程较为复杂,通常用于资本规模较大的上市公司。

关于公司价值的内容和测算基础与方法,目前主要有三种认识:

1. 公司价值等于其未来净收益(或现金流量,下同)按照一定的折现率折现的价值,即公司未来净收益的折现值。这种测算方法的原理有其合理性,但因其中所含的不易确定的因素很多,难以在实践中加以应用。

2. 公司价值是其股票的现行市场价值。公司股票的现行市场价值可按其现行市场价格来计算,有其客观合理性,但一方面,股票的价格经常处于波动之中,很难确定按哪个交易日的市场价格计算,另一方面,只考虑股票的价值而忽略长期债务的价值不符合实际情况。

3. 公司价值等于其长期债务和股票的折现价值之和。这种测算方法相对比较合理,也比较现实。用公式表示如下:

$$公司价值 = 公司长期债务的现值 + 公司股票的现值 \quad (4-28)$$

为简化起见,假定长期债务的现值等于其面值(或本金),股票的现值按公司未来净收益的折现现值计算,计算公式如下:

$$公司股票现值 = \frac{(息税前利润 - 利息) \times (1 - 所得税)}{普通股资金成本率} \quad (4-29)$$

其中,普通股资金成本率可用资本资产定价模型计算。由于债务资本的市价最终要向其面值回归,为简化起见,债务资本的市价通常按其面值确定。

当建筑企业没有债务的情况下,企业总价值就是其原有股票的现值。当企业用债务资金部分地替代权益资金时,财务杠杆开始发挥作用,企业价值上升,加权平均资金成本下降。当企业债务资金达到某一程度时,企业价值最大,加权平均资金成本最低。若债务超过这一程度,随着利率的不断上升,财务杠杆作用逐步减弱甚至呈现负作用,企业价值下降,加权平均资金成本上升。因此,要合理选择企业的最优资本结构。

总之,确定资本结构的方法各有优缺点,在实际工作中应结合起来加以运用,以便合理确定资本结构。

复习思考题

1. 某公司发行一笔期限为 5 年的债券,债券面值为 1000 万元,溢价发行。实际发行价格为面值的 110%,票面利率为 10%,每年末付一次利息,筹资费用率为 5%,所得税税率为 25%。试计算该公司债券筹资成本。

2. 某企业资产总额为 780 万元。负债比率为 50%,负债利率为 13%,该企业销售额为 1140 万元,固定成本为 106 万元,变动成本率为 45%。计算该企业的经营杠杆系数、财务杠杆系数和复合杠杆系数。

3. 某公司拟筹资 5000 万元,其中按面值发行债券 2000 万元,票面利率 10%,筹资费用率 2%;发行优先股 800 万元,股利率为 12%,筹资费用率为 3%;发行普通股 2200 万元,筹资费用率为 5%,预计第一年股利率为 12%,以后每年按 4% 递增,所得税税率为 25%。要求:(1)计算债券筹资成本;(2)计算优先股筹资成本;(3)计算普通股筹资成本;(4)计算综合资金成本。

第五章

项目投资管理

第一节 项目投资概述

一、项目投资的含义和种类

从特定建筑企业角度来看,投资就是建筑企业为获得收益而向一定对象投放资金的经济行为。建筑企业投资按照投资内容不同可分为项目投资、证券投资和其他投资等。项目投资是指用于机器、设备、厂房的购建与更新改造等生产性资产的投资,即是一种以特定建设项目为对象,直接与新建项目或更新改造项目有关的长期投资行为。建筑企业投资项目主要可分为新建项目和更新改造项目两大类。

(一) 新建项目

新建项目是指以新增生产能力为目的的投资项目。新建项目按其涉及内容又可分为单纯固定资产投资项目和完整投资项目。

1. 单纯固定资产投资项目,简称固定资产投资。其特点在于:在投资中只包括为取得固定资产而发生的垫支资本投入而不涉及周转资本的投入。

2. 完整投资项目。其特点在于:不仅包括固定资产投资,而且还涉及流动资金投资,还可以包括无形资产、递延资产等其他长期资产投资。因此,不能将项目投资简单地等同于固定资产投资。

(二) 更新改造项目

更新改造项目是指以恢复或改善生产能力为目的的投资项目。项目投资对企业的生存和发展具有重要意义:是企业开展正常生产经营活动的必要前提;是推动企业生产和发展的重要基础；是提高产品质量、降低生产成本不可缺少的条件；是增强企业市场竞争能力的重要手段。

二、项目投资的特点

1. 有明确的投资目的。项目投资的目的就是为了在未来获得投资报酬。

2. 投资的回收时间较长。项目投资决策一旦实施，会在一段较长的时间内影响企业的经济效益，投资的回收期往往需要几年乃至十几年或更长时间。

3. 投资的变现能力较差，具有一定的风险。项目投资的实物形态主要是房屋和机器设备等固定资产，这些资产不易改变用途，变现能力较弱；项目投资的投资是确定的，但是其未来投资收益具有不确定性，存在投资风险。

4. 投资的数额大，次数少。项目投资的资金发生额一般会较大，在建筑企业总资产中所占比重也较大。项目投资对建筑企业未来的现金流量和财务状况都将产生重大的影响。项目投资与流动资产投入相比较而言，一般较少发生，要几年甚至更长时间才会发生。由于项目投资的资金需求量大，所以在进行项目投资时，企业要作可行性研究。

三、项目计算期的构成和资金投入方式

（一）项目计算期

项目计算期是指投资项目从投资建设开始到最终清理结束整个过程的全部时间，包括建设期和运营期。其中建设期是指项目资金正式投入开始到项目建成为止所需要的时间，建设期的第一年年初称为建设起点，建设期的最后一年年末称为投产日；项目计算期的最后一年年末称为终结点，从投产日到终结点之间的时间间隔称为运营期，运营期包括试产期和达产期（完全达到设计生产能力）。项目计算期、建设期和运营期之间有以下关系：

$$项目计算期 = 建设期 + 运营期$$

如图 5-1 所示，建设期和运营期：

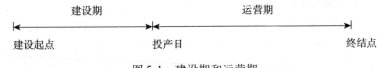

图 5-1　建设期和运营期

（二）资金的投入方式

从时间特征上看，投资主体将原始总投资注入具体项目的投入方式包括一次投入和分次投入两种形式。一次投入方式是指投资行为集中一次发生在项目计算期第一个年度的年初或年末；如果投资行为涉及两个或两个以上年度，或虽然只涉及一个年度但同时在该年的年初和年末发生，则属于分次投入方式。

第二节　项目投资的现金流量

一、现金流量的含义

现金流量也称现金流动量，在项目投资决策中，现金流量是指一个投资项目引起的建筑企业现金流入量和现金流出量。这里所指的"现金"是广义的现金概念，它包括各种货币资金以及投资项目需要投入的有关非货币资源的变现价值。

现金流量是项目投资决策评价指标的主要依据。建筑企业之所以要以现金流量作为评价投资项目经济效益的重要依据，而不是以净利润作为评价投资方案的主要指标，主要有以下几方面的原因：

1. 采用现金流量指标作为评价投资项目经济效益的重要依据，可以改变利润计算主观随意调节的弊病。由于不同的投资项目可能采取不同的固定资产折旧方法、存货计价方法或费用摊销方法，从而导致不同方案的利润存在差异，人为选择影响大。而现金流量指标不受这些因素的影响，可以比较客观地评价投资决策方案。

2. 采用现金流量指标作为评价投资项目经济效益的重要依据，有利于科学地考虑资金的时间价值因素。因为投资项目的时间往往比较长，所以必须考虑资金时间价值的作用对项目投资的影响。不同时间的资金具有不同的价值，在计算投资决策评价指标时，应用资金时间价值的形式有利于对动态投资效果进行综合评价。而利润的计算是不考虑资金时间价值的，它是以权责发生制为原则计算的。

3. 在项目投资分析中，现金流量状况比利润盈亏状况更重要。在一个项目计算期内，有利润产生不一定表示能产生多余的现金来进行其他项目的再投资。一个投资项目是否能持续下去，并不取决于一定时期内是否有盈利，而是取决于是否有足够的现金用于各种支付。由此可知，在项目投资决策中现金流量的分析至关重要。

二、现金流量的内容

（一）现金流入量的内容

现金流入量是指能够引起投资方案的现金收入增加的项目。包括：

1. 营业收入：是指项目投产后每年实现的全部工程结算收入或业务收入，它是施工生产经营期主要的现金流入量项目。

2. 固定资产残余价值回收：指投资项目的固定资产在终结点报废清理或中途变价转让处理时所回收的价值。

3. 流动资金回收：是指新建项目在项目计算期完全终止时（终结点），回收的原垫付的全部流动资金投资额。

4. 其他现金流入量：是指企业在施工生产经营过程中发生的以上三项内容以外的现金流入项目。

(二) 现金流出量的内容

现金流出量是指能够引起投资方案的现金减少或需要动用现金的项目。包括：

1. 建设投资：是指在建设期内按一定生产经营规模和建设内容进行的投资，包括固定资产投资、无形资产投资和开办费投资三项内容，它是建设期发生的主要现金流出量。

2. 流动资金投资：是指投资项目所发生的用于施工生产经营期周转使用的营运资金投资，又称为垫支流动资金。

3. 施工生产经营成本：指在施工经营期内发生的用现金支付的成本费用，又被称为付现的营运成本（或简称付现成本），它是施工生产经营阶段上最主要的现金流出量项目。

4. 各种税款：是指投资项目投产后依法缴纳的各项税款，包括工程结算税金及附加费、企业所得税等。

5. 其他现金流出：是指企业在施工生产经营过程中发生的不包括在以上内容中的现金流出项目（如营业外净支出等）。

三、净现金流量的确定

(一) 净现金流量的含义

净现金流量是指在项目计算期内现金流入量与现金流出量之间的差额，它是计算项目投资决策评价指标的重要依据。净现金流量具有以下两个特征：

1. 无论是在建设期内还是在生产运营期内都存在净现金流量；

2. 由于项目计算期在不同阶段上，现金流入量和现金流出量发生的情况是不同的，使得建设期内和生产运营期内的净现金流量在数值上表现出不同的特点。一般来说，在建设期内的净现金流量小于或等于零；在生产运营期内的净现金流量则多为大于零。

净现金流量又可分为所得税前净现金流量和所得税后净现金流量两种形式。在计算净现金流量时，不包含调整所得税因素的为所得税前净现金流量；包含了调整所得税因素的则为所得税后净现金流量。

根据净现金流量的定义，其理论计算公式为：

$$某年净现金流量 = 该年现金流入量 - 年现金流出量 \quad (5-1)$$

(二) 净现金流量的简化计算公式

为简化净现金流量的计算，可以根据项目计算期不同阶段上的现金流入量和现金流出量的具体内容，直接计算各阶段净现金流量。以下以单纯固定资产投资项目和完整投资项目为对象，介绍净现金流量的简化计算公式。

1. 单纯固定资产投资项目

（1）建设期净现金流量的简化计算公式

假如投资项目的原始投资均在建设期内投入，则建设期净现金流量可按以下公式计算：

建设期某年的净现金流量（NCF）= −该年发生的固定资产原始投资额

(5-2)

（2）运营期净现金流量的简化计算公式

运营期净现金流量可以按以下公式计算：

A. 运营期某年所得税前净现金流量（NCF）

　　= 该年因使用该固定资产新增的息税前利润

　　　+ 该年因使用该固定资产新增的折旧额

　　　+ 该年回收的固定资产净残值 (5-3)

B. 运营期某年所得税后净现金流量（NCF）

　　= 运营期某年所得税前净现金流量

　　　− 该年因使用该固定资产新增的所得税 (5-4)

2. 完整投资项目

如果完整投资项目的全部原始投资均在建设期内投入，那么建设期净现金流量可按以下简化公式计算：

建设期某年净现金流量（NCF_t）= −该年原始投资额 (5-5)

$$= -I_t \ (t = 0, 1, \cdots, s, s \geqslant 0)$$

公式中，I_t 为第 t 年原始投资额；s 为建设期年数。

由上式可见，当建设期 s 不为零时，建设期净现金流量的数量特征取决于其投资方式是分次投入还是一次投入。

如果投资项目在运营期内不追加流动资金投资，那么完整投资项目的运营期所得税前、后净现金流量可按以下简化公式计算：

A. 运营期某年所得税前净现金流量（NCF_t）

　　= 该年息税前利润 + 该年折旧 + 该年摊销 + 该年回收额

　　　− 该年维持运营投资 (5-6)

B. 运营期某年所得税后净现金流量（NCF_t）

　　= 该年息税前利润 × (1 − 所得税税率) + 该年折旧

　　　+ 该年摊销 + 该年回收额 − 该年维持运营投资 (5-7)

（三）净现金流量的计算举例

[例 5-1] 公司打算购建一项固定资产，需要在建设起点一次性投入全部资金 500 万元，按直线法折旧，使用寿命预计 10 年，期末预计净残值 30 万元。建设期为一年，建设期资本化利息为 40 万元。预计投入使用后，每年息税前利润 80 万元。公司所得税税率为 25%。

要求：1. 按简化方法计算该投资项目的建设期净现金流量；

　　　2. 按简化方法计算该投资项目的运营期所得税前净现金流量；

　　　3. 按简化方法计算该投资项目的运营期所得税后净现金流量。

根据题意：固定资产原始价值 = 固定资产投资 + 建设期资本化利息

= 500 + 40 = 540（万元）

$$年折旧额 = \frac{固定资产原值 - 净残值}{固定资产使用年限} = \frac{540 - 30}{10} = 51（万元/年）$$

$$项目计算期 = 建设期 + 运营期$$
$$= 1 + 10 = 11（年）$$

$$新增的所得税额 = 息税前利润 \times 所得税税率$$
$$= 80 \times 25\% = 20（万元）$$

则：1. 该投资项目的建设期净现金流量

建设期净现金流量 = －该年发生的固定资产原始投资额

$$NCF_0 = -500（万元）$$
$$NCF_1 = 0（万元）$$

2. 该投资项目的运营期所得税前净现金流量

运营期所得税前净现金流量（NCF）

= 因使用该固定资产新增的息税前利润

+ 因使用该固定资产新增的折旧额 + 回收的固定资产净残值

$$NCF_{2-10} = 80 + 51 = 131（万元）$$
$$NCF_{11} = 80 + 51 + 30 = 161（万元）$$

3. 该投资项目的运营期所得税后净现金流量

运营期所得税后净现金流量（NCF）

= 运营期某年所得税前净现金流量

－ 该年因使用该固定资产新增的所得税

$$NCF_{2-10} = 131 - 20 = 111（万元）$$
$$NCF_{11} = 161 - 20 = 141（万元）$$

[例5-2] 公司某投资项目需要原始投资1000万元，其中固定资产投资700万元，开办费投资50万元，流动资金投资200万元，无形资产投资50万元。建设期为1年，建设期资本化利息50万元。固定资产投资和开办费投资是在建设期初一次投入，流动资产投资和无形资产投资是在完工时（即第一年末）投入。该投资项目寿命期10年，按直线法折旧，预计净残值20万元。开办费自投产后一次摊销，无形资产分5年摊销。预计投入生产后，每年可获得息税前利润50万元，公司所得税税率为25%。流动资金和固定资产残值在终结点一次回收。

要求：1. 按简化方法计算该投资项目的建设期净现金流量；

2. 按简化方法计算该投资项目的运营期所得税前净现金流量；

3. 按简化方法计算该投资项目的运营期所得税后净现金流量。

根据题意：固定资产原始价值 = 固定资产投资 + 建设期资本化利息
$$= 700 + 50 = 750（万元）$$

$$年折旧额 = \frac{固定资产原值 - 净残值}{固定资产使用年限}$$
$$= \frac{750 - 20}{10} = 73（万元/年）$$

$$年无形资产摊销 = \frac{无形资产投资}{使用年限}$$

$$= \frac{50}{5} = 10（万元/年）$$

项目计算期 = 建设期 + 运营期 = 1 + 10 = 11（年）

则：1. 该投资项目的建设期净现金流量

建设期净现金流量（NCF_0） = -（固定资产投资 + 开办费投资）

$$= -（700 + 50）= -750（万元）$$

建设期净现金流量（NCF_1） = -（流动资产投资 + 无形资产投资）

$$= -（200 + 50）= -250（万元）$$

2. 该投资项目的运营期所得税前净现金流量

由公式知，

$$NCF_2 = 50 + 73 + 50 + 10 = 183（万元）$$
$$NCF_{3-6} = 50 + 73 + 10 = 133（万元）$$
$$NCF_{7-10} = 50 + 73 = 123（万元）$$
$$NCF_{11} = 50 + 73 + 200 + 20 = 343（万元）$$

3. 该投资项目的运营期所得税后净现金流量

由公式知，

$$NCF_2 = 50 \times (1 - 25\%) + 73 + 50 + 10 = 170.5（万元）$$
$$NCF_{3-6} = 50 \times (1 - 25\%) + 73 + 10 = 120.5（万元）$$
$$NCF_{7-10} = 50 \times (1 - 25\%) + 73 = 110.5（万元）$$
$$NCF_{11} = 50 \times (1 - 25\%) + 73 + 200 + 20 = 330.5（万元）$$

第三节 项目投资决策评价指标及其计算

一、项目投资决策评价指标的含义

项目投资决策评价指标是指用于衡量和比较投资项目可行性，以便据以进行方案决策的定量化标准与尺度。项目投资决策评价指标是由一系列综合反映投资效益、投入产出关系的量化指标构成。

评价项目投资决策的指标比较多，本节主要从财务评价的角度介绍投资利润率、静态投资回收期、净现值、净现值率、获利指数、内含报酬率等评价指标。这些指标，按其是否考虑了货币时间价值因素，可分为贴现指标和非贴现指标两大类。对投资项目的评价，也可分为贴现的分析评价方法和非贴现的分析评价方法两大类。

二、项目投资决策评价指标的运用

（一）贴现的分析评价方法

贴现的分析评价方法，是指考虑货币时间价值的分析评价方法，主要包括净现值法、净现值率法、获利指数、内含报酬率法,也称作为动态指标。

1. 净现值法

净现值(记作 NPV),是指在项目计算期内,按行业基准收益率或其他设定折现率计算的各年净现金流量现值的代数和。净现值法是以净现值作为评价方案是否可行的一种方法。

净现值的计算公式为:

$$NPV = \sum_{t=0}^{n} NCF_t(P/F, i_c, t) \tag{5-8}$$

式中　　n——项目计算期(包括建设期与运营期);

　　　　NCF_t——第 t 年的净现金流量;

　　　　i_c——该项目的行业基准收益率或其他设定的折现率;

$(P/F, i_c, t)$——第 t 年、贴现率为 i_c 的复利现值系数。

[例 5-3] 已知公司某个项目投资的净现金流量为:

$$NCF_0 = -100\ 万元$$
$$NCF_1 = -50\ 万元$$
$$NCF_{2-10} = 80\ 万元$$
$$NCF_{11} = 110\ 万元$$

假设设定的贴现率为 10%,试计算该项目投资的净现值。

根据题意:净现值 $= -100 - 50 \times (P/F, 10\%, 1) + 80 \times [(P/A, 10\%, 10)$
$- (P/A, 10\%, 1)] + 110 \times (P/F, 10\%, 11)$
$= -100 - 50 \times 0.9091 + 80 \times (6.1446 - 0.9091) + 110 \times 0.3505$
$= 311.94\ (万元)$

净现值指标的决策标准是:如果投资方案的净现值大于或等于零,该方案为可行方案;如果投资方案的净现值小于零,该方案为不可行方案;如果几个方案的投资额相同,项目计算期相等且净现值大于零,那么净现值最大的方案即为最优方案。所以,净现值大于或等于零是投资项目可行的必要条件。

净现值是一个贴现的绝对值正指标,净现值法的优点在于:一是综合考虑了资金时间价值,能较合理地反映投资项目的真正经济价值;二是考虑了项目计算期的全部净现金流量,体现了流动性与收益性的统一;三是考虑了投资风险性,因为贴现率的大小与风险大小有关,风险越大,贴现率就越高。但是该指标的缺点也是明显的,即无法从动态的角度直接反映投资项目的实际投资收益率水平;当各项目投资额不同时,难以确定最优的投资项目。

2. 净现值率法

净现值率(记作 NPVR),是指投资项目的净现值占原始投资现值的比率。净现值率法是以净现值率作为评价投资方案是否可行的一种方法。

净现值率的计算公式为:

$$净现值率(NPVR) = \frac{项目的净现值}{原始投资的现值合计} \tag{5-9}$$

[**例 5-4**] 根据 [例 5-3] 的有关数据，试计算该项目投资的净现值率。

根据题意：净现值 = 311.94（万元）

原始投资的现值 = $100 + 50 \times (P/F, 10\%, 1)$ = $100 + 50 \times 0.9091$
= 145.455（万元）

净现值率（$NPVR$）= $311.94/145.455 \approx 2.1446$

净现值率指标的决策标准是：该指标大于或等于零的投资方案为可行方案。

净现值率是一个考虑了货币时间价值的相对量评价指标，净现值率法的优点是可以从动态的角度反映项目投资的资金投入与净产出之间的关系，比其他动态相对数指标更容易计算；其缺点与净现值指标相似，同样无法直接反映投资项目的实际收益率。

3. 获利指数

获利指数（记作 PI），是指投产后按基准收益率或设定折现率折算的各年净现金流量的现值合计与原始投资的现值合计之比。

获利指数的计算公式为：

$$获利指数（PI）= \frac{投产后各年净现金流量的现值合计}{原始投资的现值合计} \quad (5-10)$$

$$或 = 1 + 净现值率 \quad (5-11)$$

[**例 5-5**] 仍以 [例 5-3] 的资料为例，要求计算项目的获利指数。

根据题意：获利指数 = $\frac{145.455 + 311.94}{145.455} = 3.1446$

获利指数是一个考虑了货币时间价值的相对量评价指标。获利指数指标的决策标准是：如果投资方案的获利指数大于或等于1，该方案为可行方案；如果投资方案的获利指数小于1，则方案不可行；如果几个方案的获利指数都大于1，那么获利指数越大，则投资方案越好。

获利指数的优点是可以从动态的角度反映项目投资的资金投入与总产出之间的关系；缺点是无法直接反映投资项目的实际收益率，计算相对较复杂。

4. 内含报酬率法

内含报酬率（记作 IRR）又称为内部收益率，是指项目投资实际可望达到的收益率，即能使投资项目的净现值等于零时的折现率。内含报酬率法是根据方案本身内含报酬率来评价方案是否可行的一种方法。内含报酬率（IRR）满足下列等式：

$$\sum_{t=0}^{n} [NCF_t (P/F, IRR, t)] = 0 \quad (5-12)$$

从上式中可知，净现值的计算是根据给定的贴现率求净现值。而内含报酬率的计算是先令净现值等于零，然后求能使净现值等于零的贴现率。所以，净现值不能揭示各个方案本身可以达到的实际报酬率是多少，而内含报酬率实际上反映了项目本身的真实报酬率。

内含报酬率的计算可以分为两种情况：

（1）当项目投产后，经营期内各年净现金流量相等，且项目全部投资均于建设起点一次投入，建设期为零时，可以直接利用年金现值系数计算内含报酬率。

满足上述条件的项目，内含报酬率可按下式确定：

$$(P/A, IRR, n) = \frac{I}{NCF} \tag{5-13}$$

式中　　　　　I——建设起点一次投入的原始投资；

$(P/A, IRR, n)$——第 n 期，设定折现率为 IRR 的年金现值系数；

NCF——投产后 n 年内每年相等的净现金流量（$NCF_1 = NCF_2 = \cdots = NCF_n = NCF$，$NCF$ 为一常数，$NCF \geq 0$）。

具体计算程序如下：

①计算年金现值系数$(P/A, IRR, n)$。

②根据计算出来的年金现值系数与已知的年限 n，查年金现值系数表，确定内含报酬率的范围。

③用内插法求出内含报酬率。

[例 5-6] 某投资项目在建设起点一次性投资 30 万元，当年完工并投产，投产后每年可获净现金流量 8 万元，经营期 5 年。要求：计算项目的内含报酬率。

根据题意，由公式知：

第一步：年金现值系数 $= \dfrac{30}{8} = 3.75$

第二步：查 1 元年金现值系数表，资料列示如表 5-1 所示。

1 元年金现值系数资料表　　　　　表 5-1

折现率%	10%	i	12%
$n=5$	3.7908	3.75	3.6048

第三步：用内插法求出内含报酬率如下：

$$i = 10\% + \frac{3.7908 - 3.75}{3.7908 - 3.6048} \times (12\% - 10\%)$$

则　　　　　　　　　　$i = 10.44\%$

（2）当投资项目在经营期内各年现金净流量不相等，或建设期不为零，投资额是在建设期内分次投入的情况下，无法应用上述的简便方法，必须按定义采用逐步测试的方法，计算能使净现值等于零的贴现率，即内含报酬率。其计算步骤如下：

①估计一个贴现率，用它来计算净现值。如果净现值为正数，说明方案的实际内含报酬率大于预计的贴现率，应提高贴现率再进一步测试；如果净现值为负数，说明方案本身的报酬率小于估计的贴现率，应降低贴现率再进行测算。如此反复测试，寻找出使净现值由正到负或由负到正且接近零的两个贴现率。

②根据上述相邻的两个贴现率用内插法求出该方案的内含报酬率。由于逐步测试法是一种近似方法，因此相邻的两个贴现率不能相差太大，否则误差会很大。

[**例 5-7**] 要求依据表 5-2 中每年净现金流量资料，计算内含报酬率。

逐步测试法数据表（单位：元）　　　　　表 5-2

年份	净现金流量（NCF）	贴现率=9%		贴现率=10%		贴现率=12%	
		现值系数	现值	现值系数	现值	现值系数	现值
0	-300000	1	-300000	1	-300000	1	-300000
1	70000	0.9174	64218	0.9091	63637	0.8929	62503
2	80000	0.8417	67336	0.8246	66112	0.7972	63776
3	80000	0.7722	61776	0.7513	60104	0.7118	56944
4	90000	0.7084	63756	0.6830	61470	0.6355	57195
5	100000	0.6499	64990	0.6209	62090	0.5674	56740
净现值			22076		13413		-2842

根据题意：先按估计的 9% 贴现率进行测试，测试结果净现值为 22076 元，是正数。贴现率进一步提高到 10% 进行测试，测试结果净现值为 13413 元，仍为正数，再把贴现率提高到 12% 进行测试，测试结果净现值为 -2842 元，是负数，说明该投资项目的内含报酬率在 10%～12% 之间。接下来用插入法近似计算内含报酬率。

$$IRR = 10\% + \frac{13413 - 0}{13413 - (-2842)} \times (12\% - 10\%) = 11.65\%$$

内含报酬率是个折现的相对量正指标，采用该指标的决策标准是：将所测算的各方案的内含报酬率与其资金成本率或行业基准收益率对比。如果方案的内含报酬率大于其资金成本率或行业基准收益率，该方案可行；如果投资方案的内含报酬率小于其资金成本率或行业基准收益率，则方案不可行。如果几个投资方案的内含报酬率都大于其资金成本率或行业基准收益率，且各方案的投资额相同，那么内含报酬率与资金成本率之间差异最大的方案最好；如果几个方案的内含报酬率均大于其资金成本率或行业基准收益率，但各方案的原始投资额不等，那么决策标准则为："投资额×（内含报酬率-资金成本率或行业基准收益率）"最大的方案为最优方案。

内含报酬率法的优点是：非常注重货币时间价值，能从动态的角度直接反映投资项目的实际收益水平，且不受行业基准收益率高低的影响，比较客观。内含报酬率法的缺点是：计算过程十分复杂。

5. 贴现指标之间的关系

净现值 NPV、净现值率 NPVR、获利指数 PI 和内部收益率 IRR 指标之间存在以下数量关系，即：

当 $NPV > 0$ 时，$NPVR > 0$，$PI > 1$，$IRR > i_c$；
当 $NPV = 0$ 时，$NPVR = 0$，$PI = 1$，$IRR = i_c$；
当 $NPV < 0$ 时，$NPVR < 0$，$PI < 1$，$IRR < i_c$。

此外，净现值率 NPVR 的计算需要在已知净现值 NPV 的基础上进行，内部收益率 IRR 在计算时也需要利用净现值 NPV。这些指标都会受到建设期的长短、投资方式，以及各年净现金流量的数量特征的影响。所不同的是 NPV 为绝对量指标，其余为相对数指标，计算净现值 NPV、净现值率 NPVR、获利指数 PI 所依据的折现率都是事先已知的 i_c，而内含报酬率 IRR 的计算本身与 i_c 的高低无关。

（二）非贴现的分析评价方法

非贴现的分析评价方法是指在计算过程中时，不考虑货币时间价值因素，直接按投资项目形成的现金流量进行计算的方法。非贴现的分析评价方法有：投资利润率法和静态投资回收期法。也称作为静态指标。

1. 投资利润率法

投资利润率又称投资报酬率（记作 ROI），是指达到正常生产年度利润或年平均利润占投资总额的百分比。其计算公式为：

$$投资利润率（ROI）= \frac{年息税前平均利润率}{项目投资总额} \times 100\% \quad (5-14)$$

[例 5-8] 公司购建一项固定资产，需要在建设起点一次性投入全部资金 300 万元，按直线法折旧，使用寿命预计 10 年，期末预计净残值 10 万元。预计投入使用后，每年息税前利润 80 万元。要求：计算投资利润率。

根据题意：投资利润率（ROI）$= \frac{80}{300} \times 100 \approx 26.67\%$

投资利润率的决策标准是：投资项目的投资利润率必须大于资金成本率且越高越好。低于资金成本率的投资利润率为不可行方案。

投资利润率指标的优点是：简单、明了、易于掌握；该指标不受建设期的长短、投资的方式、回收额的有无以及现金流量的大小等条件的影响，能够说明各投资方案的收益水平。投资利润率指标的缺点是：没有考虑货币时间价值因素，不能正确反映建设期长短及投资方式不同对项目的影响；该指标的分子、分母时间特征不一致（分子是时期指标，分母是时点指标），因而在计算口径上可比基础较差；该指标的计算无法直接利用净现金流量信息。

2. 静态投资回收期法

静态投资回收期又叫全部投资回收期，简称回收期，是指以投资项目经营净现金流量抵偿原始总投资所需要的全部时间。指标的计算以年为单位，有两种形式：包括建设期的投资回收期（记作 PP）和不包括建设期的投资回收期（记作 PP'）。

投资回收期的计算可分为两种情况：

（1）经营期每年净现金流量相等，其计算公式为：

$$不包括建设期的投资回收期 = \frac{原始投资额}{年净现金流量} \quad (5-15)$$

$$包括建设期的投资回收期 = 不包括建设期的投资回收期 + 建设期 \quad (5-16)$$

[例 5-9] 某投资项目在建设起点一次性投资 30 万元，当年完工并投产，投产

后每年可获净现金流量 8 万元，经营期 5 年。要求：计算项目的投资回收期。

根据题意：

$$不包括建设期的投资回收期 = \frac{30}{8} = 3.75（年）$$

$$包括建设期的投资回收期 = 3.75 + 1 = 4.75（年）$$

（2）经营期年净现金流量不相等，需要计算逐年累计的净现金流量，然后用内插法计算出投资回收期。

[例5-10] 已知公司某个项目投资总额 30 万元，当年完工并运营，运营期每年的净现金流量分别为：7 万元、8 万元、8 万元、9 万元、10 万元。要求计算静态投资回收期。

根据题意：投资项目累计净现金流量列示如表 5-3 所示。

投资项目累计净现金流量表（单位：元） 表5-3

项目计算期	净现金流量（NCF）	累计净现金流量
1	70000	70000
2	80000	150000
3	80000	230000
4	90000	320000
5	100000	420000

由上表可知，项目的投资回收期在第 3 年和第 4 年之间，用内插法计算出项目投资回收期为：

$$3 + \frac{300000 - 230000}{320000 - 230000} = 3.78 \text{ 年}$$

则：包括建设期的投资回收期 = 3.78（年）

不包括建设期的投资回收期 = 2.78（年）

静态投资回收期的决策标准是：投资回收期最短的方案为最佳方案，投资回收期越短，投资风险越小。将计算出来的方案静态投资回收期与基准投资回收期对比，只有投资回收期小于或等于基准投资回收期的方案是可行方案，否则为不可行方案。

静态投资回收期法的优点是：能够直观地反映原始总投资的返本期限；易于理解，计算简便。静态投资回收期法的缺点是：没有考虑货币时间价值因素；没有考虑回收期满后继续发生的现金流量的变化情况。

第四节 投资决策评价方法的应用

建立项目投资评价指标的目的，是为企业项目投资的选择提供数字上的决策依据。

一、单一的独立方案投资项目的财务可行性评价

1. 独立方案的含义

在财务管理中，将一组互相分离，互不排斥的方案称为独立方案。也就是说，在独立方案中，选择某一个方案并不排斥选择另一个方案。例如，企业打算进行若干项投资活动：购买一台大型施工机械；新建一幢办公大楼；添置一辆交通运输设备。在这一系列投资方案中，各个方案是相互独立的，不相互排斥，也不相互关联，不存在相互之间比较和选择的问题。企业在决策时，可以选择全部接受，也可以选择全部不接受，或接受其中的一个、几个。

2. 评价独立方案财务可行性的条件

（1）判断方案是否完全具备财务可行性的条件

①净现值 $NPV \geq 0$；

②净现值率 $NPVR \geq 0$；

③获利指数 $PI \geq 1$；

④内含报酬率 $IRR \geq$ 基准折现率 i_c；

⑤包括建设期的静态投资回收期 $PP \leq \dfrac{n}{2}$（项目建设期的一半）；

⑥不包括建设期的静态投资回收期 $PP' \leq \dfrac{P}{2}$（运营期的一半）；

⑦投资利润率 $ROI \geq$ 基准投资收益率 I。

当一个投资方案同时满足以上条件时，则该投资方案完全具备可行性。

（2）判断方案完全不具备财务可行性的条件

①净现值 $NPV < 0$；

②净现值率 $NPVR < 0$；

③获利指数 $PI < 1$；

④内含报酬率 $IRR <$ 基准折现率 i_c；

⑤包括建设期的静态投资回收期 $PP > \dfrac{n}{2}$（项目建设期的一半）；

⑥不包括建设期的静态投资回收期 $PP' > \dfrac{P}{2}$（运营期的一半）；

⑦投资利润率 $ROI <$ 基准投资收益率 I。

当一个投资方案同时满足以上条件时，则该投资方案完全不具备可行性。

（3）判断方案是否基本具备财务可行性的条件

①净现值 $NPV \geq 0$；

②净现值率 $NPVR \geq 0$；

③获利指数 $PI \geq 1$；

④内含报酬率 $IRR \geq$ 基准折现率 i_c；

⑤包括建设期的静态投资回收期 $PP > \dfrac{n}{2}$（项目建设期的一半）；

⑥不包括建设期的静态投资回收期 $PP' > \dfrac{P}{2}$（运营期的一半）；

⑦投资利润率 $ROI <$ 基准投资收益率 I。

当一个投资方案的主要指标——NPV、$NPVR$、PI、IRR 处于可行状态，辅助指标——PP、PP'、ROI 处于不可行状态，则该投资方案基本具备财务可行性。

（4）判断方案是否基本不具备财务可行性的条件

①净现值 $NPV < 0$；

②净现值率 $NPVR < 0$；

③获利指数 $PI < 1$；

④内含报酬率 $IRR <$ 基准折现率 i_c；

⑤包括建设期的静态投资回收期 $PP \leq \dfrac{n}{2}$（项目建设期的一半）；

⑥不包括建设期的静态投资回收期 $PP' \leq \dfrac{P}{2}$（运营期的一半）；

⑦投资利润率 $ROI \geq$ 基准投资收益率 I。

当一个投资方案的主要指标——NPV、$NPVR$、PI、IRR 处于不可行状态，辅助指标——PP、PP'、ROI 即使处于可行状态，则该投资方案基本不具备财务可行性。

3. 举例说明：

[**例 5-11**] 公司打算添置一台新机器设备，需投资 50000 元，使用寿命 5 年，按直线法计提折旧，预计净残值 1500 元，建设期为 0。设备投入生产后，预计每年可增加收入分别为 30000 元、35000 元、35000 元、38000 元、41500 元。与次相应增加的付现成本为 12000 元、14000 元、13000 元、17000 元、19000 元。假设所得税税率为 25%，设定折现率 10%，行业基准收益率 12%。要求进行项目投资决策评价。

根据题意，由公式知：

1. 项目计算期 $= 0 + 5 = 5$（年）

2. 年折旧额 $\dfrac{50000 - 1500}{5} = 9700$（元）

3. 第 1 年净利润 $= (30000 - 12000 - 9700) \times (1 - 25\%) = 6225$（元）

   第 2 年净利润 $= (35000 - 14000 - 9700) \times (1 - 25\%) = 8475$（元）

   第 3 年净利润 $= (35000 - 13000 - 9700) \times (1 - 25\%) = 9225$（元）

   第 4 年净利润 $= (38000 - 17000 - 9700) \times (1 - 25\%) = 8475$（元）

   第 5 年净利润 $= (41500 - 19000 - 9700) \times (1 - 25\%) = 9600$（元）

   年平均净利润 $= \dfrac{6225 + 8475 + 9225 + 8475 + 9600}{5} = 8400$（元）

4. 建设期净现金流量

$$NCF_0 = 50000（元）$$

5. 营运期净现金流量

$$NCF_1 = 6225 + 9700 = 15925（元）$$

$$NCF_2 = 8475 + 9700 = 18175 \text{（元）}$$
$$NCF_3 = 9225 + 9700 = 18925 \text{（元）}$$
$$NCF_4 = 8475 + 9700 = 18175 \text{（元）}$$
$$NCF_5 = 9600 + 9700 = 19300 \text{（元）}$$

6. 投资利润率 $= \dfrac{8400}{50000} \times 100\% = 16.80\%$

7. 静态投资回收期

计算静态投资回收期时，先要测算投资项目的累计净现金流量，见表5-4。

投资项目累计净现金流量表（单位：元） 表5-4

项目计算期	净现金流量（NCF）	累计净现金流量
1	15925	15925
2	18175	34100
3	18925	53025
4	18175	71200
5	19300	90500

$$\text{静态投资回收期} = 2 + \dfrac{50000 - 34100}{53025 - 34100} = 2.84 \text{（年）}$$

8. 净现值 $= -50000 + 15925 \times (P/F, 10\%, 1) + 18175 \times (P/F, 10\%, 2)$
   $+ 18925 \times (P/F, 10\%, 3) + 18175 \times (P/F, 10\%, 4)$
   $+ 19300 \times (P/F, 10\%, 5)$
   $= -50000 + 15925 \times 0.9091 + 18175 \times 0.8264 + 18925 \times 0.7513$
   $+ 18175 \times 0.6830 + 19300 \times 0.6209$
   $= -50000 + 68112.49$
   $= 18112.49 \text{（元）}$

9. 净现值率 $= \dfrac{18112.49}{50000} \times 100\% = 36.22\%$

10. 获利指数 $= \dfrac{68112.49}{50000} = 1.36$

11. 内部收益率

内部收益率的计算要通过逐步测试法确定贴现率，见表5-5。

逐步测试法数据表（单位：元） 表5-5

年份	净现金流量（NCF）	贴现率=20%		贴现率=24%	
		现值系数	现值	现值系数	现值
0	-50000	1	-50000	1	-50000
1	15925	0.8333	13270	0.8065	12844
2	18175	0.6944	12621	0.6504	11821
3	18925	0.5787	10952	0.5245	9926

续表

年份	净现金流量（NCF）	贴现率=20%		贴现率=24%	
		现值系数	现值	现值系数	现值
4	18175	0.4823	8766	0.4230	7688
5	19300	0.4019	7757	0.3411	6583
净现值			3366		-1138

$$IRR = 20\% + \frac{3366-0}{3366-(-1138)} \times (24\%-20\%) = 20.75\%$$

由以上计算可知：

净现值 = 18112.49 元 > 0；

净现值率 = 36.22% > 0；

获利指数 = 1.36 > 1；

内部收益率 = 20.75% > 10%；

静态投资回收期 = 2.84 年 > $\frac{1}{2} \times 5 = 2.5$ 年；

投资利润率 = 16.80% > 12%。

该投资项目的主要指标—NPV、NPVR、PI、IRR 都处于可行状态；辅助指标—PP 处于不可行状态，ROI 处于可行状态。由此可判断，该投资项目从财务角度基本具有可行性。

二、多个互斥方案投资项目的财务可行性评价

1. 互斥方案的含义

互斥方案是指互相关联、互相排斥的方案。在一组可供选择的方案中，由于选择了一个方案，就必须放弃另外的方案。因此，互斥方案具有排他性。

2. 项目投资互斥方案的决策标准

（1）净现值法

净现值法是指通过比较所有已经具备财务可行性投资方案的净现值指标的大小来选择最优方案的方法。净现值法适用于原始投资相同并且项目计算期相等的多方案比较。评价决策的标准是：净现值最大的方案为最优。

（2）净现值率法

净现值率法是指通过比较所有已经具备财务可行性投资方案的净现值率指标的大小来选择最优方案的方法。评价决策的标准是：净现值率最大的方案为最优。当可供选择的方案的原始投资额相同时，采用净现值法和采用净现值率法所得的结论是完全相同的；当可供选择的方案的原始投资额不同时，情况就不一样了。

（3）差额投资内部收益率法

差额投资内部收益率法是指在两个原始投资额不同的方案之间，计算出差额内部收益率，并将其与行业基准折现率进行比较，从而据以判断投资方案优劣。

该方法适用于原始投资不相同，但项目计算期相同的多方案比较决策。评价决策的标准是：当差额投资内部收益率指标大于或等于基准收益率或设定折现率时，原始投资额大的方案较优；当差额投资内部收益率指标小于基准收益率或设定折现率时，原始投资额小的方案较优。

（4）年等额净回收额法

年等额净回收额法是指在投资方案中，用年等额净回收额指标的大小来判断选择最优的决策方法。年等额净回收额法适用于原始投资不相同，并且项目计算期不相同的多方案比较决策。评价决策的标准是：年等额净回收额最大的方案为优。

年等额净回收额计算公式为：

$$年等额净回收额 = \frac{该方案净现值}{年金现值系数} \quad (5-17)$$

（5）计算期统一法

计算期统一法是指通过对计算期不相等的多个互斥方案选定一个共同的计算分析期，以满足时间可比性的要求，进而根据调整后的评价指标来选择最优方案的方法。具体包括：方案重复法；最短计算期法。

①方案重复法，也称为计算期最小公倍数法。是将各方案计算期的最小公倍数作为比较方案的计算期，然后调整有关指标，并据以进行多方案比较决策的一种方法。

计算步骤为：第一步，判断多个方案的最小公倍数；第二步，计算每个方案项目原计算期内的净现值；第三步，重复计算方案净现值并折现，直至与最小公倍数计算期相等，求代数和；第四步，根据调整后的评价指标进行方案的比较决策。

当多个方案的计算期相差很大时，按最小公倍数确定的计算期将会很长，不适宜选用该方法。

②最短计算期法，也称为最短寿命期法。是指在将所有方案的净现值均还原为等额年回收额的基础上，再按照最短的计算期来计算出相应净现值，然后根据调整后的净现值指标进行多方案比较决策的一种方法。

3. 举例说明

[例5-12] 公司打算投资一个项目，现在有两个方案可供选择：在甲方案中，购置设备需要投资800万元，设备使用寿命期5年，建设期为0，营运期内每年现金净流量分别为420万元、450万元、400万元、480万元、520万元。在乙方案中，购置设备需要投资1250万元，设备使用寿命期5年，建设期为0，营运期内每年现金净流量600万元。设定行业基准折现率为10%，要求：对项目投资方案作出决策。

解答：由于甲方案和乙方案的项目投资额不同，但是项目计算期相同，因此采用差额投资内部收益率法进行项目投资决策。

由资料可知：乙方案投资额大于甲方案投资额

建设期差量净现金流量 = -1250 - (-800) = -450（万元）
营运期差量净现金流量：第一年 600 - 420 = 180（万元）
　　　　　　　　　　　第二年 600 - 450 = 150（万元）
　　　　　　　　　　　第三年 600 - 400 = 200（万元）
　　　　　　　　　　　第四年 600 - 480 = 120（万元）
　　　　　　　　　　　第五年 600 - 520 = 80（万元）

差额内部收益率（ΔIRR）：差额内部收益率的计算首先要通过逐步测试法确定贴现率，见表5-6。

逐步测试法数据表（单位：元） 表5-6

年份	净现金流量（NCF）	贴现率=20%		贴现率=24%	
		现值系数	现值	现值系数	现值
0	-450	1	-450	1	-450
1	180	0.8333	150	0.8065	145
2	150	0.6944	104	0.6504	98
3	200	0.5787	116	0.5245	105
4	120	0.4823	58	0.4230	51
5	80	0.4019	32	0.3411	27
净现值			10		-24

$$\Delta IRR = 20\% + \frac{10-0}{10-(-24)} \times (24\% - 20\%) = 21.18\%$$

由以上计算可知：差额内部收益率21.18%大于行业基准折现率10%，应该选择乙方案。

[例5-13] 公司打算投资一个项目，现在有两个方案可供选择：甲方案资料同［例5-12］中的甲方案，即购置设备需要投资800万元，设备使用寿命期5年，建设期为0，营运期内每年现金净流量分别为420万元、450万元、400万元、480万元、520万元。在乙方案中，购置设备需要投资1000万元，设备使用寿命期8年，建设期为0，营运期内每年现金净流量400万元。设定折现率为10%，要求：对项目投资方案作出决策。

解答：由于甲方案和乙方案的项目投资额和项目计算期不同，因此采用年等额净回收额进行项目投资决策。

甲方案净现值 = -800 + 420 × (P/F, 10%, 1) + 450 × (P/F, 10%, 2)
　　　　　　　+ 400 × (P/F, 10%, 3) + 480 × (P/F, 10%, 4)
　　　　　　　+ 520 × (P/F, 10%, 5)
　　　　　　 = -800 + 420 × 0.9091 + 450 × 0.8264 + 400 × 0.7513
　　　　　　　+ 480 × 0.6830 + 520 × 0.6209 = 904.93（万元）

乙方案净现值 = -1000 + 400 × (P/A, 10%, 8)
　　　　　　 = -1000 + 400 × 5.3349

$$= 1133.96（万元）$$

甲方案年等额净回收额 $= 904.93/(P/A, 10\%, 5)$

$$= 904.93/3.7908$$

$$= 238.72（万元）$$

乙方案年等额净回收额 $= 1133.96/(P/A, 10\%, 8)$

$$= 1133.96/5.3349$$

$$= 212.56（万元）$$

由于甲方案年等额净回收额大于乙方案年等额净回收额，因此选择甲方案。

复习思考题

1. 某企业欲购置生产设备一台，该设备价值30000元，预计使用5年，预计净残值900元，按直线法计提折旧。设备投入使用后，预计可增加收入45000元，相应的成本增加38000元，企业的所得税税率为25%，折现率为10%。试对投资项目进行可行性研究。

2. 某个固定资产投资项目的原始投资额为60万元，现在有甲、乙两个互斥方案可供选择。它们的净现值分别为：甲方案6.50；乙方案5.30。

要求：（1）评价甲、乙二个方案的财务可行性；

（2）用净现值率法进行投资项目的比较并作出决策。

3. 某企业打算投资建设一项固定资产，现在有两个方案可供选择：甲方案的原始投资额为500万元，项目计算期为10年，净现值为458.8万元；乙方案的原始投资额为600万元，项目计算期为12年，净现值为501.5万元。折现率为10%。

要求：（1）评价甲、乙二个方案的财务可行性；

（2）用适当的方法对投资项目作出决策。

第六章

证券投资管理

第一节 证券投资概述

一、证券投资的含义、特点和目的

(一) 证券投资的含义

证券是商品经济和社会化大生产发展的产物,其含义非常广泛。从法律意义上说,证券是对各类记载并代表一定权利的法律凭证的统称。从一般意义上说,证券是指用以证明或设定权利做成的书面凭证,它表明证券持有人或第三者有权取得该证券拥有的特定权益。证券按其性质不同,可分为凭证证券和有价证券。有价证券又有广义与狭义之分。广义的有价证券包括商品证券、货币证券和资本证券,狭义的有价证券即指资本证券。在日常生活中,人们通常把狭义的有价证券——资本证券直接称为有价证券或证券。本章阐述的是狭义的有价证券,即指票面标有一定金额、代表一定量的财产权利、证明持券人有权按期取得一定的利息、股息等收入可自由转让和买卖的所有权或债权凭证,包括股票、债券及其衍生品种如基金证券、可转换债券等。证券投资是指投资者将资金用于购买股票、债券、基金等有价证券,从而获取收益的一种投资行为。

(二) 证券投资的特点

证券投资具有如下特点:

(1) 流动性强。证券投资的流动性明显高于实际资产。一项资产被认为是具有流动性的条件有三个:第一,有明显的、大规模的投资单位的交易,而不引起市场价格的上下波动;第二,营业时间内存在连续的买价和卖价;第三,存在

"微小"的买卖价差。证券有着十分活跃的二级市场，与实物资产相比，其转让过程快捷、简便得多，实物资产很难找到一个连续的二级市场，变现受到了限制。

（2）价值不稳定。证券投资涉及人与人之间的财务交易，其价值受政治、经济等各种环境因素的影响较大，因而具有价值不稳定、投资风险大的特征。

（3）交易成本低。证券买卖的交易快速、简捷、成本较低。而实物资产的交易过程复杂、手续繁多，通常还需进行调查、咨询等工作，交易成本较高。

（三）证券投资的目的

1. 充分利用闲置资金，增加企业收益

企业在生产经营过程中，应该拥有一定数量的现金，以满足日常经营的需要，但是，盈利性较差的现金余额过多是一种浪费。因此，企业可以将闲置的现金进行有价证券投资，以获取一定的收益，并在现金流出超过现金流入时，将持有的证券出售，以取得经营所需的现金。这样，既能调节现金余额，又能增加企业的投资收益。

2. 与筹集长期资金相配合

处于成长期或扩张期的公司一般每隔一段时间就会发行股票或公司债券，但所获得的资金一般并不一次用完，而是逐渐、分次使用。这样，暂时不用的资金可投资于有价证券，以获取一定收益，而当企业进行投资需要资金时，则可出售有价证券，以获得现金。

3. 满足未来的财务需求

假如企业在不久的将来有一笔偿还到期债务的现金需求，则将闲置现金投资于证券，以便到时售出，满足所需要的现金。

4. 满足季节性经营对现金的需求

从事季节性经营的公司在一年内的某些月份有剩余现金，而在另几个月则会出现现金短缺，这些公司通常在现金有剩余时购入证券，而在现金短缺时出售证券。

5. 获得对相关企业的控制权

有些企业为了控制其他企业，往往会动用一定资金购买一些企业的股票，以便获得对这些企业的控制权。

二、证券投资的种类

金融市场上的证券种类很多，证券投资按其投资的对象不同，可分为债券投资、股票投资、基金投资、证券组合投资和期货、期权投资。其中，债券投资、股票投资、基金投资和证券组合投资是主要的投资方式，以下予以介绍。

（一）债券投资

债券投资是指投资者购买国库券、公司债券等各类债券，以取得稳定收益的一种投资活动。

（二）股票投资

股票投资是指将资金投向于股票，通过股票的买卖获取收益的投资行为。

(三) 基金投资

基金投资是指投资者通过购买投资基金股份或受益凭证来获取收益的投资方式。这种方式可使投资者享受专家服务,有利于分散风险,获得较大投资收益。

(四) 证券组合投资

证券组合投资是指投资者将资金同时投资于多种证券,例如,既投资于企业债券,也投资于企业股票、基金等。组合投资可以有效地分散证券投资风险。

第二节 债券投资

债券投资是一种常见的投资方式。企业要作出正确的债券投资决策,规避投资风险,就必须了解债券投资的目的、优缺点,并对债券的价值和收益率作出客观的评价。

一、债券投资的目的

债券是发行者为筹集资金,按法定程序向债权人发行的,在约定时间支付一定比率的利息,并在到期时偿还本金的一种有价证券。发行者必须在债券上载明债券面值、债券利率、付息日及到期日。目前我国发行的债券有到期一次还本付息债券,分期付息、到期还本债券,折现发行的债券三种形式。

企业进行短期债券投资的目的主要是为了合理利用暂时闲置的资金,调节现金余额,获得收益。企业进行长期债券投资的目的主要是为了获得稳定的收益。

二、债券投资的估价

进行债券投资,必须对债券的内在价值进行评估,即必须知道债券内在价值的计算方法。以便将债券的内在价值与债券市价或购买价格进行比较,作出投资决策。

债券作为一种投资,现金流出是其购买价格,现金流入是利息和收回的本金,或者出售时得到的现金。债券未来现金流入的现值,称为债券的价值或债券的内在价值。只有债券的价值大于购买价格时,才值得购买。债券价值是债券投资决策时使用的主要指标之一。下面介绍几种最常见的债券估价模型。

(一) 分期付息、到期还本的债券估价模型

分期付息一般分按年付息、半年付息和按季付息三种方式。分期付息、到期还本的债券估价模型是一种典型的债券估价模型,其一般计算公式为:

债券价值 = 每期利息 × 年金现值系数 + 债券面值 × 复利现值系数

即:

$$V = \frac{I}{(1+K)} + \frac{I}{(1+K)^2} + \cdots + \frac{I}{(1+K)^n} + \frac{M}{(1+K)^n}$$
$$= I \times (P/A, K, n) + M \times (P/F, K, n) \qquad (6\text{-}1)$$

式中　V——债券价值；

　　　I——每期利息；

　　　M——债券面值或到期本金；

　　　K——市场利率或投资者要求的最低报酬率；

　　　n——付息期数。

[例 6-1] 某债券面值 1000 元，票面利率 7%，期限 5 年，每年付息一次，到期还本。某企业拟购买该债券，债券目前的市价是 950 元，购买时的市场利率为 8%，问该企业是否应该购买该债券？

解答：根据上述公式得：

$$V = 1000 \times 7\% \times (P/A, 8\%, 5) + 1000 \times (P/F, 8\%, 5)$$
$$= 70 \times 3.9927 + 1000 \times 0.6806 = 960.09（元）> 950（元）$$

由于债券价值大于市价，因此，可以购买该债券，若按市价 950 元购入，可获得大于 8% 的收益。

（二）到期一次还本付息，债券利息按单利计算，按复利方式贴现的债券估价模型

我国有一部分债券属于到期一次还本付息且不计复利的债券，其估价计算公式为：

债券价值 = 债券到期本利和 × 复利现值系数

即：
$$V = \frac{M + M \times i \times n}{(1+K)^n} = (M + M \times i \times n) \times (P/F, K, n) \qquad (6-2)$$

公式中的 i 为债券的票面利率，其他符号含义同前式。

[例 6-2] 某企业拟购买一种到期一次还本付息的债券，该债券面值为 1000 元，期限 3 年，票面利率 6%（单利计息），当时的市场利率为 5%，该债券价格为多少时，企业才能购买？

解答：根据上述公式得：

$$V = (1000 + 1000 \times 6\% \times 3) \times (P/F, 5\%, 3)$$
$$= 1180 \times 0.8638 = 1019.28（元）$$

即该债券价格必须低于 1019.28 元，企业才能购买。

（三）零票面利率债券的估价模型

零票面利率债券也称折现发行的债券或贴现发行债券。这种债券以折现方式发行，也即以低于面值的价格发行，没有票面利率，到期按面值偿还。其估价模型为：

债券价值 = 债券面值 × 复利现值系数

即：
$$V = \frac{M}{(1+K)^n} = M \times (P/F, K, n) \qquad (6-3)$$

公式中的符号含义同前式。

[例 6-3] 某债券面值为 1000 元，期限为 5 年，以折现方式发行，期内不计利息，到期按面值偿还，当时的市场利率为 8%，计算该债券的价值。

解答：根据上述公式得：
$$V = 1000 \times (P/F, 8\%, 5) = 1000 \times 0.6806 = 680.60 （元）$$

该债券的价值为 680.60 元，只有当该债券的市价低于 680.60 元时，企业才能购买。

三、债券投资的收益率

（一）债券投资收益的来源及影响因素

企业进行债券投资的主要目的是为了获得投资收益。债券投资收益包括两方面的内容：一是债券的年利息收入。二是资本损益或资本利得，指债券买入价与卖出价或偿还额之间的差额。当债券卖出价大于买入价时，为资本收益，当卖出价小于买入价时，为资本损失。由于债券买卖价格受市场利率和供求关系等因素影响，资本损益很难在投资前作出准确预测。

衡量债券投资收益水平的尺度为债券投资收益率，即在一定时期内所得收益与投入本金的比率。债券收益一般以年收益率为计算单位。影响债券投资收益率的主要因素有债券的面值、票面利率、期限、持有时间、购买价格和出售价格。在这些因素中，只要有一个因素发生了变化，债券投资收益率也会随之发生变化。

（二）债券投资收益率的计算

债券投资收益率有票面收益率、本期收益率、到期收益率和持有期收益率等多种，这些收益率分别反映投资者在不同买卖价格和持有年限下的不同收益水平。

1. 票面收益率

票面收益率又称名义收益率，是指债券票面利率，即年利息收入与债券面值之比率。投资者如果按面值购入债券持有到期满，则所获得的投资收益率与票面收益率是一致的。

票面收益率只适用于投资者按票面金额买入债券直至期满并按票面金额收回本金的情况，它没有反映债券发行价格与票面金额有可能不一致的情况，也没有考虑投资者中途卖出债券的可能。因此，票面收益率不能全面反映投资者的实际收益。

2. 本期收益率

本期收益率又称直接收益率，指债券的年利息收入与债券买入价格之比率。它和票面收益率一样，也不能全面反映投资者的实际收益，因为它忽略了资本损益，既没有反映投资者买入价格与中途出售的卖出价之间的差额，也没有反映买入价格与期满偿还本金之间的差额。

3. 到期收益率

债券投资的收益水平通常用到期收益率来衡量。下面分别对短期债券和长期债券的到期收益率的计算方法进行介绍。

（1）短期债券投资到期收益率

短期债券投资到期收益率的计算比较简单，因为期限短，所以一般不用考虑资金时间价值因素。各种不同债券到期收益率的具体计算公式列示如下：

① 分期付息、到期还本债券到期收益率的计算公式

$$到期收益率 = \frac{债券年利息 + （债券面值 - 债券买入价）/剩余到期年限}{债券买入价} \times 100\%$$

(6-4)

[**例 6-4**] 某企业于 2005 年 1 月 1 日以 103 元的价格购买了面值为 100 元、票面利率为 6%、每年 1 月 1 日支付利息的 2001 年发行的 5 年期国库券，并持有到 2006 年 1 月 1 日到期。

解答：

$$到期收益率 = \frac{100 \times 6\% + （100 - 103）/1}{103} \times 100\% = 2.91\%$$

② 到期一次还本付息债券到期收益率的计算公式

$$到期收益率 = \frac{[债券面值 \times (1 + 债券票面利率 \times 债券年限) - 债券买入价]/剩余到期年限}{债券买入价} \times 100\%$$

(6-5)

③ 贴现债券到期收益率的计算公式

$$贴现债券到期收益率 = \frac{（债券面值 - 债券买入价）/剩余到期年限}{债券买入价} \times 100\%$$

(6-6)

(2) 长期债券投资到期收益率

长期债券投资到期收益率的计算比较复杂，因为期限较长，所以要考虑资金时间价值因素。考虑资金时间价值的债券投资到期收益率是指使得债券投资的现金流出现值等于现金流入现值的贴现率，实际上相当于第六章所介绍的内部收益率。各种不同形式债券到期收益率的具体计算公式列示如下：

① 分期付息、到期还本债券到期收益率的计算公式

购买价格 = 每期利息 × 年金现值系数 + 债券面值 × 复利现值系数

即：
$$P = I \times (P/A, r, n) + M \times (P/F, r, n) \quad (6-7)$$

式中 P——债券购买价格；

I——每期利息；

M——债券面值；

r——债券投资到期收益率；

n——剩余的付息期数。

② 到期一次还本付息债券到期收益率的计算公式

购买价格 = 到期本利和 × 复利现值系数

即：
$$P = (M + M \times i \times n) \times (P/F, r, n) \quad (6-8)$$

公式中的符号含义同公式（6-7）。

③ 贴现债券到期收益率的计算公式

购买价格 = 债券面值 × 复利现值系数

即： $P = M \times (P/F, r, n)$ (6-9)

公式中的符号含义同公式 (6-7)。

[**例 6-5**] 甲公司于 2001 年 4 月 1 日按面值购买一张债券,该债券面值为 1000 元,票面利率为 8%,每年 4 月 1 日付息一次,于 2006 年 3 月 31 日到期。该公司持有该债券至到期日,计算其到期收益率。

解答：根据上述公式得：

$$1000 = 1000 \times 8\% \times (P/A, r, 5) + 1000 \times (P/F, r, 5)$$

解该方程应当运用"试算法"。

假设用 $r = 8\%$ 试算,则有：

等式右边 = $1000 \times 8\% \times (P/A, 8\%, 5) + 1000 \times (P/F, 8\%, 5)$
= $80 \times 3.9927 + 1000 \times 0.6806$
= 1000 (元)

由此可见,按面值购买的每年付息一次,到期还本的债券,其到期收益率等于票面利率。

[**例 6-6**] 续 [例 6-5],假定甲公司以 960 元的价格购入该债券,则其到期收益率为多少？

解答：根据题意,该债券投资到期收益率可由下式确定：

$$960 = 1000 \times 8\% \times (P/A, r, 5) + 1000 \times (P/F, r, 5)$$

通过 [例 6-5] 的计算可知,当 $r = 8\%$ 时,等式右边为 1000 元,大于 960 元,就此可判断到期收益率必定大于 8%。现提高贴现率进行试算。

先用 $r = 9\%$ 试算：

等式右边 = $1000 \times 8\% \times (P/A, 9\%, 5) + 1000 \times (P/F, 9\%, 5)$
= $80 \times 3.8897 + 1000 \times 0.6499$
= 961.08 (元) > 960 (元)

由于用 $r = 9\%$ 试算的结果仍大于 960 元,说明到期收益率大于 9%,故还应进一步提高贴现率进行试算。

再用 $r = 10\%$ 试算：

等式右边 = $1000 \times 8\% \times (P/A, 10\%, 5) + 1000 \times (P/F, 10\%, 5)$
= $80 \times 3.7908 + 1000 \times 0.6209$
= 924.16 (元) < 960 (元)

从上述试算结果可以判断到期收益率介于 9% ~ 10% 之间,用内插法计算 r：

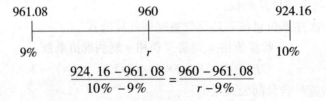

$$\frac{924.16 - 961.08}{10\% - 9\%} = \frac{960 - 961.08}{r - 9\%}$$

$$r = 9\% + \frac{961.08 - 960}{961.08 - 924.16} \times 1\% = 9.03\%$$

从此例可以看出，如果买价和面值不相等，则到期收益率与票面利率不相同。当债券的购买价格低于面值时，到期收益率高于票面利率；反之，当债券的购买价格高于面值时，通过计算可得出到期收益率低于票面利率。

必须指出的是，如果不是定期付息、到期还本债券，而是到期一次还本付息债券，那么即使按面值购入，考虑资金时间价值的到期收益率也可能与票面利率不相同。

[**例6-7**] 某企业于2004年3月10日按面值购买了一张债券，该债券面值1000元，票面利率为6%，按单利计算利息，到期一次还本付息，于5年后的3月9日到期。若该企业持有此债券至到期日，计算其到期收益率。

解答：根据上述公式得：

$$1000 = 1000 \times (1 + 5 \times 6\%) \times (P/F, r, 5)$$
$$(P/F, r, 5) = 0.7692$$

查复利现值系数表，当 $r = 5\%$ 时，$(P/F, 5\%, 5) = 0.7835$
当 $r = 6\%$ 时，$(P/F, 6\%, 5) = 0.7473$

因此，

r 应在 $5\% \sim 6\%$ 之间，可用内插法计算 r：

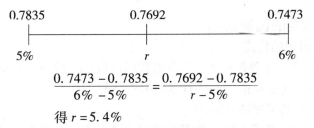

$$\frac{0.7473 - 0.7835}{6\% - 5\%} = \frac{0.7692 - 0.7835}{r - 5\%}$$

得 $r = 5.4\%$

债券投资到期收益率是企业进行债券投资决策的基本依据，它可以反映债券投资按复利计算的真实收益率。如果高于投资人要求的报酬率，则应买进该债券，否则就不应该买。

4. 持有期收益率

持有期收益率和到期收益率相似，是指投资者购入债券后持有一段时间，又在债券到期前将其出售而得到的收益率。包括持有期间的利息收入和资本损益。

（1）短期债券投资持有期收益率

短期债券投资持有期收益率的计算一般不用考虑资金时间价值因素。各种不同债券持有期收益率的具体计算公式列示如下：

① 分期付息、到期还本债券持有期收益率的计算公式

$$持有期收益率 = \frac{债券年利息 + (债券卖出价 - 债券买入价)/持有年限}{债券买入价} \times 100\%$$

(6-10)

[例6-8] A公司于2004年8月1日以95元的价格购买了B公司于2001年发行的面值为100元、票面利率为6%、每年8月1日支付一次利息的10年期公司债券,持有到2005年8月1日,以105元的价格卖出,则:

$$持有期收益率 = \frac{100 \times 6\% + (105-95)/1}{95} \times 100\% = 16.84\%$$

② 到期一次还本付息债券持有期收益率的计算公式

$$持有期收益率 = \frac{(债券卖出价 - 债券买入价)/持有年限}{债券买入价} \times 100\% \quad (6-11)$$

需要说明的是,在中途出售的卖价中包含了持有期的利息收入。

③ 贴现债券持有期收益率的计算公式

$$持有期收益率 = \frac{(债券卖出价 - 债券买入价)/持有年限}{债券买入价} \times 100\% \quad (6-12)$$

对贴现债券的投资者来说,如果持有期收益率高于到期收益率,则中途出售债券更为有利。

(2) 长期债券投资持有期收益率

长期债券投资持有期收益率的计算需要考虑资金时间价值因素,可参照长期债券投资到期收益率的计算公式。只是应将到期时的现金流量换成债券出售时所发生的现金流量。

四、债券投资的优缺点

(一) 债券投资的优点

1. 本金较安全。与股票相比,债券投资风险较小。政府发行的债券,其本金的安全性非常高,而企业债券的持有者则拥有优先求偿权,优先于股东分得企业资产,其本金损失的可能性较小。

2. 收益较稳定。债券票面一般都标有固定利息率,一般高于同期银行储蓄存款利率,债券发行人有按时向投资者支付利息的法定义务。此外,投资者可以在市场进行买卖,获得买卖价差收入。因此,在正常情况下投资于债券都能获得比较稳定的收益。

3. 流动性较好,变现能力较强。许多债券都具有较好的流动性,特别是政府及大企业发行的债券一般都可在金融市场上迅速出售。

(二) 债券投资的缺点

1. 购买力风险较大。债券的面值和利息率在发行时就已确定,如果投资期间的通货膨胀率比较高,则本金和利息的实际购买力会不同程度地受到侵蚀,在通货膨胀率非常高时,投资者虽然名义上有利息收入,但实际上却发生了损失。

2. 没有经营管理权。投资者进行债券投资只能获取一定的利息和买卖价差收入,无权参与债券发行单位的经营管理。

第三节 股票投资

一、股票投资的目的

股票是股份公司发给股东的所有权凭证,是股东据以定期取得股息、红利的一种有价证券。股票持有者即为该公司股东,对该公司的财产享有要求权。按股东所享有的权利和义务,股票分为普通股和优先股。从股票投资者的角度看,股票只是一张有价证券,投资者凭此凭证可以分享股利、转让股票,并期望转让股票的售价高于买价,赚取买卖价差收益。关于股票的其他内容已在前面筹资管理中论述。这里仅从投资者角度讨论股票的有关问题。

企业进行股票投资的目的主要有两种:一是获利,即作为一般的证券投资,获取股利收入及股票买卖差价;二是控股,即通过购买某一企业的大量股票达到控制该企业的目的。

二、股票投资的估价

同债券投资一样,企业进行股票投资也需要对股票的价值进行评估,即必须知道股票内在价值的计算方法。以便将股票的内在价值与股票市价或购买价格进行比较,作为投资参考。

股票作为一种投资,现金流出是其购买价格,现金流入是股利和出售价格。股票未来现金流入的现值,称为股票的价值或股票的内在价值。股票的价值不同于股票的价格,受社会、政治、经济变化和心理等诸多因素的影响,股票的价格往往背离股票的价值。

(一)几种最常见的股票估价模型

1. 短期持有股票,未来准备出售的股票估价模型

一般情况下,投资者投资于股票,不仅希望得到股利收入,更期望在股票价格上涨时出售股票获得买卖价差收益。如果投资者不打算永久地持有该股票,而在一段时间后出售,他的未来现金流入是几次股利和出售时的股价。此时的股票估价模型为:

$$V = \sum_{t=1}^{n} \frac{d_t}{(1+K)^t} + \frac{P_n}{(1+K)^n} \tag{6-13}$$

式中 V——股票的内在价值;

d_t——第 t 期的预期股利;

P_n——未来出售时预计的股票价格;

K——贴现率,一般采用当时的市场利率或投资人要求的必要收益率;

n——预计持有股票的期数。

[**例 6-9**] 某企业购买一上市公司发行的股票,该股票预计今后三年每年每股股利收入为 2 元,3 年后出售可得 16 元,投资者的必要报酬率 10%,则该股票的价值为:

$$V = 2 \times (P/A, 10\%, 3) + 16 \times (P/F, 10\%, 3)$$
$$= 2 \times 2.4869 + 16 \times 0.7513$$
$$= 16.99 \text{（元）}$$

该股票的价值为 16.99 元，若此时股票的市价低于 16.99 元，则该企业可考虑对此股票进行投资。

2. 长期持有、股利稳定不变的股票估价模型

在每年股利稳定不变，投资人持有期限很长的情况下，股票的估价模型可在第一种模型的基础上简化为：

$$V = \frac{d}{K} \tag{6-14}$$

式中：V 为股票价值，d 为每年固定股利，K 为投资人要求的必要收益率。

[例 6-10] 某企业拟购买 A 公司股票并准备长期持有，预计该股票每年股利为 1.50 元，企业要求的必要收益率为 12%。则该股票的价值为：

$$V = \frac{1.50}{12\%} = 12.50 \text{（元）}$$

3. 长期持有、股利固定增长的股票估价模型

如果一个公司的股利不断增长，投资者的投资期限又非常长，则股票的估价就更困难了，只能计算近似值。设上年股利为 d_0，第 1 年股利为 d_1，每年股利比上年增长率为 g，则：

$$V = \frac{d_0 \times (1+g)}{K-g} = \frac{d_1}{K-g} \tag{6-15}$$

[例 6-11] 某企业准备购买 B 公司的股票，该股票上年每股股利为 2 元，预计以后每年以 3% 的增长率增长。企业要求的必要收益率为 12%，问股票价格为多少时可考虑购买？

该股票的内在价值为：

$$V = \frac{2 \times (1+3\%)}{12\% - 3\%} = 22.89 \text{（元）}$$

即 B 公司的股票价格在 22.89 元以下时，该企业可考虑购买。

（二）市盈率分析

前述股票价值的计算方法，在理论上比较健全，根据计算的结果使用起来也较方便，但未来股利的预计很复杂并且要求比较高，一般投资者往往很难办到。有一种粗略衡量股票价值的方法，就是市盈率分析法。

市盈率是股票市价与每股盈利之比，以股价是每股盈利的倍数表示。市盈率可以粗略反映股价的高低，表明投资者愿意用盈利的多少倍的价格来购买这种股票，是市场对该股票的评价。

因为：

$$\text{市盈率} = \frac{\text{每股市价}}{\text{每股盈利}} \tag{6-16}$$

所以： 股票价格 = 该股票市盈率 × 该股票每股盈利 (6-17)

$$股票价值 = 行业平均市盈率 \times 该股票每股盈利 \qquad (6\text{-}18)$$

[**例 6-12**] 某公司股票每股盈利是 2 元，市盈率是 15 元，行业类似股票的平均市盈率是 12，则：

$$股票价格 = 15 \times 2 = 30（元）$$
$$股票价值 = 12 \times 2 = 24（元）$$

三、股票投资的收益率

（一）股票投资收益的来源和影响因素

股票投资收益是指投资者从购入股票开始到出售股票为止整个持有期间的收入，这种收益由股利收入和股票买卖差价两方面组成。股票投资收益主要取决于股份公司的经营业绩和股票市场的价格变化、公司的股利政策及投资者的经验与技巧。

（二）股票投资收益率的计算

1. 短期股票投资收益率

短期股票投资的持有期限较短，可以不考虑资金时间价值，其持有期收益率可按如下公式计算：

$$持有期收益率 = \frac{（出售价格 - 购买价格）/ 持有年限 + 年现金股利}{购买价格} \times 100\%$$

$$(6\text{-}19)$$

[**例 6-13**] 2005 年 3 月 12 日，甲公司购买乙公司每股市价为 9.60 元的股票，2006 年 2 月，甲公司持有的上述股票每股获现金股利 0.50 元，2006 年 3 月 11 日，甲公司将该股票以每股 11.20 元的价格出售。则该股票投资持有期收益率为：

$$持有期收益率 = \frac{(11.20 - 9.60)/1 + 0.50}{9.60} \times 100\% = 21.88\%$$

2. 长期股票投资收益率

长期股票投资收益率的持有期限较长，故应考虑资金时间价值。考虑资金时间价值的股票投资收益率是指使得股票投资的现金流出现值等于现金流入现值的贴现率。股票投资的现金流出是其购买价格，现金流入是每年股利和出售价格。股票投资收益率可按下式计算：

$$P = \sum_{t=1}^{n} \frac{d_t}{(1+i)^t} + \frac{P_n}{(1+i)^n} \qquad (6\text{-}20)$$

式中：P 为股票的购买价格；P_n 为股票的出售价格；d_t 为各年获得的股利；n 为持有期限；i 为股票投资收益率。

[**例 6-14**] 某企业在 2004 年 5 月 16 日投资 630 万元购买某种股票 100 万股，在 2005 年和 2006 年的 5 月 15 日每股各分得现金股利 0.40 元和 0.60 元，并于 2006 年 5 月 15 日以每股 7 元的价格将股票全部出售。试计算该项股票投资的收益率。

根据上述公式得：

$$630 = \frac{40}{(1+i)} + \frac{60+700}{(1+i)^2} = 40 \times (P/F, i, 1) + 760 \times (P/F, i, 2)$$

本题应进行逐步测试,采用插值法来计算股票投资的收益率 i。

当 $i = 12\%$ 时:

$$\begin{aligned}NPV &= 40 \times (P/F, 12\%, 1) + 760 \times (P/F, 12\%, 2) - 630 \\ &= 40 \times 0.8929 + 760 \times 0.7972 - 630 \\ &= 11.59 \text{(万元)} > 0\end{aligned}$$

由于 NPV 大于零,故需进一步提高测试比率。

当 $i = 14\%$ 时:

$$\begin{aligned}NPV &= 40 \times (P/F, 14\%, 1) + 760 \times (P/F, 14\%, 2) - 630 \\ &= 40 \times 0.8772 + 760 \times 0.7695 - 630 \\ &= -10.09 \text{(万元)}\end{aligned}$$

采用插值法计算如下:

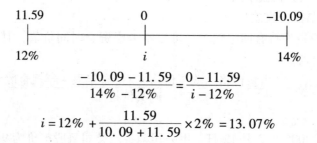

$$\frac{-10.09 - 11.59}{14\% - 12\%} = \frac{0 - 11.59}{i - 12\%}$$

$$i = 12\% + \frac{11.59}{10.09 + 11.59} \times 2\% = 13.07\%$$

四、股票投资的优缺点

(一)股票投资的优点

股票投资是一种较具挑战性的投资,其收益和风险都比较高。股票投资具有以下优点:

1. 能够获得较高的投资收益

股票的价格虽然波动性较大,但从长期看,投资优质公司股票一般都能取得较高的投资收益。

2. 拥有一定的经营管理权

股票是代表所有权的凭证,投资者购买了股票就成为股票发行公司的股东,可以参与公司的经营决策,有选举权和表决权。若要控制一家企业,最好是收购这家企业的股票。

3. 能适当降低购买力风险

在通货膨胀率比较高时,由于物价普遍上涨,股份公司盈利增加,股利的支付率也随之增加,与固定收益证券相比,普通股能有效地降低购买力风险。

(二)股票投资的缺点

1. 股东求偿权居后,股票投资的风险较大

投资者购入股票后,不能要求股份公司偿还本金,只能在证券市场上转让。

股票投资收益的高低主要取决于股票发行公司的经营状况、股票市场行情和整体经济环境的好坏。当公司经营状况较好、盈利能力较强时，则股票价格也会上涨，投资者的收益也会较高；当公司经营状况不佳，整体经济形势不景气，则股票价格就会下跌，投资者就会遭受较大的损失。如果公司破产，股东的求偿权位于债权人之后，因此，股东可能部分甚至全部不能收回投资。可见股票投资的风险较大。

2. 股票投资的收益不稳定

股票投资的收益主要是公司发放的股利和股票转让的价差收益，其稳定性较差。股票股利直接与公司的经营状况相关，公司盈利多，就可能多发放股利，公司盈利少，就可能少发或不发股利。股票转让的价差收益主要取决于股票市场行情、公司的经营状况、盈利能力等，如果这些方面的情况较好，就能使股价上涨，投资者出售股票就可以得到较大的价差收益。反之，股市低迷、股市经营状况不佳，股价就会下跌，出售股票不仅得不到价差收益，反而会遭受损失。

3. 股票价格的波动大

股票价格受多种因素影响，波动性较大。政治因素、经济因素、投资者心理因素、企业的盈利能力、风险情况，都会影响股票价格，自从有股市以来，股价暴涨暴跌的例子屡见不鲜。这一特点决定了股票市场具有较大的投机性，投资者既可以在股票市场上赚取高额利润，也可能会损失惨重，甚至血本无归。

第四节　证券投资组合

一、证券投资组合的目的

证券投资组合是指投资者不是将全部资金投向单一的某种证券上，而是有选择地投向多种证券。这种同时投资于多种证券的做法叫证券的投资组合，简称为证券组合或投资组合。证券投资组合对回避和分散风险具有重要意义。银行、保险公司、各类基金公司和其他金融机构一般都将其投资分散，组成有效的投资组合，起到避免风险的作用。即使企业或个人投资者一般也采用投资组合方式。证券投资组合理论给人们的启迪是：

第一，不同证券的投资组合，其风险可以相互抵减，甚至完全消除，而期望收益率则不会相互抵消。

第二，通过制定不同的投资组合，可以达到：风险一定，收益率尽可能大；或收益率一定，风险尽可能小。

第三，"不要把所有的鸡蛋放在一个篮子里"，组合投资始终是理智的选择。

投资者进行证券的组合投资，可以有效地回避和分散非系统风险，从而达到提高投资效益，分散和弱化投资风险的目的。

采取投资组合方式进行投资决策，必然会遇到投资组合的风险及如何计算投资组合的收益率问题，因此，必须研究投资组合的风险和收益率。

二、证券投资组合的风险与收益率
（一）证券投资组合的风险
证券投资组合的风险由非系统性风险和系统性风险两部分组成。

1. 非系统性风险

非系统性风险又叫可分散风险或公司特有风险，是指发生在个别公司的特有事件造成的风险，也即指某些因素对单个证券造成经济损失的可能性。这种风险可通过证券持有的多样化来分散。风险分散理论认为：若干种股票组成的投资组合，其收益是这些股票收益的加权平均数，但其风险可通过投资组合得到降低，当股票种类足够多时，几乎可以将所有的非系统性风险分散掉。

2. 系统性风险

系统性风险又叫不可分散风险或市场风险，是指由那些对所有的公司产生影响的因素引起的风险，也即指由于某些因素给市场上所有的证券都带来经济损失的可能性。这种风险不能通过证券组合分散掉。但这种风险对不同的企业也有不同的影响。

系统性风险的程度，通常用 β 系数来计量。β 系数是反映个别证券的收益率与市场上全部证券的平均收益率之间变动关系的量化指标，其计算公式为：

$$\beta = \frac{某种证券的风险收益率}{市场组合的风险收益率} \tag{6-21}$$

当整个股市变动时，每种股票的反映不一样，有的发生较为剧烈变动，有的只发生较小的变动。β 系数就是用于衡量个别证券收益率对于证券市场组合收益率变化的敏感性，它可以衡量出个别股票的市场风险。β 系数可以是正值也可以是负值。一般将整个证券市场的 β 系数定为1，当某种股票的 $\beta=1$ 时，表示该股票的收益率与证券市场平均收益率呈相同比例的变化，其风险与整个证券市场组合的风险一致；当某种股票的 $\beta>1$ 时，说明其风险大于整个证券市场组合的风险，若 A 股票的 $\beta=2$，就说明 A 股票的风险程度是市场所有股票平均风险的2倍，如果市场平均收益率上涨1%，则 A 股票的收益率上升2%；当某种股票的 $\beta<1$ 时，说明其风险小于整个证券市场组合的风险。

β 系数有多种计算方法，实际计算过程十分复杂，一般由投资服务机构定期计算并公布。

以上说明了单项股票 β 系数的有关情况，对于证券投资组合来说，其系统性风险程度也可以用 β 系数来衡量。证券投资组合的 β 系数是单项证券 β 系数的加权平均数，权数为各种证券在证券组合中所占的比重。其计算公式为：

$$\beta_P = \sum_{i=1}^{n} X_i \beta_i \tag{6-22}$$

式中 β_P——证券组合的 β 系数;

X_i——在证券组合中第 i 种证券所占的比重;

β_i——第 i 种证券的 β 系数。

[例 6-15] 某证券组合由 A、B、C 三种股票组成,三种股票在证券组合中所占的比重分别为 30%、50% 和 20%,它们的 β 系数分别为 2.2、1.0、0.6。则该证券组合的 β 系数为:

$$\beta_P = 30\% \times 2.2 + 50\% \times 1.0 + 20\% \times 0.6 = 1.28$$

(二)证券投资组合的风险与收益率的关系

在进行证券组合方式进行投资决策时,会面临证券组合的风险与收益率之间的关系问题。投资者进行证券组合投资与进行单项投资一样,都要求对承担的风险进行补偿,风险越大,要求的收益率也越高。在西方金融学和财务管理中,有许多论述风险和收益率的关系,其中一个最重要的模型为资本资产定价模型。这一模型的表达式是:

$$K_i = R_F + \beta_i \times (K_m - R_F) \tag{6-23}$$

式中 K_i——第 i 种股票或第 i 种证券组合的必要收益率或期望收益率;

R_F——无风险收益率;

β_i——第 i 种股票或第 i 种证券组合的 β 系数;

K_m——所有股票的平均收益率。

资本资产定价模型揭示了证券投资的期望收益率与所承担的系统风险 β 系数之间的关系,这一模型经过许多学者的验证,其结果也表明了证券收益率与 β 系数之间确实存在着线性关系。在这一模型中,证券投资的必要收益率就是无风险收益率加上证券投资的风险收益率。

根据资本资产定价模型的表达式,可以推导出证券组合的风险收益率的计算公式,即:

$$R_P = \beta_P \times (K_m - R_F)$$

式中 R_P——证券组合的风险收益率,其余符号同公式 (6-22) 和公式 (6-23)。

从公式中看出,证券组合的风险收益率受到市场平均收益率、无风险收益率和证券组合的 β 系数三个因素的影响。在其他因素不变的情况下,风险收益率与证券组合的 β 系数成正比,β 系数越大,风险收益率就越大;反之,亦然。

[例 6-16] 甲公司股票的 β 系数为 1.5,无风险收益率为 6%,市场上所有股票的平均收益率为 12%,则甲公司股票的必要收益率为:

$$K_i = R_F + \beta_i \times (K_m - R_F) = 6\% + 1.5 \times (12\% - 6\%) = 15\%$$

也就是说,甲公司股票的收益率高于 15% 时,投资者才愿意投资;若低于 15%,投资者就不会购买甲公司股票。

[例 6-17] 某公司持有由 A、B、C 三种股票组成的证券组合,三种股票在证券组合中的比重分别为 50%、30%、20%,它们的 β 系数分别为 2.3、1.1、0.5。市场上所有股票的平均收益率为 12%,无风险收益率为 7%。试计算该证券组合的风险收益率及必要收益率。

(1) 确定该证券组合的 β 系数

$$\beta_P = \sum_{i=1}^{n} X_i \beta_i = 50\% \times 2.3 + 30\% \times 1.1 + 20\% \times 0.5 = 1.58$$

(2) 计算证券组合的风险收益率

$$R_P = \beta_P \times (K_m - R_F) = 1.58 \times (12\% - 7\%) = 7.90\%$$

(3) 计算必要收益率

$$K_i = R_F + R_P = 7\% + 7.90\% = 14.90\%$$

[例 6-18] 续例 6-17，公司为降低风险，售出部分 A 股票，买进部分 C 股票，使 A、B、C 三种股票在证券组合中的比重分别为 20%、30%、50%，试计算此时的风险收益率及必要收益率。

(1) 确定证券组合的 β 系数

$$\beta_P = \sum_{i=1}^{n} X_i \beta_i = 20\% \times 2.3 + 30\% \times 1.1 + 50\% \times 0.5 = 1.04$$

(2) 计算证券组合的风险收益率

$$R_P = \beta_P \times (K_m - R_F) = 1.04 \times (12\% - 7\%) = 5.20\%$$

(3) 计算必要收益率

$$K_i = R_F + R_P = 7\% + 5.20\% = 12.20\%$$

通过以上的计算可以看出，调整各种证券在证券组合中的比重可改变证券组合的风险程度和风险收益率。

资本资产定价模型可用图来表示，资本资产定价模型的图示形式称为证券市场线（简称 SML）。它说明了证券投资的必要收益率与系统风险程度 β 系数之间的关系。以［例 6-16］的数据为资料绘制的证券市场线如图 6-1 所示。

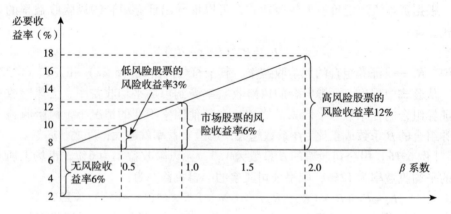

图 6-1　证券收益率与 β 系数的关系

从图 6-1 可以看出，无风险收益率为 6%，β 系数不同的股票有不同的风险收益率，当 $\beta = 0.5$ 时，风险收益率为 3%；当 $\beta = 1$ 时，风险收益率为 6%；当 $\beta = 2$ 时，风险收益率为 12%。也就是说，β 值越高，要求的风险收益率也越高。

复习思考题

1. 某企业于 2003 年 4 月 20 日以 92 元的价格购买了甲公司于 2001 年发行的面值为 100 元、票面利率为 5%、每年 4 月 20 日支付一次利息的 7 年期公司债券,持有到 2006 年 4 月 20 日,以 107 元的价格卖出。试计算该企业债券投资的收益率。

2. 某公司于 2004 年 4 月 6 日考虑购买一张面值为 10000 元的债券,其票面利率为 6%,每年 4 月 6 日付息一次,5 年后到期一次还本。若购买当时的市场利率为 5%,该债券市价为 10100 元。

要求:

(1) 计算该债券价值,并作出是否应该购买该债券的决策。

(2) 若该公司以 10100 元购入该债券持有到期,计算购买债券的到期收益率。

3. A 债券于 2005 年 1 月 1 日发行,期限 5 年,面值 1000 元,票面利率 8%,每年末付息,3 年后还本。发行时的市场利率为 9%,某人按发行价格购入该债券,于 1 年后按债券价值的价格卖出。1 年后的市场利率仍为 9%。要求:计算此人债券投资的收益率。

4. 某公司拟购买一种股利固定增长的普通股并准备长期持有,该股票上年每股股利为 1.6 元,预计以后每年以 4% 的增长率增长。企业要求的预期收益率为 12%。要求:计算该股票的价值。

5. 某投资者拟投资 A 股票,已知 A 股票上年每股股利为 0.8 元,预计以后每年以 5% 的增长率增长,A 股票现行市价为 16.20 元。国库券的利率为 6%,市场上股票的平均收益率为 10%,A 股票的 β 系数为 1.2。问该投资者是否应以市价购入 A 股票?

6. 某企业准备进行一项股票投资,预计 2 年后出售可得 6000 元,该项股票投资 2 年中每年可取得股利收入 260 元。该企业要求的预期报酬率为 12%,若该项股票购入价格总计为 4800 元,问该项股票是否值得投资?

7. 某企业在 2003 年 4 月 12 日投资 520 万元购买某种股票 100 万股,在 2004 年、2005 年和 2006 年的 4 月 11 日每股各分得现金红利 0.4 元、0.7 元和 0.8 元,并于 2006 年 4 月 11 日以每股 6.2 元的价格将股票全部出售。试计算该项股票投资的收益率。

8. 某公司持有由 A、B、C 三种股票组成的证券组合,三种股票在证券组合中的比重分别为 40%、50%、10%,它们的 β 系数分别为 1.6、0.8、2.2。市场上所有股票的平均收益率为 15%,无风险收益率为 9%。要求:计算该证券组合的风险收益率和必要收益率。

第七章

流动资产管理

第一节 流动资产管理概述

一、流动资产的概念和内容

流动资产是指可以在一年以内或者超过一年的一个营业周期内变现或耗用的资产,主要包括现金、短期投资、应收及预付款项、存货等。

二、流动资产的特点

(一)流动性和变现能力强

流动资产在循环过程中,经过供、产、销三个阶段,其占用形态不断变化,按现金→材料→在产品→应收账款→现金的顺序转化。这种转化循环往复、周转不息。由于流动资产的流动性强,因而其变现能力也强,若遇意外情况,可较快地变卖流动资产,以获取现金。这对财务上应付临时性资金需求具有重要意义。

(二)周转期短

占用在流动资产上的资金一般可以在一年或一个营业周期内收回,对企业影响的时间比较短,相对于固定资产来说,其周转期较短、周转速度较快。因此,流动资产所需的资金一般可通过商业信用、短期借款等加以解决。

(三)占用形态的并存性和继起性

在流动资产的周转过程中,资金流入与资金流出不断进行,流动资产的各种形态并列存在于生产经营过程的不同阶段上;同时还具有时间上的继起性,即流动资产的各种形态不断地依次从一个阶段过渡到另一个阶段。流动资产各种形态既同时并存又不断继起，从而保证企业生产经营的不间断进行。因此，企业应合理配置流动资产各项目的比例，以保证流动资产得以顺利周转。

（四）占用数量的波动性

流动资产占用的资金并非一个常数。随着供、产、销和其他因素的变化，其资金占用数量时高时低，起伏不定，季节性生产企业表现得尤为突出。因此，企业在筹集和分配资金时要有一定的机动性和灵活性。

（五）具有增值性

流动资产周而复始的循环和周转并不是数量上的简单重复的运动，而是每经过一次周转就会使投入的资产增值。在一定时期内流动资产周转速度越快，增值的机会也越多。因此，企业必须管好、用好流动资产，尽量减少和避免流动资金积压浪费，加速流动资产的周转，提高流动资产的利用效果。

第二节　现金管理

现金是流动资产的重要组成部分，是流动性最强的资产。这里的现金是一个广义的概念，它包括库存现金、银行存款和其他货币资金。

现金可用来满足生产经营开支的各种需要，也是还本付息和履行纳税义务的保证。拥有足够的现金对降低企业风险，增强企业资金的流动性具有重要意义。但由于现金是非收益性的资产，持有量过多，企业持有现金的机会成本就增大，资产的获利能力就降低。因此，企业必须合理确定现金持有量，在现金的流动性与收益性之间作出合理选择，提高资产的获利能力。

一、持有现金的动机和成本

（一）持有现金的动机

企业持有一定数量的现金，主要出于交易的动机、预防的动机和投机的动机。

1. 交易动机

交易动机是指企业为了应付日常经营的交易活动需要而持有现金。这些交易包括：购买原材料、支付工资、缴纳税款、偿还债务、派发现金股利等。日常交易活动中，企业现金支出频繁、金额也较大，这是企业持有现金的主要动机。

2. 预防动机

预防动机是指持有现金以防意外的支付。由于市场情况的多变和其他各种不测因素的存在，企业的现金收支具有不确定性，现金收支预测也不可能非常准确，如自然灾害、生产事故、主要顾客未及时付款等，都会打乱现金收支预算。一旦企业对未来现金收支的预测与实际情况发生偏离，必然会对企业的正常经营活动产生不利的影响。因此，企业在正常业务活动现金需要量的基础上需要追加一定数量的现金持有量以应付未来现金收支的意外波动。企业为预防意外情况所持有的现金数量主要取决于以下三个方面：一是企业愿意承担风险的程度；二是企业临时举债能力的强弱；三是企业对现金收支预测的准确程度。

3. 投机动机

企业为了抓住各种瞬息即逝的市场机会，获取较大利益而需要持有一定量的现金。如利用证券市价大幅度下跌购入有价证券，以期在价格上涨时卖出证券获取高额买卖价差收入等。投机活动只是企业确定现金持有量时需要考虑的次要因素。一般企业专为投机性需要而特别置存现金的不多，遇有不寻常的购买或投资机会，也常设法通过临时筹措资金来达到其投机目的。

企业在确定现金持有量时，一般应综合考虑各方面的持有动机。由于各种动机所需的现金可以调节使用，企业持有的现金总额并不等于各种动机所需现金的简单相加，前者通常小于后者。另外，各种动机所需保持的现金，并不要求必须是货币形态，也可以是能够随时变现的有价证券和其他各种存在形态。

（二）持有现金的成本

企业持有现金的成本通常有以下四个部分组成：

1. 机会成本

机会成本是指企业因持有现金而丧失的再投资收益，与现金持有量成正比例变动关系，用公式表示如下：

$$机会成本 = 现金持有量 \times 有价证券利率（或资金成本率、机会成本率、报酬率） \quad (7-1)$$

假定某企业的资金成本率为10%，年均持有100万元的现金，则该企业每年持有现金的机会成本为10万元（100×10%）。现金持有量越大，机会成本越高。企业基于交易、预防、投机等动机的需要，需要持有一定的现金，但现金持有量过多，机会成本会大幅度上升，就不合算了。

2. 管理成本

企业拥有现金，会发生管理费用，如管理人员工资、安全措施费等。这些费用就是现金的管理成本。管理成本是一种固定成本，与现金持有量的大小无明显的比例关系。

3. 转换成本

转换成本是指企业用现金购入有价证券以及转让有价证券换取现金时付出的交易费用，即现金与有价证券之间相互转换的成本，如委托买卖佣金、委托手续费、证券过户费、交割手续费等。

4. 短缺成本

现金的短缺成本是指企业因缺乏必要的现金，不能应付业务开支所需，而使企业蒙受的损失或为此付出的代价。如因现金短缺丧失购买机会造成停工损失、拖欠货款、造成信用损失等。其中失去信用而造成的损失难以准确计量，但其影响往往较大，甚至导致供货方拒绝或拖延供货，债权人要求清算等。现金的短缺成本随现金持有量的增加而下降，随现金持有量的减少而上升。

二、现金管理的内容

现金管理的基本目标是在保证企业生产经营所需现金的同时,节约使用资金,并从暂时闲置的现金中获取最大的投资收益。现金结余过多,会降低企业的收益;但现金太少,又可能会出现现金短缺,影响正常生产经营活动。现金管理应力求做到既保证企业交易所需资金,又不使企业有过多的闲置现金,以提高资金的收益率。

为了实现现金管理的基本目标,企业各职能部门应积极探索现金管理的途径和方法,加强对现金的管理。现金管理的主要内容包括:

1. 编制现金收支预算,合理估计未来的现金需求。
2. 用特定的方法确定最佳的现金持有量。
3. 对日常的现金收支进行控制。

三、现金收支预算

现金收支预算是对企业某个时期的现金收入与支出所作的安排与平衡。通过该预算能使企业预计未来一定时期的现金收支状况,确定收支差异,并作出相应的安排,防止现金结余或不足给企业带来的不利影响。现金收支预算主要包括以下四个部分:

(一) 现金收入

现金收入包括营业现金收入和其他现金收入两部分。营业现金收入主要包括现销的销售收入和赊销的应收账款的收回。其他现金收入包括租金收入、股利收入、营业外收入等。

(二) 现金支出

现金支出包括营业现金支出和其他现金支出。营业现金支出主要有材料采购支出、工资支出以及付现性的管理费用、销售费用、财务费用等。其他现金支出主要有固定资产投资支出、有价证券购买支出、税费支出、偿还债务本息支出、股利支出等。

(三) 期末现金余额

期末现金余额是指预算期内现金收入与现金支出之间的差额加上期初现金余额,其计算公式为:

$$期末现金余额 = 期初现金余额 + 现金收入 - 现金支出 \quad (7\text{-}2)$$

(四) 现金余缺

现金余缺是指预算期期末现金余额与最佳现金余额相比后的差额。如果期末现金余额大于最佳现金余额,则说明现金有多余,应设法进行投资或归还债务;如果期末现金余额小于最佳现金余额,则说明现金短缺,应进行筹资予以补足。期末现金余缺额的计算公式为:

$$\begin{aligned}现金余缺 &= 期末现金余额 - 最佳现金余额 \\ &= (期初现金余额 + 现金收入 - 现金支出) - 最佳现金余额\end{aligned}$$

$$(7\text{-}3)$$

四、最佳现金持有量的确定

从持有现金的动机及现金收支预算中可知,大多数企业都要保持一个最佳的现金余额。为此,企业应该确定最佳现金持有量。从理论上讲,最佳现金持有量是既能保证企业交易所需现金,又能使企业在现金存量上的机会成本最低的持有量。最佳现金持有量的确定方法较多,现介绍几种常用的方法。

(一) 成本分析模式

成本分析模式是指通过分析持有现金的成本,寻求持有现金总成本最低的现金持有量的一种方法。在成本分析模式中,现金的持有成本通常包括机会成本、管理成本、短缺成本三部分。这三种成本之和最小的现金持有量,就是最佳现金持有量。如果把三种成本线放在一个图上(见图7-1),就能反映出持有现金的总成本,并可找出最佳现金持有量。在图7-1中,由于机会成本线向右上方倾斜,管理成本线为平行于横轴的平行线,使得总成本线呈抛物线型,抛物线的最低点即为总成本最低点,该点所对应的现金持有量便是最佳现金持有量。

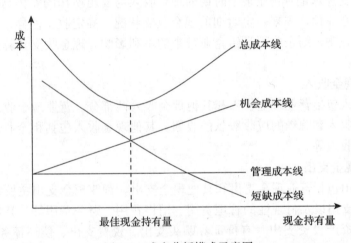

图7-1 成本分析模式示意图

实际工作中运用成本分析模式计算最佳现金持有量的步骤为:先分别计算出各种方案的机会成本、管理成本、短缺成本之和,再从中选出总成本之和最低的现金持有量,该持有量即为最佳现金持有量。

[例7-1] 某企业有甲、乙、丙、丁四种现金持有方案,有关成本资料见表7-1。

四种现金持有方案(单位:元) 表7-1

方案 项目	甲	乙	丙	丁
现金持有量	40000	60000	80000	100000
机会成本率	10%	10%	10%	10%

续表

项目 \ 方案	甲	乙	丙	丁
管理成本	2000	2000	2000	2000
短缺成本	5500	2300	800	0

根据表 7-1，可计算出四种持有方案的总成本，见表 7-2。

（单位：元）　　　　　　　　　　　　　　表 7-2

项目 \ 方案	甲	乙	丙	丁
机会成本	4000	6000	8000	10000
管理成本	2000	2000	2000	2000
短缺成本	5500	2300	800	0
总成本	11500	10300	10800	12000

通过比较上表中各方案的总成本可知，乙方案的总成本最低，因此，该企业的最佳现金持有量应为 60000 元。

成本分析模式的使用范围较广，尤其适用于现金收支波动较大的企业；其缺点是企业持有现金的短缺成本较难预测。

（二）存货模式

存货模式又称鲍莫模式，美国经济学家威廉·鲍莫最先注意到现金持有量与存货有许多相似之处，因此，存货经济批量模型可用于现金持有量的确定中，这就是存货模式（鲍莫模式）的由来。

存货模式的着眼点也是现金相关总成本最低。在这些成本中，管理成本因其相对固定，同现金持有量的多少关系不大，因此，在存货模式中将其视为决策无关成本而不予考虑。由于现金是否会发生短缺，短缺多少、概率多大以及可能的损失如何，都存在很大的不确定性和无法计量性。因而，在存货模式中对短缺成本也不予考虑。在存货模式中，只对机会成本和转换成本予以考虑。

机会成本、转换成本与现金持有量的关系是：在现金需要总量既定的前提下，现金持有量越多，持有现金的机会成本就越大，但证券变现次数减少了，转换成本也就越小；反之，现金持有量越小，持有现金的机会成本就越小，但证券变现次数增加了，转换成本也就越大。因此，最佳现金持有量就是能使现金的机会成本和转换成本之和最低的现金持有量。现金管理总成本、机会成本、转换成本与现金持有量的关系如图 7-2 所示。

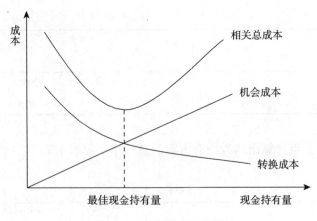

图 7-2 存货模式示意图

运用存货模式确定最佳现金持有量时，是以下列假设为前提的：①企业所需要的现金可通过证券变现取得，且证券变现的不确定性很小；②企业预算期内现金需要总量可以预测；③现金的支出过程比较稳定、波动不大，而且每当现金余额降至零时，均可通过部分证券变现得以补足；④证券的利率或报酬率以及每次交易的固定性费用可以获悉。如果这些条件基本得到满足，企业便可以利用存货模式来确定最佳现金持有量。

设 TC 为现金管理相关总成本；Q 为最佳现金持有量；K 为有价证券的利息率；T 为一个周期内现金总需求量；F 为每次转换有价证券的固定费用；$\frac{Q}{2}$ 为平均现金持有量；$\frac{T}{Q}$ 为现金与有价证券间的转换次数。则有：

现金管理总成本 = 持有现金机会成本 + 转换成本

即

$$TC = \frac{Q}{2} \times K + \frac{T}{Q} \times F \tag{7-4}$$

对上式求导，可得出使 TC 为最小的最佳现金持有量 Q 的数值，即：

$$Q = \sqrt{\frac{2TF}{K}} \tag{7-5}$$

在现金持有量为 Q 时，将 Q 代入现金管理总成本公式中，可得出：

最低现金管理总成本 $TC = \sqrt{2TFK}$ (7-6)

[例 7-2] 某企业现金收支状况比较稳定，预计全年（按 360 天计算）需要现金 50 万元，现金与有价证券的转换成本为每次 200 元，有价证券的年利率为 8%。试运用存货模式求：(1) 最佳现金持有量；(2) 现金管理总成本；(3) 转换成本和持有现金机会成本；(4) 有价证券转换次数；(5) 有价证券转换间隔期。

(1) 最佳现金持有量 $Q = \sqrt{\dfrac{2TF}{K}} = \sqrt{\dfrac{2 \times 500000 \times 200}{8\%}} = 50000$（元）

(2) 现金管理总成本 $TC = \sqrt{2TFK} = \sqrt{2 \times 500000 \times 200 \times 8\%} = 4000$（元）

（3）转换成本 $= \dfrac{T}{Q} \times F = \dfrac{500000}{50000} \times 200 = 2000$（元）

持有现金机会成本 $= \dfrac{Q}{2} \times K = \dfrac{50000}{2} \times 8\% = 2000$（元）

（4）有价证券转换次数 $= \dfrac{T}{Q} = \dfrac{500000}{50000} = 10$（次）

（5）有价证券转换间隔期 $= 360 \div 10 = 36$（天）

存货模式比较简便，但并非十分精确，可为管理部门提供判断现金持有量的一个标准。

（三）现金周转模式

现金周转模式是根据一定时期内现金需求总额、现金周转时间来确定最佳现金持有量的方法。利用这一模式确定最佳现金持有量，包括以下两个步骤：

1. 确定现金周转期

现金周转期是指企业从购买原材料支付现金起到销售商品收回现金所需的时间。其计算公式为：

$$\text{现金周转期} = \text{存货周转期} + \text{应收账款周转期} - \text{应付账款周转期} \quad (7\text{-}7)$$

存货周转期是指将原材料转化为产成品并出售所需要的时间；应收账款周转期是指将应收账款转换为现金所需要的时间，即从产品销售到收回现金的期间；应付账款周转期是指从收到尚未付款的材料开始到现金支出之间所用的时间。存货周转期、应收账款周转期、应付账款周转期与现金周转期之间的关系可用图7-3加以说明。

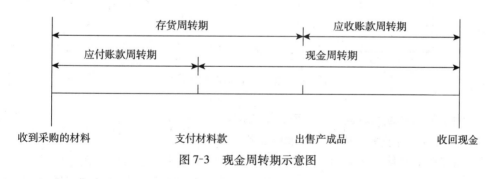

图7-3 现金周转期示意图

2. 计算最佳现金持有量

现金周转期确定后，便可计算最佳现金持有量。其计算公式如下：

$$\text{最佳现金持有量} = \dfrac{\text{企业年现金需求总额}}{360} \times \text{现金周转期} \quad (7\text{-}8)$$

[例7-3] 某企业预计全年需要现金990万元，预计存货周转期为70天，应收账款周转期50天，应付账款周转期为40天，求最佳现金持有量。

现金周转期 $= 70 + 50 - 40 = 80$（天）

最佳现金持有量 $= \dfrac{990}{360} \times 80 = 220$（万元）

也就是说，如果年初企业持有220万元，那么，该笔现金能满足企业日常交易的资金需要。

现金周转模式简单明了，易于计算。但是这种模式是基于以下假设：(1)企业的生产经营过程在一年中持续稳定地进行，即企业的现金需求量不存在不确定的因素；(2)材料采购与产品销售产生的现金流量在数量上一致。如果以上假设条件不存在，则求得的最佳现金持有量将与实际情况不相符。

五、现金收支的日常管理

在现金管理中，企业除合理编制现金收支预算和确定最佳现金持有量外，还应加强现金收支的日常管理，提高现金的使用效率。现金收支的日常管理主要有以下几个方面：

（一）加速现金回收

为了加速现金回收，企业应尽量加速应收账款的收回。一般来说，企业账款的收回需要经过四个时点，即客户开出付款票据、企业收到票据、票据交存银行和企业收到现金。企业账款回收的时间包括票据邮寄时间、票据在企业停留时间及票据结算时间。这个过程如图7-4所示。

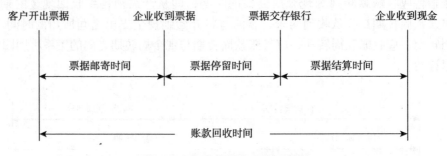

图7-4　企业账款回收时间示意图

为了加速账款的收回，可采取以下措施：

1. 采用银行业务集中系统来加快收款

该措施的具体做法是通过设立多个收款中心来加速现金回收。在这种方法下，企业指定一个主要开户行（通常是总部所在地）为集中银行，并在收款额较集中的地区设立收款中心，企业预先通知该地区客户将货款直接寄往该中心，中心在收到票据后立即存入当地银行，当地银行通过票据交换后，将款项转给企业总部所在地的集中银行。这种方法可以缩短客户邮寄票据所需要时间和票据托收所需时间，也就缩短了现金从客户到企业的周转时间。但是，采用这种方法需要设立多个收款中心，从而增加了相应的费用支出。因此，企业应在权衡利弊得失的基础上作出是否采用银行业务集中系统的决策。

2. 采用邮政信箱法

邮政信箱法又称锁箱法。其具体做法是：企业在各主要城市租用邮局的加锁信箱，并要求客户在收到发票后即开具结算的票据。同时将票据送到企业指定的加锁信箱中。企业授权当地银行每日开启信箱取出票据，然后将货款存入企业在该银行的账户中，由银行将收款情况通知企业，并将这些资金划转入企业主要开户银行。锁箱法可以缩短票据邮寄时间以及在企业停留的时间。但采用这种方法成本较高，因为被授权开启邮政信箱的当地银行要收取一定的费用，导致现金管理成本增加。因此，是否采用邮政信箱法，需视提前回笼现金产生的收益与增加的成本的大小而定。

3. 派专人收款

对于那些比较分散并且金额较大的货款，企业可派专人将大额票据收回并送存银行，以加速收款。

（二）控制现金支付

控制现金支付是在不影响企业信用的前提下，采取延缓现金支出时间的一种现金管理策略，其主要措施有：

1. 合理利用现金浮游量

所谓现金浮游量是指企业账户上的存款余额与银行账户上的存款余额之间的差额，有时，企业账户上的存款余额已为零或负数，而银行账上的该企业的存款余额还有不少，这是因为有些支票企业虽已开出，但客户还没有到银行兑现，银行尚未付款出账。如果能正确预测浮游量并加以利用，可节约大量现金。

2. 采用适当的付款方式

在有条件的情况下，尽量采用能够延缓现金实际支出时间的付款方式。比如采取赊购、期票付款、商业票据付款等。

3. 推迟应付款的支付

企业可在不影响信誉的情况下，尽可能推迟应付款的支付期。

（三）进行现金收支的综合管理

1. 力争现金流入与现金流出同步

如果企业能尽量使它的现金流入与现金流出发生的时间趋于一致，就可以使其所持有的交易性现金余额降到最低水平。这就是所谓的现金流量同步。为此，企业可以合理安排付出现金的时间，有效地组织销售等活动以收入现金。力争使现金流入与现金流出趋于一致。

2. 实行现金收支的职责分工与内部牵制制度

在现金管理中，实行钱账分管，也就是要实行管钱的不管账，管账的不管钱，使出纳人员和会计人员相互牵制，互相监督。每一笔现金收支业务都由两个以上的人员分工负责，相互制约。出纳人员调换时，必须办理交接手续，做到职责清楚。

3. 严格现金收支手续

收支现金必须有凭有据，收支双方必须当面点清，并经过必要的复核。

4. 及时结清现金

库存现金的收支应做到日清月结，确保库存现金的账面余额与实际库存额相等，银行存款账面余额与银行对账单余额相符，现金、银行存款日记账数额分别与总账现金、银行存款数额相符。

5. 按国家规定的库存现金的使用范围使用库存现金

国务院1988年颁发的《现金管理暂行条例》及其实施细则中，对现金管理作了具体的规定，内容包括：职工工资、津贴；个人劳务报酬；差旅费；估算起点以下的零星支出款。

6. 做好银行存款的管理

企业超过库存现金限额的现金，应存入银行，由银行统一管理。企业应定期对银行存款进行清查，保证银行存款的安全完整；当存款结余过多，一定时期内又不准备使用时，企业可将部分款项转入定期存款，以获取较多的利息收入；要与银行保持良好的关系，使企业的借款、还款、存款、转账结算能顺利进行。

7. 做好闲置现金的投资管理

当企业有较多闲置不用的现金时，可投资于国库券、大额定期可转让存单、企业债券、企业股票等，以获取较多的利息收入或买卖价差收入，而当企业现金短缺时，再出售各种证券换取现金。这样，既能取得较多的投资收益，又能增强企业资产的变现能力，因此，企业将闲置现金用于证券投资，可以调节企业的现金余额，如果管理得当，可为企业增加较为可观的投资收益。

第三节 应收账款管理

一、应收账款的作用与成本

（一）应收账款的作用

应收账款是企业在销售产品、提供劳务过程中应向购货或接受劳务单位收取的款项，在流动资产中占有相当大的比重。随着市场经济的发展，商业信用的使用越来越多，企业应收账款数额也明显增加，应收账款管理已成为流动资产管理中的一项日益重要的内容。应收账款在生产经营中的主要作用有两项：

1. 促进销售

企业销售产品可以采用现销方式与赊销方式。现销方式既能避免呆坏账损失，又能及时收回货款，因而是企业期望的一种销售结算方式。但由于激烈的商业竞争，企业完全采用现销方式往往是不现实的。竞争机制的作用迫使企业以各种手段扩大销售。除了依靠产品质量、价格、售后服务、广告等外，赊销也是一种重要的促销手段。实行赊销的产品销售额将大于企业采用现销的产品销售额，这是因为顾客将从赊销中得到好处。因此，赊销对于企业扩大销售、开拓并占领市场具有重要意义。在企业产品销售不畅、市场萎缩、竞争不力的情况下，或者在企业推销新产品、开拓新市场时，适时地采取各种有效的赊销方式，就显得尤为必要。

2. 减少存货

如果企业产品销售不畅,就会使企业的存货增加,存货的管理费、仓储费和保险费也会相应增加,这将增加企业的成本支出。而赊销可以加速产品的实现,加快产成品向销售收入的转化速度,这有利于缩短存货的库存时间,加速存货周转,降低存货的管理费用等支出。因此,企业可以在销售淡季或产成品存货较多的时候,采用较为优惠的信用条件进行赊销,尽快把存货转化为应收账款,以减少产成品存货,节约各项存货支出。

(二) 应收账款的成本

企业在采取赊销方式促进销售的同时,会因持有应收账款而付出一定的代价,这种代价即为应收账款的成本。其内容包括:

1. 机会成本

应收账款的机会成本是指企业的资金因投放在应收账款上而丧失的其他收益,如投资于有价证券便会有利息收入。企业如果没有应收账款,就意味着钱货两清,在销售产品的同时即收回全部货款,这样,企业就可将收回的资金投放到其他方面,以获取收益。但是,由于应收账款的存在,企业就无法这样做,也就等于失去了其他投资机会可能带来的收益。这种失去的收益就是应收账款的机会成本。应收账款机会成本的大小通常与企业维持赊销业务所需要的资金数量、资金成本率有关。其计算公式为:

$$应收账款机会成本 = 维持赊销业务所需要的资金 \times 资金成本率 \quad (7\text{-}9)$$

式中的资金成本率一般可按有价证券利息率、预期报酬率计算。维持赊销业务所需要的资金数量可按下列步骤计算:

(1) 计算应收账款平均余额:

$$应收账款平均余额 = 平均每日赊销额 \times 平均收账天数$$

$$= \frac{年赊销额}{360} \times 平均收账天数 \quad (7\text{-}10)$$

(2) 计算维持赊销业务所需要的资金:

$$维持赊销业务所需要的资金 = 应收账款平均余额 \times 变动成本率 \quad (7\text{-}11)$$

式中:

$$变动成本率 = \frac{变动成本}{销售收入} \times 100\% \quad (7\text{-}12)$$

在上述分析中,假设企业的成本水平保持不变(即单位变动成本不变,固定成本总额不变),因此,随着赊销业务的扩大,只有变动成本总额随之上升。

[**例 7-4**] 假设某企业预测 20×5 年的赊销额为 450 万元,应收账款平均收账天数为 50 天,变动成本率为 65%,资金成本率为 8%,则应收账款机会成本可计算如下:

$$应收账款平均余额 = 4500000 \div 360 \times 50 = 625000(元)$$

$$维持赊销业务所需要的资金 = 625000 \times 65\% = 406250(元)$$

$$应收账款机会成本 = 406250 \times 8\% = 32500(元)$$

上述计算表明,企业投放 406250 元的资金可维持 4500000 元的赊销业务。应收账款机会成本的大小与赊销额、收账天数、变动成本率、有价证券利息率这些因素有关。在正常情况下,应收账款收账天数越短,则应收账款周转次数越多,一定数量资金所维持的赊销额就越大;应收账款收账天数越长,则应收账款周转次数越少,维持相同赊销额所需要的资金数量就越大。因此,企业应加强收账管理,缩短收账天数,降低应收账款机会成本。

2. 管理成本

应收账款的管理成本是指企业对应收账款进行管理而发生的费用。主要包括调查客户信用情况的费用、账簿的记录费用、收账费用以及其他费用。

3. 坏账成本

应收账款因故不能收回而发生的损失,就是坏账成本。坏账成本一般与应收账款的数量成正比,即应收账款越多,发生坏账损失的可能性也越大。因此,企业要减少坏账成本,就应控制应收账款的数量,采取切实有效的收账政策以确保应收账款的及时收回,最大限度地减少坏账损失。坏账成本可按下列公式进行计算:

$$坏账成本 = 赊销额 \times 坏账损失率 \qquad (7-13)$$

二、应收账款信用政策

应收账款信用政策是企业对应收账款进行规划和控制的基本原则与行为规范。制定合理的信用政策,是加强应收账款管理,提高应收账款管理效益的重要前提。信用政策主要包括信用标准、信用条件和收账政策三部分内容。

(一)信用标准

信用标准是客户获得企业商业信用所应具备的最低条件,通常以预期的坏账损失率表示。如果企业把信用标准定得较高,只对信誉很好、坏账损失率很低的顾客给予赊销,则会减少坏账损失和应收账款机会成本,但这可能不利于企业市场竞争力的提高和销售量的扩大,甚至会使销售量减少;相反,如果信用标准定得较低,虽然有利于企业扩大销售量、提高市场竞争力和占有率,但同时也会导致坏账损失和应收账款机会成本的增加。因此,企业在信用标准的确定上,面临着两难的选择。为此,企业必须对影响信用标准的因素进行分析,对实行不同信用标准的风险、收益、成本进行权衡,选择对企业较为有利的信用标准。

企业在制定或选择信用标准时,应考虑以下三个基本因素:

1. 同行业竞争对手的情况

面对竞争对手,企业首先应考虑的是如何在竞争中处于优势地位,保持并不断扩大市场占有率。如果对手实力很强,企业就应采取较低(相对于竞争对手)的信用标准;反之,其信用标准可以相应严格一些。

2. 企业承担违约风险的能力

企业承担违约风险能力的强弱,对信用标准的选择也有重要的影响。如果企业具有较强的违约风险承担能力,则可以用较低的信用标准争取客户,扩大销售和市场占有率；反之，如果企业承担违约风险的能力比较弱，则应选择较严格的信用标准以降低违约风险的程度。

3. 客户的资信程度

企业在制定信用标准时，必须对客户的资信程度进行调查、分析，在此基础上，评估客户的信用等级并决定是否给予客户信用优惠。评估客户资信程度一般可通过"五C"系统进行。所谓"五C"系统，是评估客户资信程度的五个方面，即客户的信用品质（Character）、偿付能力（Capacity）、资本（Capital）、抵押品（Collateral）和经济状况（Conditions）。

（1）信用品质。品质是指客户的信誉，即履行偿债义务的可能性。企业必须设法了解客户过去的付款记录，看其是否有按期付款的一贯做法，以及与其他供货企业的关系是否良好。这一点常常被视为评价客户信用的首要因素。

（2）偿付能力。能力是指客户的偿债能力。客户偿付能力的高低取决于资产尤其是流动资产的数量、质量（变现能力）以及与流动负债的比例。一般而言，客户的流动资产数量越多，流动比率越大，表明其资产的变现能力和支付能力越强，反之，偿债能力就越差。当然，对客户偿付能力的判断，还应注意客户流动资产的质量，看是否有存货过多、过时或质量下降，影响其变现能力和支付能力的情况。

（3）资本。资本是指客户的经济实力与财务状况，表明客户可能偿还债务的背景。

（4）抵押品。抵押品指客户拒付款项或无力支付款项时能被用作抵押的资产。对于不知底细或信用状况有争议的客户，如果这些客户能提供足够的抵押财产，就可以考虑向他们提供相应的商业信用。一旦收不到这些客户的款项，便以抵押品抵补。

（5）经济状况。是指不利经济环境对客户偿债能力的影响以及客户是否具有较强的变现能力。比如，万一出现经济不景气，会对客户的付款产生什么影响，客户会如何应对等等，这需要了解客户在过去困难时期的付款历史。

上述五个方面的信息资料主要通过下列渠道取得：①商业代理机构或资信调查机构所提供的客户信息资料及信用等级标准资料；②委托往来银行信用部门向与客户有关联业务的银行索取信用资料；③与同一客户有信用关系的其他企业相互交换该客户的信用资料；④客户的财务报告资料；⑤企业自身的经验与其他可取得的资料等。

（二）信用条件

信用标准是企业评价客户信用等级，决定给予或拒绝客户信用的依据。一旦企业决定给予客户信用优惠时，就需要考虑具体的信用条件。所谓信用条件是指企业要求客户支付赊销款项的条件，主要包括信用期限、折扣期限及现金折扣率等。信用条件的基本表示式如（2/10，n/40），意思是：若客户能够在发票开出后的 10 日内付款，就可以享受 2% 的现金折扣；如果不想取得折扣优惠，则全部款项必须在 40 天内付清。在这里，40 天为信用期限，10 天为折扣期限，2% 为现金折扣率。

1. 信用期限

信用期限又称赊销期限，是指企业为客户规定的最长付款期限，只要客户在此期限内付款，便认为该客户没有违约。一般而言，信用期限越长，表示企业给客户的条件越优惠，可以在一定程度上扩大销售量。但不适当地延长信用期限，会给企业带来不良后果：一是使平均收账期延长，占用在应收账款上的资金相应增加，引起机会成本增加；二是引起坏账损失和收账费用的增加。因此，企业是否延长信用期限，应视延长信用期限增加的收入是否大于增加的成本而定。

2. 折扣期限和现金折扣

延长信用期会增加应收账款占用的时间和金额。企业为了加速资金周转，及早收回货款，减少坏账损失，往往在确定信用期限的同时，采取一定的优惠措施。即在规定的折扣期限内付款的客户可按销售收入的一定比率享受现金折扣。如上例，$(2/10，n/40)$ 表示最长付款期限为40天，若客户在10天内付款，则可享受2%的现金折扣优惠。现金折扣使企业增加了折扣成本，因此，企业是否应提供现金折扣以及给予客户多大程度的现金折扣、应当核定多长的折扣期限，应着重考虑的是提供现金折扣后所得的收益是否大于现金折扣的成本。

3. 信用条件备选方案的评价

不同信用条件的各个方案给企业带来的收益也是不同的，企业必须对不同信用条件的各备选方案进行评价，选择收益最大的方案。

[例7-5] 某企业预测2005年度赊销额为3240万元，其信用条件是：$n/30$，变动成本率为65%，资金成本率（或有价证券利息率）为10%。假设企业收账政策不变，固定成本总额不变。该企业准备了三个信用条件的备选方案：方案A，维持 $n/30$ 的信用条件；方案B，将信用条件放宽到 $n/60$；方案C，将信用条件放宽到 $n/90$。三个备选方案的赊销额、收账天数、坏账损失率和收账费用见表7-3。

信用条件备选方案表（单位：万元） 表7-3

信用条件 方案 项目	A $n/30$	B $n/60$	C $n/90$
年赊销额	3240	3600	3800
应收账款平均收账天数	30	60	90
坏账损失率	2%	3%	5%
收账费用	23	36	60

要求：根据上述资料作出方案选择。

根据上述资料，可计算三个方案的信用成本前收益、信用成本和信用成本后收益，见表7-4。

信用条件分析评价表（单位：万元）　　　　　表 7-4

信用条件　方案 项目	A $n/30$	B $n/60$	C $n/90$
年赊销额	3240	3600	3800
变动成本	2106	2340	2470
信用成本前收益	1134	1260	1330
信用成本：			
应收账款机会成本	17.55	39	61.75
坏账损失	3240×2% = 64.8	3600×3% = 108	3800×5% = 190
收账费用	23	36	60
信用成本合计	105.35	183	311.75
信用成本后收益	1028.65	1077	1018.25

表 7-4 中三个方案的应收账款机会成本计算如下：

A 方案：

　　应收账款机会成本 = 应收账款平均余额 × 变动成本率 × 资金成本率

$$= \frac{3240}{360} \times 30 \times 65\% \times 10\% = 17.55（万元）$$

B 方案：

$$应收账款机会成本 = \frac{3600}{360} \times 60 \times 65\% \times 10\% = 39（万元）$$

C 方案：

$$应收账款机会成本 = \frac{3800}{360} \times 90 \times 65\% \times 10\% = 61.75（万元）$$

根据表 7-4 中的资料可知，在这三个方案中，B 方案（$n/60$）的获利最大，其信用成本后收益为 1077 万元，比 A 方案（$n/30$）的收益多 48.35 万元；比 C 方案（$n/90$）的收益多 58.75 万元。因此，在其他条件不变的情况下，应选择 B 方案。

[**例 7-6**] 仍以例 7-5 的资料为例，该企业选择了信用期限为 60 天的 B 方案后，为加速应收账款的回收，决定在 B 方案的基础上将赊销条件改为"2/10，$n/60$"（D 方案），估计占赊销额 70% 的客户会享用折扣，坏账损失率降为 1%，收账费用降为 12 万元。问：该企业是否应选择现金折扣方案？

根据题意，现金折扣方案（D 方案）的有关指标计算如下：

1. 计算信用成本前收益

　　现金折扣 = 3600 × 70% × 2% = 50.40（万元）

　　信用成本前收益 = 3600 − 2340 − 50.40 = 1209.60（万元）

2. 计算信用成本

　　应收账款平均收账天数 = 70% × 10 + 30% × 60 = 25（天）

（1）应收账款机会成本 $= \dfrac{3600}{360} \times 25 \times 65\% \times 10\% = 16.25$（万元）

（2）坏账损失 $= 3600 \times 1\% = 36$（万元）

（3）收账费用 $= 12$（万元）

信用成本合计 $= 16.25 + 36 + 12 = 64.25$（万元）

3. 计算信用成本后收益

信用成本后收益 $= 1209.60 - 64.25 = 1145.35$（万元）

计算结果表明，现金折扣方案（D 方案）的信用成本后收益为 1145.35 万元，而 B 方案的信用成本后收益为 1077 万元，实行现金折扣以后，企业的收益可增加 68.35 万元（1145.35 - 1077），因此，企业应选择现金折扣方案，即 D 方案（2/10，n/60）。

（三）收账政策

收账政策是指企业针对客户违反信用条件，拖欠甚至拒付款项所采取的收账策略与措施。

在企业向客户提供商业信用时，必须考虑三个问题：第一，客户是否会拖欠或拒付账款，程度如何；第二，怎样最大限度地防止客户拖欠账款；第三，一旦账款遭到拖欠甚至拒付，企业应采取怎样的对策。对前两个问题，企业主要靠信用调查和严格信用审批制度来解决；对第三个问题，企业必须通过制定完善的收账政策，采取有效的收账措施予以解决。

当账款被客户拖欠或拒付时，企业首先应当分析现有的信用标准及信用审批制度是否存在不足；然后重新对违约客户的资信等级进行调查、评价。对不同的欠款客户应有不同的催收方式，比如，对信用品质恶劣的客户，应将其从信用名单中删除，对其所拖欠的款项可先通过信函、电讯或者派人前往等方式进行催收，态度可以渐加强硬，并提出警告。当这些措施无效时，可考虑通过法院裁决。对于信用记录一向正常的客户，在去电、去函的基础上，可派人与客户直接协商，彼此沟通意见，协商解决。当然，如果双方无法达成妥协，也只能付诸法律进行最后裁决。除以上收账措施外，企业也可以委托收账代理机构催收账款，但往往收账费用较高，一些经济效益不佳的企业很难采用。

企业对拖欠的应收账款，无论采用何种方式进行催收，都需要付出一定的代价，即收账费用。如果企业采用较积极的收账政策，可能会减少坏账损失和应收账款机会成本，但要增加收账成本。如果企业采用较消极的收账政策，则可能会增加坏账损失和应收账款机会成本，但会减少收账费用。因此，企业在制订收账政策时，应当权衡利弊，要在增加的收账费用与减少的坏账损失和减少的应收账款机会成本之间进行权衡，若前者小于后者，则说明制定的收账政策是可取的。

三、应收账款的日常管理

对于已经发生的应收账款，企业应加强日常管理，采取各种有效措施，尽早收回款项，否则会因拖欠时间过长而发生坏账，使企业蒙受损失。应收账款日常管理主要包括以下内容：

（一）应收账款追踪分析

应收账款一旦发生，企业就必须考虑如何按期足额收回的问题。要达到这一目的，企业就有必要对应收账款的运行过程进行追踪分析，分析的重点可放在客户的信用品质、现金持有量以及现金的可调剂程度等影响客户付款的基本因素上。一般来说，客户能否严格履行信用条件取决于两个因素：一是客户的信用品质；二是客户的现金持有量与调剂程度。如果客户的信用品质良好，持有一定的现金余额，且现金支出的约束性较小，可调剂程度较大，那么，多数客户是不愿意以损失市场信誉为代价而拖欠账款的。如果客户信用品质不佳，或者现金匮乏，或者现金的可调剂程度低下，那么，企业的账款遭受拖欠也就在所难免。因此，一旦发现客户信誉不佳或现金匮乏等，应立即采取相应的措施，促使账款尽快地回收。

（二）应收账款账龄分析

企业已发生的应收账款时间有长有短，有的尚未超过信用期，有的已超过了信用期。一般来说，拖欠时间越长，款项收回的可能性越小，成为坏账的可能性越大。对此，企业可以通过编制账龄分析表实施对应收账款回收情况的监督。账龄分析表的格式见表7-5。

应收账款账龄分析表（2005年12月31日）　　　　表7-5

应收账款账龄	账户数量	金额（万元）	百分率（%）
信用期内	90	300	60
超过信用期1天~30天	30	100	20
超过信用期31天~60天	20	45	9
超过信用期61天~90天	8	25	5
超过信用期90天以上	15	30	6
应收账款总额	—	500	100

通过账龄分析表，企业可以了解到以下情况：

1. 有多少欠款尚在信用期内。表7-5显示，有价值300万元的应收账款还在信用期内，占全部应收账款的60%。这些款项未到偿付期，欠款是正常的，但到期后能否收回，还要看实际情况，故及时的监督仍是必要的。

2. 有多少欠款已超过了信用期，超过时间较短、较长、很长的款项各占多少，有多少欠款会因拖欠时间太久而可能成为坏账。表7-5显示，有价值200万元的应收账款已超过了信用期，占全部应收账款的40%。其中拖欠时间较短的（1天~30天）有100万元，占全部应收账款的20%，这部分欠款收回的可能性很大；拖欠时间较长的（31天~90天）有70万元，占全部应收账款的14%，这部分欠款的回收有一定难度；拖欠时间很长的（90天以上）有30万元，占全部应收账款的6%，这部分欠款有可能成为坏账。对不同拖欠时间的账款及不同信用品质的客户，企业应采取不同的收账方法，制定出经济可行的收账政策；对可能发生的坏账损失，则应提前作出准备，充分估计这一因素对损益的影响。

（三）应收账款收现保证率分析

企业必须对应收账款收现水平制定一个必要的控制标准，即应收账款收现保证率。应收账款收现保证率是为适应企业现金收支匹配关系的需要，所确定出的有效收现的账款应占全部应收账款的百分比，是两者应当保持的最低比例。公式为：

$$\frac{应收账款}{收现保证率} = \left(当期必要现金支付总额 - 当期其他稳定可靠的现金流入总额\right) \Big/ 当期应收账款总计金额 \qquad (7-14)$$

式中的其他稳定可靠的现金流入总额是指从应收账款收现以外的途径可以取得的各种稳定可靠的现金流入数额，包括短期有价证券变现净额、可随时取得的银行贷款额等。

应收账款收现保证率指标反映了企业既定会计期间预期现金支付数量扣除各种可靠、稳定性来源后的差额，必须通过应收款项有效收现予以弥补的最低保证程度，其关键意义在于：实际收现的账款能否满足同期必需的现金支付需求，特别是满足具有刚性约束的纳税债务及偿付不得展期或调换的到期债务的需要。

企业应定期计算应收账款实际收现率，看其是否达到了既定的控制标准，如果发现实际收现率低于应收账款收现保证率，应查明原因，采取相应措施，确保企业有足够的现金满足同期必需的现金支付要求。

第四节　存货管理

一、存货的作用与成本

（一）存货的作用

存货是指企业在生产经营过程中为生产或销售而储备的物资，包括原材料、燃料、包装物、低值易耗品、在产品、半产品、产成品、商品等。企业存货占流动资产的比重较大，一般在50%左右。

企业持有充足的存货，有利于生产过程的顺利进行，节约采购费用，能够迅速地满足客户的各种定货需要，从而为企业的生产与销售提供较大的机动性。存货在企业生产经营过程中的作用，主要表现在以下几个方面：

1. 保证企业生产经营活动的正常进行

适量的原材料和在产品存货是企业生产正常进行的前提和保障。在生产不均衡和商品供求波动时，有适量的存货储备，能使各生产环节的生产合理有序地进行，防止停工待料事件的发生，维持生产的连续性。

2. 适应市场变化，避免缺货损失

存货储备能增强企业在生产和销售方面的机动性以及适应市场变化的能力。企业有了适量的库存产成品，能有效地供应市场，满足顾客的需要。相反，若某种畅销产品库存不足，将会错失目前的或未来的推销良机，并有可能因此而失去顾客。在通货膨胀时期，适当地储存原材料存货，能使企业获得因市场物价上涨而带来的好处。

3. 降低进货成本

零星采购物资的价格往往较高，而整批购买在价格上常有优惠。企业采取批量集中进货，可获得较多的商业折扣。此外，增加每次进货数量，可以减少进货次数，降低采购费用支出。即使在推崇以零存货为管理目标的今天，仍有不少企业采取大批量购货方式，原因就在于这种方式能降低进货成本，只要购货成本的降低额大于因存货增加而导致的储存等各项费用的增加额，便是可行的。

（二）存货的成本

企业持有一定数量的存货，必然会有一定的成本支出。存货成本包括以下几项：

1. 进货成本

进货成本是指存货的取得成本，包括购置成本和进货费用两部分。购置成本又称存货进价，是指存货本身的价值，等于采购单价与采购数量的乘积。在一定时期进货总量既定、存货单价不变且无采购数量折扣的前提下，无论企业采购次数如何变动，存货的购置成本通常是保持相对稳定的，因而属于决策无关成本。进货费用又称订货成本，是指企业为组织进货而发生的差旅费、邮资、电话电报费、运杂费、办公费、途中保险费等。进货费用中的大部分费用与进货次数有关，进货次数越多，进货费用也越大。因此，大部分进货费用属于存货经济批量决策的相关成本，而存货的购置成本及不随进货次数变化而变化的少量进货费用属于存货经济批量决策的无关成本，企业若想降低进货费用，需要大批量采购，以减少进货次数。

2. 储存成本

企业持有存货而发生的费用即为存货的储存成本，主要包括存货占用资金的利息（若企业借款购买存货，便要支付利息费用）或机会成本（若企业用现金购买存货，便失去了现金存放银行或投资于证券本应取得的收益）、仓储费用、保险费用、存货残损霉变损失等。一般而言，大部分储存成本随存货储存量的增减而呈正比例变化，即储存量越大，储存成本也越大。因此，大部分储存成本属于存货经济批量决策的相关成本，企业若想降低储存成本，则需要小批量采购，减少储存数量。

3. 缺货成本

缺货成本是因存货储备不足而给企业造成的停工损失、延误发货的信誉损失、丧失销售机会的损失以及紧急采购的额外支出等。缺货成本的计量比较困难，它能否作为存货经济批量决策的相关成本，应视企业是否允许出现存货短缺的不同情形而定。如果企业允许缺货，则缺货成本与存货数量反向相关，属于经济批量决策的相关成本；反之，如果企业不允许缺货，则缺货成本为零，也就无需加以考虑了。

二、存货控制方法

为了实现存货管理的目标，企业必须对存货的采购数量、使用情况、储存期等方面进行有效管理。在企业存货管理的实践中，逐步形成了一些行之有效的存货控制方法，主要有存货经济进货批量控制、存货储存期控制、存货 ABC 分类管理和及时生产的存货系统等多种方法。

（一）存货经济进货批量模型

1. 存货经济进货批量的含义

通过对上述存货成本的分析可知，与存货经济进货批量决策相关的成本主要包括进货费用、储存成本以及允许缺货时的缺货成本。不同的成本项目与进货批量呈现出不同的变动关系。增加每次进货批量，减少进货次数，可降低进货费用和缺货成本，但会增加储存成本；相反，减少每次进货批量，增加进货次数，可降低储存成本，但会增加进货费用和缺货成本。因此，进货批量过大或过小而导致的存货储存过多或过少都不利于存货总成本的降低，企业应协调好存货各项成本之间此消彼长的关系，将存货的数量控制在一个合理的水平上，使存货相关总成本保持最低水平。为此，企业需要确定一个最佳的存货采购批量，即经济进货批量或经济订货批量。所谓经济进货批量，是指能够使一定时期存货的相关总成本达到最低点的进货批量。

2. 存货经济进货批量基本模型

在确定存货经济进货批量基本模型时，由于与存货总成本有关的变量很多，为了解决比较复杂的问题，有必要简化或舍弃一些变量，设立一些假设条件以便于计算。存货经济进货批量基本模型需要设立的假设条件是：

（1）企业一定时期的存货需求量可以较为准确地预测；

（2）存货的耗用或者销售比较均衡；

（3）存货的购入价格不变，且不存在数量折扣；

（4）所需存货市场供应充足，进货日期完全由企业自行决定，需要存货时便可立即取得存货；

（5）仓储条件不受限制，企业现金充足，不会因现金短缺而影响进货；

（6）不允许缺货，即无缺货成本。

在以上这些假设条件下，与存货经济进货批量相关的成本就只有存货的进货费用和储存成本。即：

$$存货相关总成本 = 相关进货费用 + 相关储存成本$$

$$= \frac{存货全年计划进货总量}{每次进货批量} \times 每次进货费用 \quad (7\text{-}15)$$

$$+ \frac{每次进货批量}{2} \times 单位存货年储存成本$$

经济进货批量就是使进货成本和储存成本之和最小的进货数量。假设：TC 为存货相关总成本，Q 为每次进货批量，A 为存货全年计划进货总量，B 为平均每次进货费用，C 为单位存货年储存成本，P 为进货单价，W 为经济进货批量平均占用资金数额，N 为年度最佳进货次数，T 为最佳进货间隔期。则有：

$$TC = \frac{A}{Q} \times B + \frac{Q}{2} \times C \qquad (7\text{-}16)$$

通过求 TC 对 Q 的导数可得到经济进货批量（Q）公式为：

$$Q = \sqrt{\frac{2AB}{C}} \qquad (7\text{-}17)$$

在该进货批量下，存货的进货费用与储存成本相等，存货相关总成本最低。此外，由经济进货批量公式还可推导出以下计算公式：

存货总成本公式：$TC = \sqrt{2ABC}$ (7-18)
每年最佳进货次数公式：$N = A/Q$ (7-19)
最佳进货间隔期公式：$T = 360/N$ (7-20)
经济进货批量平均占用资金公式：$W = PQ/2$ (7-21)

[**例 7-7**] 某企业全年需耗用乙材料 3600 千克，该材料的进货单价为 200 元，单位材料的年储存成本为 8 元，平均每次进货费用为 400 元，则：

$$Q = \sqrt{\frac{2AB}{C}} = \sqrt{\frac{2 \times 3600 \times 400}{8}} = 600 \text{（千克）}$$

$$TC = \sqrt{2ABC} = \sqrt{2 \times 3600 \times 400 \times 8} = 4800 \text{（元）}$$

$$W = PQ/2 = 200 \times 600/2 = 60000 \text{（元）}$$

$$N = A/Q = 3600/600 = 6 \text{（次）}$$

$$T = 360/N = 360/6 = 60 \text{（天）}$$

经济进货批量及其最低总成本也可以通过绘制坐标图的方法求出。经济进货批量的模型图见图 7-5。

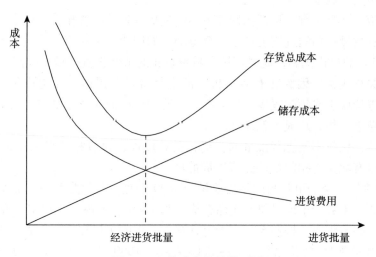

图 7-5 经济进货批量模型图

从图7-5中可看出，储存成本与进货批量成正比关系，而进货费用与进货批量成反比关系，经济进货批量应该是储存成本与进货费用的相交点所对应的进货数量，此时，储存成本与进货费用相等，存货总成本最低。

需要指出的是，经济进货批量基本模型是在前述各项假设条件下建立的，但现实生活中能够满足这些假设条件的情况十分少见。实际工作中，通常还存在着数量优惠（即商业折扣或称价格折扣）以及允许一定程度的缺货等情形。为使模型更接近于实际情况，需要对经济进货批量基本模型进行改进，使企业能结合实际情况进行具体分析，灵活地运用经济批量模型。以下是几种扩展的存货经济批量模型。

3. 有数量折扣的经济进货批量模型

在上述基本经济批量模型中，假定存货单价不变、存货购置成本不随批量而变动，但实际上，为了鼓励客户购买更多的商品，许多企业在销售时都有批量折扣，即对批量采购的客户在价格上给予不同程度的优惠，这种价格优惠就是商业折扣或价格折扣，意即买得越多，价格优惠越大。在这种情况下，需要对基本经济批量模型进行修正，进货企业在确定经济进货批量时，除了考虑进货费用与储存成本外，还应考虑存货的购置成本，因为此时的存货购置成本已经与进货批量的大小有了直接的联系，属于决策的相关成本。有数量折扣的存货相关总成本可按下式计算：

存货相关总成本 = 购置成本（存货进价）+ 相关进货费用 + 相关储存成本

即：
$$TC = P \times Q + \frac{A}{Q} \times B + \frac{Q}{2} \times C \qquad (7-22)$$

有数量折扣的经济进货批量具体确定步骤如下：

第一步，按照经济进货批量基本模型计算出无数量折扣情况下的经济进货批量及存货相关总成本。

第二步，计算出有数量折扣情况下不同进货批量的存货相关总成本。

如果有数量折扣的进货批量是一个范围，如进货批量在500千克~999千克之间可享受1%的价格优惠，此时可按有数量折扣的最低进货批量，即按500千克计算存货相关总成本。因为在有数量折扣的进货批量范围内，无论进货量是多少，存货的年进价成本或年购置成本总额都是相同的，因而相关总成本的变动规律是：进货批量越小，相关总成本就越低。

第三步，比较不同进货批量的存货相关总成本，存货相关总成本最低的进货批量，就是有数量折扣的最佳经济进货批量。

[例7-8] 某企业甲材料的年需要量为4800千克，单价为55元/千克，每次进货费用为200千克，单位材料的年储存成本为12元。销售企业规定：客户一次购买量不足500千克的，按照55元/千克计算；一次购买量在500千克~999千克之间的，可以享受1%的价格折扣；一次购买量在1000千克以上的，可以享受2%的价格折扣。求该企业的最佳经济进货批量。

（1）按经济进货批量基本模型确定的经济进货批量为：

$$Q = \sqrt{\frac{2AB}{C}} = \sqrt{\frac{2 \times 4800 \times 200}{12}} = 400 \text{（千克）}$$

每次进货 400 千克时的存货相关总成本为：

$$TC = 4800 \times 55 + \frac{4800}{400} \times 200 + \frac{400}{2} \times 12 = 268800 \text{（元）}$$

（2）每次进货 500 千克时的存货相关总成本为：

$$TC = 4800 \times 55 \times (1 - 1\%) + \frac{4800}{500} \times 200 + \frac{500}{2} \times 12 = 266280 \text{（元）}$$

（3）每次进货 1000 千克时的存货相关总成本为：

$$TC = 4800 \times 55 \times (1 - 2\%) + \frac{4800}{1000} \times 200 + \frac{1000}{2} \times 12 = 265680 \text{（元）}$$

通过比较可知，每次进货 1000 千克时的存货相关总成本最低，所以最佳经济进货批量为 1000 千克。

4. 允许缺货时的经济进货批量模型

基本经济进货批量模型的建立是以不允许缺货为前提之一的。实际上，由于供货方或运输部门甚至企业自身的问题导致材料不能及时运达企业，造成缺货损失的现象也时有发生，这时，应将缺货成本作为存货决策的相关成本之一来考虑。因此，在允许缺货的情况下，企业对经济进货批量的确定，就不仅要考虑进货费用与储存成本，而且还必须对可能的缺货成本加以考虑，即能够使三项成本之和最低的批量便是经济进货批量。

设缺货量为 S，单位缺货成本为 R，其他符号同上。则有：

允许缺货时的经济进货批量：$Q = \sqrt{\dfrac{2AB}{C} \times \dfrac{C+R}{R}}$ （7-23）

平均缺货量：$S = Q \times \dfrac{C}{C+R}$ （7-24）

[**例 7-9**] 某企业丙材料年需要量 9600 千克，每次进货费用为 80 元，单位材料年储存成本为 4 元，单位缺货成本为 6 元。则：

允许缺货时的经济进货批量计算如下：

$$Q = \sqrt{\frac{2 \times 9600 \times 80}{4} \times \frac{4+6}{6}} = 800 \text{（千克）}$$

平均缺货量 $S = 800 \times \dfrac{4}{4+6} = 320 \text{（千克）}$

（二）存货储存期控制

存货管理包括对采购和生产环节的管理，也包括对销售环节的管理。如果说经济进货批量的重点是在采购环节对进货量的控制以达到降低存货成本的目的，那么，存货储存期控制则主要侧重于对销售环节存货进行的管理，其目的是尽量缩短存货的储存期，降低成本，提高企业获利水平。

无论是商品流通企业还是生产制造企业，其商品产品一旦入库，便面临着如何尽快销售出去的问题。即使不考虑未来市场供求关系的不确定性，仅是存货储存本身就使企业付出一定的资金占用费（如利息成本或机会成本）和仓储管理费。因此，尽量缩短存货储存时间，加速存货周转，是减少资金占用，降低存货成本，提高企业获利水平的重要保证。

企业储存存货所发生的费用，按照其与储存时间的关系可以分为固定储存费用和变动储存费用两类。固定储存费用与储存期的长短没有直接关系。变动储存费用主要指储存期间发生的存货资金占用费、存货仓储管理费、仓储损耗等，其金额随存货储存期的延长或缩短成正比例变动。

运用本量利平衡关系式，经适当调整后，可将储存费用与利润的关系表达为：

利润 = 毛利 – 销售税金及附加 – 固定储存费 – 变动储存费

　　　= 毛利 – 销售税金及附加 – 固定储存费 – 每日变动储存费×储存天数

(7-25)

从上式可以看出，存货储存费用的增加，主要是由于变动储存费随着存货储存期的延长而不断增加的结果，利润与变动储存费之间存在着此增彼减的关系。随着存货储存期的延长，变动储存费不断增加，利润将日渐减少。当毛利扣除销售税金及附加和固定储存费后的差额，扣除变动储存费后的金额恰好等于企业目标利润时，表明存货已经到了保利期，当该差额扣除变动储存费后的金额为零时，表明存货已经到了保本期。无疑，存货如果能够在保利期或保本期内售出，企业所获得的利润便会超过目标利润或至少不亏本。若存货不能在保利期或保本期内售出，企业将难以实现既定的利润目标或会蒙受损失。

通过对上面公式的理解，将上面公式稍作变形便可得出以下计算公式：
利润等于零时的储存天数即为存货保本储存天数，即：

存货保本储存天数 =（毛利 – 销售税金及附加 – 固定储存费）/每日变动储存费

(7-26)

利润等于目标利润时的储存天数即为存货保利储存天数，即：

存货保利储存天数

　　=（毛利 – 销售税金及附加 – 固定储存费 – 目标利润）/每日变动储存费

(7-27)

企业以批进批出（即存货整批购进又整批卖出）方式经销某批存货，其获利（或亏损）额计算如下：

批进批出经销存货的获利或亏损额

　　= 每日变动储存费×(保本储存天数 – 实际储存天数)　　　　　(7-28)

即较保本期每提前一天售出，就可以减少一天的变动储存费，即取得一个相当于变动储存费的利润额。

[例 7-10] 某企业购进甲商品 1000 件，单位进价 100 元（不含增值税），单位售价 120 元（不含增值税），经销该批商品的固定储存费为 10000 元，销售税金及附加 800 元，该批存货的月保管费用率 4.5‰，若货款均来自银行贷款，年利率 8.28%。要求：(1) 计算该批商品的保本储存期；(2) 若企业对该批商品的目标利润定为 3200 元，计算该批商品的保利储存期；(3) 若该批商品实际储存天数为

180天，求该批商品的实际获利额。

根据题意，计算如下：

（1）每日变动储存费 = 购进批量 × 购进单价 × 日变动储存费率
$$= 1000 \times 100 \times (8.28\%/360 + 4.5‰/30)$$
$$= 38（元）$$

该批商品的保本储存天数
$$= [(120 - 100) \times 1000 - 10000 - 800]/38$$
$$= 242（天）$$

（2）该批商品的保利储存天数
$$= [(120 - 100) \times 1000 - 10000 - 800 - 3200]/38$$
$$= 158（天）$$

（3）该批商品的实际获利额 = 38 × (242 - 180) = 2356（元）

可见，通过对存货储存期的分析与控制，可以及时地将企业存货的信息传输给经营决策部门，如有多少存货已过保本期或保利期，金额多大，比重多高，这样，决策者就可以针对不同情况，采取相应措施。一般而言，凡是已过保本期的商品大多属于积压呆滞的存货，对此企业应当积极推销，压缩库存，将损失降至最低限度；对超过保利期但未过保本期的存货，应当首先检查销售状况，查明原因，是人为所致，还是市场行情已经逆转，有无沦为过期积压存货的可能，若有，需尽早采取措施；至于那些尚未超过保利期的存货，企业亦应密切监督、控制，以防发生过期损失。

值得注意的是，上述通过保本保利储存期的计算对存货的获利或亏损情况进行的分析，是建立在批进批出的前提条件之上的，在企业存货经销的实际工作中，批进批出只是一种偶然现象，普遍的情形是存货大批量购进、小批量售出或批进零售，此时若仍然按照批进批出的假设测算批进零售存货经销的获利或亏损情况，必然与实际产生较大的出入。为此，有必要对以上存货储存期控制模式结合实际情况加以修正。此处不再一一列示。

（三）存货 ABC 分类管理

1. 存货 ABC 分类管理的含义

企业存货品种繁多，尤其是大中型企业的存货往往多达上万种甚至数十万种。实际上，不同的存货对企业财务目标的实现具有不同的作用。有的存货尽管品种数量很少，但金额巨大，如果管理不善，将给企业造成极大的损失。相反，有的存货虽然品种数量繁多，但金额很小，即使管理当中出现一些问题，也不致于对企业产生较大的影响。因此，企业均不可能也没有必要对所有存货不分巨细地严加管理。存货 ABC 分类管理正是基于这一考虑而提出的，其目的在于使企业分清主次，突出重点，以提高存货资金管理的整体效果。

存货 ABC 分类管理就是按照一定的标准，将企业的存货划分为 A、B、C 三类，分别实行分品种重点管理、分类别一般控制和按总额灵活掌握的存货管理方法。

2. 存货 ABC 分类的标准

存货 ABC 分类标准主要有两个：一是金额标准，二是品种数量标准。其中金额标准是最基本的，品种数量标准仅作为参考。A 类存货金额巨大，但品种数量较少；B 类存货金额一般，品种数量相对较多；C 类存货金额很小，但品种数量繁多。一般而言，三类存货的金额比重大致为 A:B:C = 70%:20%:10%，而品种数量比重大致为 A:B:C = 10%:20%:70%。

3. A、B、C 三类存货的具体划分

具体过程可以分为三个步骤（有条件的可通过计算机进行）

（1）列示企业全部存货的明细表，并计算出每种存货的金额占全部存货金额的百分比。

（2）按照金额标志由大到小进行排序并累加金额百分比。

（3）当金额百分比累加到 70% 左右时，以上存货视为 A 类存货；百分比大约在 70%～90% 之间的存货作 B 类存货；其余则为 C 类存货。

[例 7-11] 某企业共有 40 种存货，总金额为 320 万元，按金额大小的顺序排列并按上述步骤将存货划分为 A、B、C 三类，编成表格，详见表 7-6。

ABC 分类表 表 7-6

材料品种（用编号代替）	金额（万元）	金额比重	金额比重累计	类别	各类存货数量比重		各类存货金额比重	
					品种数量	比重	金额（万元）	比重
1	68	21.25%	21.25%	A	4	10%	224	70%
2	57	17.81%	39.06%					
3	52	16.25%	55.31%					
4	47	14.69%	70%					
5	18	5.63%	75.63%	B	8	20%	65	20.31%
6	13	4.06%	79.69%					
7	9	2.81%	82.5%					
8	8	2.5%	85%					
9	7	2.19%	87.19%					
10	5	1.56%	88.75%					
11	4	1.25%	90%					
12	1	0.31%	90.31%					
其余 28 种	31	9.69%	100%	C	28	70%	31	9.69%
合计	320	100%	—	—	40	100%	320	100%

4. A、B、C 三类存货的管理方式

通过对存货进行 ABC 分类，可以使企业分清主次，采取相应的对策进行有效管理。由于 A 类存货占用的金额很大，故应进行重点管理，只要能够控制好 A 类存货，基本上不会出现较大的问题。况且 A 类存货品种数量较小，企业完全有能力按照每一个品种进行管理。B 类存货金额相对较小，可进行一般管理，企业不必像管理 A 类存货那样花费太多的精力，通常可以通过划分类别的方式进行管理。C 类存货金额较小，企业可进行灵活管理。但有些企业的 C 类存货大多与消费者

的日常生活息息相关，如果企业能够在服务态度、花色品种、存货质量、价格方面加以重视的话，其给企业带来的间接经济效益将是无法估量的。A、B、C 三类存货的管理方式如表 7-7 所示。

存货 ABC 分类管理方式　　　　　　　　表 7-7

项目	A 类	B 类	C 类
管理要求	严格控制	一般控制	简便控制
控制对象	按品种	按类别	按总金额
储存记录情况	详细记录	一般记录	一般记录
采购方式	按计划	一般掌握	按需要
检查方式	经常检查	定期检查	必要时抽查
领用方式	限额领料	一般掌握	一般掌握

复习思考题

1. 某企业本月初现金余额 63000 元，本月产品销售收入 23 万元，预计销售当月收取销售款的 70%，次月收回 30%。上月末应收账款余额 6 万元，预计本月收回。本月产品销售的成本、费用、税金等现金支出 192000 元，购置固定资产支出 9 万元。本月其他业务收入（均为现金）12000 元，其他业务支出（均为现金）61000 元。

要求：

（1）用现金收支法预计本月期末现金余额。

（2）如果企业最佳现金余额为 5 万元，那么该企业本月现金溢余或短缺的数额为多少？

2. 某企业有五种现金持有方案，现金持有量分别为 2 万元、4 万元、6 万元、8 万元、10 万元。现金的管理成本均为 4000 元，现金持有量为 2 万元时，短缺成本为 1 万元，现金持有量每增加 2 万元时，短缺成本降低 2000 元，假定资金成本率为 8%。要求：运用成本分析模式确定企业的最佳现金持有量。

3. 某企业预测某年度赊销额为 600 万元～700 万元，变动成本率为 70%，固定成本总额不变。资金成本率为 10%。该企业准备了两个信用条件的备选方案：

A 方案：信用条件为 $n/60$。预计年赊销额为 600 万元，平均收账天数为 60 天。坏账损失率为 3%，收账费用为 3 万元。

B 方案：信用条件为 $2/10$，$1/20$，$n/60$。预计年赊销额为 680 万元，将有 50% 的货款于第 10 天收到，20% 的货款于第 20 天收到，其余占赊销额 30% 的这部分客户不打算享用现金折扣。坏账损失率为 1%，收账费用为 1 万元。问：该企业应选择哪个方案？

4. 某企业应收账款现行的收账政策和拟改变的收账政策如表 7-8 所示。该企业年赊销额为 1200 万元，变动成本率为 60%，应收账款机会成本率为 12%。要求：分别计算两种方案的收账总成本。该企业是否应改变收账政策？

某企业现行收账政策和拟改变收账政策对比表　　　表 7-8

项　目	现行收账政策	拟改变的收账政策
年收账费用（元）	100000	150000
应收账款平均收账天数	60 天	30 天
坏账损失率	4%	2%

5. 某企业全年需要耗用 A 材料 6000 千克，该材料的单位采购成本为 120 元，平均每次进货的变动进货费用为 200 元，每千克 A 材料的年均变动储存成本为 15 元，假设 A 材料不存在短缺情况。要求：

（1）计算 A 材料的经济进货批量。
（2）计算 A 材料经济进货批量下的相关总成本。
（3）计算 A 材料经济进货批量下的平均占用资金。
（4）计算 A 材料年度最佳进货批次及采购间隔期。
（5）计算 A 材料经济进货批量下的变动进货费用和变动储存成本。

第八章

利润分配管理

第一节 利润分配概述

利润分配是建筑企业按照国家有关法律、法规以及企业章程的规定,将实现的净利润进行分配的行为。

在市场经济体制下,公司是我国建立现代企业制度的一种重要组织形式,以下着重介绍公司制企业(有限责任公司和股份有限公司)的利润分配管理。

一、利润分配的程序

（一）弥补以前年度亏损

建筑企业发生亏损,应由企业自行弥补,弥补亏损的渠道主要有:(1)用以后年度税前利润弥补。根据规定,企业发生亏损,可以用发生亏损后5年内实现的税前利润弥补,即用税前利润弥补亏损的期限为5年。(2)用以后年度税后利润弥补。发生的亏损在5年内仍不足弥补的,尚未弥补的亏损应用交纳所得税后的净利润弥补。(3)用盈余公积金弥补。

企业的盈余公积金不足弥补以前年度亏损的,应当先用当年利润弥补亏损。

（二）提取法定盈余公积金

建筑企业的盈余公积金包括法定盈余公积金和任意盈余公积金两部分,可用于弥补亏损、扩大企业生产经营或转增资本。

法定盈余公积金按净利润(弥补亏损后)的10%计提。其所以为"法定",是因为它是由我国《公司法》及有关财务会计制度明确规定了的,所有企业均必须计提，只有当企业计提的法定盈余公积金累计达到企业注册资本的50%以后，才可以不再计提。

企业用盈余公积金转增资本后，法定盈余公积金的余额不得低于企业注册资本的25%。

（三）提取任意盈余公积金

建筑企业从净利润中提取法定盈余公积金后，经股东会或者股东大会决议，还可以提取任意盈余公积金。

（四）向股东分配股利

建筑企业弥补亏损和提取盈余公积金后所余净利润，可以向投资者分配股利。有限责任公司股东按照实缴的出资比例分取红利，全体股东约定不按照出资比例分取红利的除外；股份有限公司按照股东持有的股份比例分配，但股份有限公司章程规定不按持股比例分配的除外。

《公司法》规定，股东会、股东大会或者董事会违反相关规定，在公司弥补亏损和提取法定盈余公积金之前向股东分配利润的，股东必须将违反规定分配的利润退还公司。另外，公司持有的本公司股份不得分配利润。

二、利润分配的原则

利润分配是建筑企业一项重要的理财活动，它直接关系到投资各方的切身利益，也涉及企业未来的发展机遇。因此，利润分配活动应按照一定的原则进行。

（一）依法分配原则

国家对建筑企业利润分配的内容、比例和程序都作了原则性规定，建筑企业应按照有关规定的要求，合理确定税后利润的分配项目、分配的程序和分配的比例，进行利润分配。

（二）分配与积累并重原则

建筑企业获得的净利润一部分分配给投资者，一部分留存在企业形成积累。这部分留存收益（盈余公积金和未分配利润之和）仍归投资者所有，能为企业扩大再生产提供资金，并增强企业抵抗风险的能力，有利于投资者的长远利益。企业进行利润分配的过程中，应兼顾近期利益和长远利益，处理好积累和分配的比例关系。这同时也有利于企业将留存的净利润用于未来年度的利润分配，以便以丰补歉，协调不同年度之间的利润分配关系。

（三）资本保全原则

合理的利润分配关系必须建立在资本保全的原则基础上。为此，企业应正确确认一定时期的盈利，确保向投资者分配的利润是投资者资本增值的部分，而不是投资者资本金的返回。企业必须在有可供分配利润的情况下进行利润分配，只有这样才能充分保护投资者的利益。

（四）兼顾各方利益原则

利润分配直接关系到有关各方的切身利益，因此，要坚持全局观念，兼顾国家、企业、投资者和职工的经济利益。在进行企业利润分配时，既要满足国家集中财力的需要，又要考虑建筑企业自身发展的要求；既要维护投资者的合法权益，又要考虑员工的长远利益。

（五）投资与收益对等原则

建筑企业进行利润分配应当体现"谁投资谁收益"、收益大小与投资比例相适应的原则。投资与收益对等原则是正确处理投资者利益关系的关键。投资者因其投资行为而享有收益权，投资收益应同其投资比例对等。

三、利润分配的影响因素

建筑企业利润的分配受到诸多因素的制约，应考虑的主要因素有：

（一）法律因素

为了保护债权人和股东的利益，国家有关法律、法规如《公司法》对企业利润分配予以一定的硬性限制。这些限制主要体现为以下几个方面：

1. 资本保全

资本保全的规定要求企业不能用实收资本（或股本）进行利润分配，如果由于利润分配导致企业资本减少，应立即停止分配。其目的是为了防止企业任意减少资金结构中所有者权益（股东权益）的比例，以维护债权人利益。

2. 资本积累

资本积累要求企业在分配利润时，必须按一定的比例和基数提取各种公积金。另外，它要求在具体的分配政策上，一般应当贯彻"无利不分"原则，即当企业出现年度亏损时，一般不得分配利润。

3. 偿债能力

现金股利是企业的现金支出，大量的现金支出必然会影响企业的偿债能力。若企业支付现金股利后会影响其偿还债务和正常经营时，企业发放现金股利的数额就应受到限制，以保证企业在分配现金股利后仍能保持较强的偿债能力，以维护企业的信誉和借贷能力，从而保证企业的正常资金周转。

4. 超额累积利润

企业发放给股东的股利，股东要缴纳个人所得税，而股票交易的资本利得可能税负较低或免税。企业可以把利润保留下来而积累大量的现金，使股价上涨，股东卖出股票享受低税或免税的好处。

超额累积利润是比较模糊的概念，判断起来比较困难。通常如果企业保留下来的盈余大大超过企业现在及未来的投资需要，就可能被认为超额累积利润。我国法律对企业累积利润行为未作限制性规定，但西方许多国家都在法律上明确规定公司不得超额累积利润，一旦公司留存收益超过法律认可的水平，将被加征额外税款。

（二）公司因素

建筑企业利润分配的法定边界确定后，下一步需要考虑的就是公司本身的一些因素。

1. 现金流量

保证企业正常的经营活动对现金的需求是确定利润分配政策的最重要的限制

因素。企业在进行利润分配时,必须充分考虑企业的现金流量,而不仅仅是企业的净利润。由于会计规范的要求和核算方法的选择,有一部分项目增加了企业的净收益,但并未增加企业可供支配的现金流量,在确定利润分配政策时,企业应当充分考虑该方面的影响。

2. 投资机会

利润分配与企业的资金需求量密切相关,企业的投资项目需要有强大的资金支持。当企业预期未来有较好的投资机会,且预期投资收益率大于投资者期望收益率时,企业经营者会首先考虑将实现的利润用于再投资,减少分配。如果企业暂时缺乏良好的投资机会,企业经营者则将倾向于多分配利润。所以高成长的企业往往选择较低的股利分配政策,而处于经营收缩期的企业,往往采取高股利分配政策。

3. 盈余的稳定性

企业盈余是否稳定,将直接影响其利润分配。盈余相对稳定的企业对未来取得盈余的可能性预期良好,因此有可能比盈余不稳定的企业支付更高的股利;盈余不稳定的企业由于对未来盈余的把握小,不敢贸然采取多分政策,而较多地采取低股利支付率政策。

4. 筹资能力

不同企业的筹资能力有一定差别,如果一个企业筹资能力强,能够及时地从资金市场筹措到所需的资金,则有可能采取较为宽松的利润分配政策;而对于一个筹资能力较弱的企业而言,宜保留较多的盈余,因而往往采取较紧的利润分配政策。

5. 资产的流动性

为保持适当的支付能力,企业应保持一定的资产流动性。较多地支付现金股利,会减少企业现金持有量,使资产的流动性降低。因此,如果企业的资产流动性差,即使利润可观,也不宜分配过多的现金股利。

6. 资金成本

将税后净利润用于再投资,有利于降低筹资的外在成本,包括再筹资费用和资本的实际支出成本。因此,很多企业在考虑投资分红时,首先将企业的净利润作为筹资的第一选择渠道,特别是在负债资金较多、资金结构欠佳时。

7. 股利政策惯性

一般情况下,企业不宜经常改变其利润分配政策。企业在确定利润分配政策时,应当充分考虑股利政策调整有可能带来的负面影响。如果企业历年采取的股利政策具有一定的连续性和稳定性,那么重大的股利政策调整有可能对企业的声誉、股票价格、负债能力、信用等多方面产生影响。另外,靠股利来生活和消费的股东不愿意投资于股利频繁波动的股票。

8. 其他因素

企业利润分配政策的确定还会受到一些其他因素的影响。比如,企业有意地多发股利使股价上涨,使已发行的可转换债券尽快地实现转换,从而达到调整资金结构的目的；再如，通过支付较高股利，刺激公司股价上扬，从而达到兼并、反收购目的等。

（三）股东因素

利润分配方案要经过股东大会的表决通过，所以股东的意愿会影响企业利润分配政策的选择。股东出于对自身利益的考虑，可能对公司的利润分配提出限制、稳定或提高股利发放率等不同意见。包括：

1. 控制权

公司的股利支付率高，必然导致保留盈余减少，这又意味着将来发行新股的可能性加大，而发行新股会稀释公司的控制权。因此，公司的老股东往往主张限制股利的支付，而愿意较多地保留盈余，以防止控制权旁落他人。

2. 稳定收入

有一些股东依赖企业发放股利以维持生计，如一些退休者，他们往往要求公司支付稳定的股利，反对公司留存较多的利润。另外，有些股东认为留存利润使公司股票价格上升而获得资本利得具有较大的不确定性，取得现实的股利比较可靠，因此，这些股东也会倾向于多分配股利。

3. 避税

股利收入的所得税一般高于交易的资本利得税，因而一些高收入的股东出于避税考虑，往往要求限制股利的支付，而较多地保留盈余，以便从股价上涨中获利。

4. 投资机会

股东的外部投资机会也是公司制定利润分配政策时必须考虑的一个因素。如果公司将留存收益用于再投资的所得报酬低于股东个人单独将股利收入投资于其他投资机会所得的报酬，则股东倾向于公司不应多保留盈余，而应多发放股利给股东，因为这样做，将对股东更为有利。

（四）其他因素

1. 债务合同

企业的债务合同，特别是长期债务合同，往往有限制企业现金股利支付程度的条款，以保护债权人的利益。通常包括：①未来的现金股利只能以签订合同之后的收益来发放，也就是说不能以过去的留存收益来发放；②营运资金低于一定标准时不得发放股利；③将利润的一部分以偿债基金的形式留存下来；④利息保障倍数低于一定标准时不得支付股利。

企业出于方便未来负债筹资的考虑，一般都能自觉恪守与债权人事先签订的有关合同的限制性条款，以协调企业与债权人之间的关系。

2. 通货膨胀

在通货膨胀条件下，企业资产的购买力水平下降，固定资产重置资金来源不足，此时企业往往不得不考虑留用一定的利润，以便弥补由于货币购买力水平下降而造成的固定资产重置资金缺口。因此，在通货膨胀时期，企业一般会倾向于少分配利润。

第二节 股利政策

股利政策是关于企业是否发放股利、发放多少股利、何时发放股利以及以何种形式发放股利等方面的方针和策略。

股利政策受多种因素的影响，并且不同的股利政策也会对企业的股票价格产生不同的影响，因此，制定一个正确的、合理的股利政策是非常重要的。股利政策的核心问题是确定分配与留利的比例，即股利支付比率问题。在实务中，常用的股利政策有以下几种。

一、剩余股利政策

在制定股利政策时，企业的投资机会和资金成本是两个重要的影响因素。在企业有良好的投资机会时，为了降低资金成本，通常会采用剩余股利政策。

剩余股利政策，就是在企业确定的最佳资金结构下，税后净利润首先要满足投资的需求，然后若有剩余才用于分配股利。如果没有剩余，则不分配股利。这是一种投资优先的股利政策。采用剩余股利政策的先决条件是企业必须有良好的投资机会，并且该投资机会的预计报酬率要高于股东要求的必要报酬率，这样才能为股东所接受。

实行剩余股利政策，一般应遵循以下步骤：

1. 根据选定的最佳投资方案，确定投资所需的资金数额。
2. 按照企业的最佳资金结构，确定投资需要增加的权益资金的数额。
3. 最大限度地留用税后净利润用于满足投资需要增加的权益资金的数额。
4. 若有剩余的税后净利润，用于向股东分配股利。

［例8-1］ 某企业2007年度的税后净利润为6000万元，目前的资金结构为：债务资金40%，权益资金60%。该资金结构也是其下一年度的最佳资金结构。如果2008年该企业有一个很好的投资项目，需要投资5250万元，该企业采用剩余股利政策。则：

该企业投资方案所需的权益资金为：5250×60% = 3150（万元）

该企业2007年度可向投资者分配的股利为：6000 - 3150 = 2850（万元）

剩余股利政策的优点是：充分利用留存收益，保持理想的资金结构，使综合资金成本最低，实现企业价值的长期最大化。

其缺点是：完全遵照执行剩余股利政策，将使股利发放额每年随盈利水平和投资机会的波动而波动，不利于投资者安排收入与支出，也不利于公司树立良好的形象。

剩余股利政策一般适用于公司初创阶段。

二、固定或稳定增长的股利政策

这种股利政策要求企业在较长时期内支付固定的股利额，只有当企业对未来利润增长确有把握，并且这种增长被认为是不会发生逆转时，才增加每股股利额。在企业收益发生一般的变化时，并不改变股利的支付，而是使其保持在一个稳定的水平。

固定或稳定增长的股利政策的优点是：固定或稳定增长的股利有利于树立企业的良好形象，稳定公司股票价格，从而增强投资者对公司的信心；固定或稳定的股利还有利于投资者安排收入和支出，特别是那些对股利有较强依赖性的股东更是如此。

其缺点是：企业股利支付与盈利相脱离，造成投资的风险与投资的收益不对称；由于盈利较低时仍要支付较高的股利，容易引起企业资金短缺，导致财务状况恶化，甚至侵蚀企业的留存收益和资本。

固定或稳定增长的股利政策一般适用于经营比较稳定或正处于成长期、信誉一般的企业，但该政策很难被长期采用。

三、固定股利支付率政策

这是一种变动的股利政策，企业每年都从净利润中按固定的股利支付率发放股利。股利支付率一经确定，一般不得随意变更。固定股利支付率越高，公司留存的净利润越少。在这一股利政策下，只要公司的净利润一经计算确定，所派发的股利也就相应确定了。持这种股利政策者认为，只有维持固定的股利支付率，才算真正公平地对待每一位股东。

固定股利支付率政策的优点是：能使股利与企业盈余紧密结合，以体现多盈多分、少盈少分、不盈不分的原则；由于公司的盈利能力在年度间是经常变动的，因此每年的股利也应随着公司收益的变动而变动，保持股利与利润间的一定比例关系，体现投资风险与收益的对等。

其缺点是：由于股利波动容易使外界产生公司经营不稳定的印象，公司财务压力较大，不利于股票价格的稳定与上涨；公司每年按固定比例从净利润中支付股利，缺乏财务弹性；确定合理的固定股利支付率难度很大。

固定股利支付率政策只能适用于稳定发展的企业和企业财务状况较稳定的阶段。

四、低正常股利加额外股利政策

这是一种介于前两种股利政策之间的折中的股利政策，企业事先设定一个较低的经常性股利额，一般情况下，企业每期都按此金额支付正常股利，在企业盈利较多、资金较为充裕的年度再发放额外股利。

低正常股利加额外股利政策的优点是：具有较大的灵活性，由于平常股利发放水平较低，故在企业净利润很少或需要将相当多的净利润留存下来用于再投资时，可以只支付较低的正常股利，这样既不会给企业造成较大的财务压力，又保证股东定期得到一笔固定的股利收入；而企业一旦盈余较多并拥有充裕的现金，就可以向股东发放额外股利，也有利于股价的提高。

其缺点是：股利发放仍然缺乏稳定性，额外股利随盈利的变化而变化；如果企业较长时期一直发放额外股利，股东就会误以为这是正常股利，一旦取消，极易造成企业财务状况逆转的负面影响，引起股价的下跌。

低正常股利加额外股利政策目前为许多企业所采用。

第三节　股利支付的程序和方式

一、股利支付的程序

股利的支付前后有一个过程，一般是由董事会提出分配预案，然后提交股东大会决议通过才能进行分配。股东大会决议通过分配预案之后，要向股东宣布发放股利的方案，并确定股权登记日、除息日和股利发放日。这几个日期对分配股利是非常重要的。

（一）股利宣告日

股利宣告日，即公司董事会举行董事会会议，决定股利分配的预分方案，交由股东大会讨论通过后，由董事会将股利支付情况正式予以公告的日期。公告中将宣布每股股利、股权登记日、除息日和股利发放日等事项。

（二）股权登记日

股权登记日，即有权领取本期股利的股东资格登记截止日期。规定股权登记日是为了确定股东能否领取股利的日期界限，因为股票是经常流动的，所以确定这个日期是非常必要的。凡是在股权登记日这一天登记在公司股东名册上的股东，才有资格领取本次股利。而在股权登记日之后，登记在册的股东即使在股利发放日之前买进股票，也无权分享本次股利。现在先进的计算机系统为股权登记提供了很大的方便，一般能在股权登记日营业结束的当天就打印出股东名册。

（三）除息日

除息日，即指领取股利的权利与股票相互分离的日期。在除息日前，股利权从属于股票，持有股票者即享有领取股利的权利；从除息日开始，股利权与股票相分离，新购入股票的投资者不能分享股利。自除息日起，公司股票的交易称为无息交易，其股票称为无息股。现在先进的计算机交易系统为股票的交割过户提供了快捷的手段，股票交易结束的当天即可办理完全部的交割过户手续。因此，现在的除息日是在股权登记日的次日（工作日）。除息日的股价会比上一个交易日（股权登记日）有所降低，降低幅度则视股利发放水平而定。

如果发放现金股利，股票除息价格表现为前一个交易日的股价扣除股息后的差额；如果发放股票股利，股票的除权价格可用公式表示为：

$$除权价格 = \frac{含权价格}{1 + 发放比例} \tag{8-1}$$

（四）股利发放日

股利发放日也叫股利支付日或付息日，即向股东实际发放股利的日期。

[例8-2] ××股份有限公司2007年度利润分配方案实施公告

本公司及董事会全体成员保证公告内容的真实、准确和完整，对公告的虚假记载、误导性陈述或者重大遗漏负连带责任。

××股份有限公司2007年度利润分配方案已获2008年4月18日召开的股东大会审议通过，现将利润分配事宜公告如下：

1. 利润分配方案

本公司年度利润分配方案为：以2007年末总股本922273092股为基数，向全体股东每10股派发现金0.50元（含税）。扣税后，社会公众股中个人股东、投资基金实际每10股派发0.40元现金。

2. 股权登记日与除息日

本次利润分配股权登记日为：2008年6月11日，除息日为2008年6月12日。

3. 利润分配对象

本次分派对象为：截止2008年6月11日下午上海证券交易所收市后，在中国证券登记结算有限责任公司上海分公司登记在册的本公司全体股东。

4. 利润分配方法

次社会公众股股息于2008年6月17日通过股东托管证券商直接划入其资金账户。法人股及高级管理人员持股的股息由本公司派发。

二、股利支付的形式

股份有限公司分派股利的形式一般有现金股利、股票股利、财产股利和负债股利等。后两种形式应用较少，我国有关法律规定股份有限公司只能采用现金股利和股票股利两种形式。

（一）现金股利

现金股利是指企业以现金的形式向股东支付的股利，是最常见的、也是最易被投资者接受的股利支付方式。这种形式能够满足大多数投资者希望得到一定数额现金的这一实在的收益要求。

企业是否支付现金股利，除必须有足额的可供分配的利润外，还取决于企业的投资需要、现金余额和股东意愿。企业有较好的投资机会时，如果发放现金股利就不得不举债或发行新的股份，会导致资金成本增加，此时除留用较多利润外，往往选择股票股利的方式。现金股利还要受到企业现金供应量的限制，因为公司产生较多的利润，不一定就能够产生相应的现金净流量，现金供应不足，就不能发放现金股利。不同的投资者对现金股利的需要也不同，富有的股东并不依赖股利生活，大多数情况下收到现金股利也要再投资，与其取得现金股利而缴纳个人所得税，不如将现金留在公司，既节省个人所得税开支又省事；对于小股东而言，将现金股利留在企业再投资就要承担一定的风险，这常常是他们不愿意承受的，尤其是那些依赖定期的现金股利维持生计的投资者，就更需要现金股利。

（二）股票股利

股票股利是指企业以股票的形式向股东支付的股利，即按股东持有股份的比例发放股票作为股利的一种形式。支付股票股利又称为送股或送红股。

1. 股票股利对股东权益的影响

股票股利是一种比较特殊的股利。其性质是将能够用于分配的利润转作股票，不直接增加股东的财富，不影响公司的资产、负债及股东权益金额的变化，所影响的只是股东权益的结构。

[例 8-3] 某企业发放股票股利前，股东权益的构成情况如下：

普通股股本（每股 1 元，40000 万股）	40000 万元
资本公积	80000 万元
盈余公积	80000 万元
未分配利润	320000 万元
股东权益合计	520000 万元

假定该企业宣告股利分配方案为 10 送 2，即现有股东每持有本公司 10 股普通股即可取得 2 股。则公司总股数将增加：

$$40000 \times 20\% = 8000（万股）$$

若此时股票的市价为每股 6 元，随着股票股利的支付，需分配的未分配利润为：

$$8000 \times 6 = 48000（万元）$$

由于股票面值不变还是 1 元，所以增加 8000 万股普通股后，"普通股股本"只应增加 8000 万元，其余的 40000 万元应作为股票溢价转入"资本公积"项目，而公司股东权益总额保持不变。

发放股票股利后股东权益情况如下：

普通股股本（每股 1 元，48000 万股）	48000 万元
资本公积	120000 万元
盈余公积	80000 万元
未分配利润	272000 万元
股东权益合计	520000 万元

可见，发放股票股利，不会对股东权益总额产生影响，但会发生资金在股东权益各项目间的再分配。

2. 股票股利对股东的影响

（1）从理论上讲，发放股票股利后，如果盈利总额不变，会由于普通股股数增加而引起每股收益和每股市价的下降；但又由于股东所持股份的比例不变，每位股东所持股票的市场价值总额仍保持不变。

[例 8-4] 假定上述 [例 8-3] 中企业本年盈余为 96000 万元，某股东持有 400 万股普通股，那么发放股票股利对该股东的影响见表 8-1 所示。

发放股票股利对股东的影响　　　　　　　　　　　　　　　　表 8-1

项目	发放前	发放后
每股收益（元）	96000÷40000=2.4	96000÷48000=2
每股市价（元）	6	6÷(1+20%)=5
持股比例	400÷40000×100%=1%	480÷48000×100%=1%
所持股票总价值（万元）	6×400=24000	5×480=24000

（2）如果投资者出售股票取得现金，股票股利可能给投资者带来方便。当然，没有股票股利，投资者也会出售股票取得现金。有的股东可能不认为销售股票是股本的销售，他们可能认为股票股利是意外之财，他们往往将股票股利出售只保留原有股票。从该角度考虑，这些投资者可能欢迎企业支付股票股利。

（3）如果企业在分配股票股利的同时分配现金股利，这对投资者可能是非常有利的。例如，某投资者持有某企业普通股 1000 股，该企业宣布 10 送 1 的分配方案，并按发放股票股利后的股数，每股发放现金股利 0.1 元，则该投资者持有 1100 股，并获现金股利 110 元。该种分配政策，反映了企业有节制地增加现金股利支付的策略。

（4）发放股票股利，可将某些信息传达给投资者。股票股利往往同企业的未来发展有关。因此，股票股利向股东暗示管理当局预期利润会继续增长，未来的收益可能会抵补因发放股票股利而稀释的每股收益且有剩余等等。

3. 股票股利对企业的影响

（1）发放股票股利可使股东分享公司的盈余而无须分配现金，这使企业留存了大量现金，便于进行再投资，有利于公司长期发展。

（2）在盈利和现金股利不变的情况下，发放股票股利可以降低每股市价，从而吸收更多的投资者。

（3）发放股票股利往往会向社会传递企业将会继续发展的信息，从而提高投资者对公司的信心，在一定程度上稳定股票价格。但在某些情况下，发放股票股利也会被认为是企业资金周转不灵的征兆，从而降低投资者对企业的信心，加剧股价的下跌。

（4）发放股票股利的费用比发放现金股利的费用大，会增加企业的负担。

第四节　股票分割与股票回购

一、股票分割

股票分割又称拆股，是公司管理当局将其股票分割或拆细的行为。例如，三股换一股的股票分割是指三股新股换取一股旧股。

股票分割对公司的资本结构和股东权益不会产生任何影响，一般只会使发行在外的股票总数增加，每股面值降低，并由此引起每股收益和每股市价下跌，而资产负债表中股东权益各账户的余额都保持不变,股东权益的总额也维持不变。

[例8-5] 某公司现有股本2000万股(每股面值为10元),资本公积40000万元,留存收益140000万元,股票市价为每股20元。现按1:2进行股票分割,对公司股东权益的影响如表8-2和表8-3所示。

原来的股东权益(单位:万元)　　　　　　　　　　　　表8-2

股本(2000万股,面值10元)	20000
资本公积	40000
留存收益	140000
股东权益合计	200000

股票分割后的股东权益(单位:万元)　　　　　　　　　　表8-3

股本(4000万股,面值5元)	20000
资本公积	40000
留存收益	140000
股东权益合计	200000

股票分割的主要作用有:

1. 降低股票市价,提高企业股票的市场流动性

通常认为,股票价格太高,会降低股票的吸引力,不利于股票交易。通过股票分割可以大幅度降低股票市价,促进股票流通和交易。

2. 有助于公司并购政策的实施

假设有甲、乙两个公司,甲公司股票每股市价为30元,乙公司股票每股市价为3元,甲公司准备通过股票交换的方式对乙公司实施并购,如果甲公司以1股股票换取乙公司10股股票,可能会使乙公司的股东在心理上难以承受;如果甲公司先进行股票分割,将原来1股拆成5股,然后再以1:2的比例换取乙公司股票,则乙公司的股东在心理上可能会容易接受些。通过股票分割的办法改变被并购企业股东的心理差异,更有利于企业并购方案的实施。

3. 为发行新股做准备

股票价格的高低往往是影响新股发行顺利与否的关键性因素,当市场股票价格太高时,会使许多潜在的投资者不敢轻易投资公司的新发行股票。在新股发行前,适时进行股票分割,有利于促进股票市场交易的活跃,更广泛地吸引各个层次投资者的注意力,促进新股的发行。

4. 提高投资者对公司的信心

股票分割能向股票市场和广大投资者传递公司业绩好、利润高、增长潜力大的信息,从而能提高投资者对公司的信心。

5. 加大对公司股票恶意收购的难度

股票分割带来的股票流通性的提高和股东数量的增加,会在一定程度上加大

其他公司对公司股票恶意收购的难度。

与股票分割相对应的是股票的反分割，又称股票的合并。一般来讲，它是在企业股票价格过低时采用的一种策略，它通过将企业的流通股按一定比例合并，来提高股票的面值和市价。例如，某企业目前流通股股票面值为1元，每股市价1.5元。为提高市价，决定用1股新股换4股旧股的反分割策略。其结果是，企业流通股股票面值提高至4元，股票市价也相应提高。

二、股票回购

（一）股票回购的含义与方式

股票回购是指上市公司出资将其发行流通在外的股票以一定价格购回予以注销或作为库存股的一种资本运作方式。

我国《公司法》规定，公司不得收购本公司股份。但是，有下列情形之一的除外：

1. 减少公司注册资本；
2. 与持有本公司股份的其他公司合并；
3. 将股份奖励给本公司职工；
4. 股东因对股东大会作出的公司合并、分立决议持异议，要求公司收购其股份的。

股票回购的方式主要有三种：一是在市场上直接购买；二是向股东标购；三是与少数大股东协商购买。

（二）股票回购的动机

股份公司回购股票的动机通常包括：

1. 提高财务杠杆比例，改善企业资本结构

若认为权益资本在资本结构中所占比重过大，则可通过举借外债回购股票。一方面公司负债规模增加，另一方面是权益资本比重下降，公司财务杠杆水平会明显提高。

2. 满足企业兼并与收购的需要

利用库存股票交换被兼并企业的股票，减少或消除因企业兼并而带来的每股收益的稀释效应。

3. 提高每股收益

实行股票回购可减少发行在外的普通股股数，有利于每股收益增加、股价上升。

4. 满足认股权的行使

在企业发行可转换债券、认股权证或实行高层经理人员股票期权计划以及员工持股计划的情况下，采用股票回购的方式既不会稀释每股收益，又能满足认股权的行使，无疑是一种明智的选择。

5. 替代现金股利

支付现金股利会对公司产生未来的派现压力，而股票回购属于非正常股利政

策,不会对公司产生未来的派现压力。需要现金的股东可以选择出售股票,不需要现金的股东可以选择继续持有股票。因此,当公司有富余资金,但又不希望通过支付现金股利的方式进行分配的时候,股票回购可以作为现金股利的一种替代。

6. 在公司的股票价值被低估时,提高其市场价值

如果认为公司的股价被低估,可以通过股票回购向市场和投资者传递公司真实的投资价值,稳定或提高公司的股价。一般情况下,投资者会认为股票回购是公司认为其股票价值被低估而采取的应对措施。

7. 巩固既定控制权或转移公司控制权

许多股份公司的大股东为了保证其控制权不受影响,往往采取直接或间接方式回购股票,从而巩固既有的控制权。另外,有些公司的法定代表人并不是公司大股东的代表,为了保证不改变在公司中的地位,也为了能在公司中实现自己的意志,往往也采取股票回购的方式分散或削弱原控股股东的控制权,以实现控制权的转移。

8. 防止敌意收购

股票回购有助于公司管理者避开竞争对手企图收购的威胁,因为它可以使公司流通在外的股份数变少,股价上升,从而使收购方要获得控制公司的法定股份比例变得更为困难。

(三) 影响股票回购的因素

影响股票回购的因素有:

1. 税收因素:与现金股利相比,股票回购对投资者可产生节税效应,也可增加投资的灵活性。

2. 投资者对股票回购的反应。

3. 股票回购对股票市场价值的影响:股票回购可减少流通在外的股票数量,相应提高每股收益,降低市盈率,从而推动股价上升或将股价维持在一个合理水平上。

4. 对公司信用等级的影响。

(四) 股票回购的负效应

股票回购可能对上市公司经营造成的负面影响有:

1. 股票回购需要大量资金支付回购的成本,易造成资金紧缺,资产流动性变差,影响公司发展后劲。上市公司进行股票回购首先必须要以有资金实力为前提,如果公司负债率较高,再举债进行回购,将使公司资产流动性恶化,巨大的偿债压力,则将进一步影响公司正常的生产经营和发展后劲。

2. 回购股票可能使公司的发起人股东更注重创业利润的兑现,而忽视公司长远的发展,损害公司的根本利益。

3. 股票回购容易导致内部操纵股价。股份公司拥有本公司最准确、最及时的信息,上市公司回购本公司股票,易利用内幕消息进行炒作,使大批普通投资者蒙受损失,甚至有可能出现借回购之名,行炒作本公司股票的违规之实。

复习思考题

某公司去年税后净利润为 500 万元，每股股利为 0.2 元。今年税后净利润降为 475 万元，去年至今公司发行在外的普通股始终为 1000 万股。

该公司现决定投资 400 万元开发新项目，其中 60% 的资金来自举债，40% 的资金来自股东权益。

要求：（1）若该公司采用剩余股利政策，则今年应支付的每股股利为多少元？

（2）若该公司继续采用去年所采用的固定股利支付率政策，则今年应支付的每股股利为多少元？

第九章

财务预算

第一节 财务预算概述

一、财务预算的含义

财务预算是一系列专门反映建筑企业未来一定预算期内预计财务状况和经营成果,以及现金收支等价值指标的各种预算的总称,具体包括现金预算、预计利润表、预计资产负债表等内容。编制财务预算是施工企业财务管理的一项重要工作。

二、财务预算在全面预算体系中的地位与作用

全面预算是根据建筑企业目标所编制的经营、资本、财务等年度收支计划,即以货币及其他数量形式反映的有关建筑企业未来一段期间内全部经营活动各项目标的行动计划与相应措施的数量说明。包括:特种决策预算(含经营决策预算和投资决策预算)、日常业务预算(含销售预算、生产预算、采购预算、税金预算、直接人工预算、成本预算、费用预算等)和财务预算等内容。全面预算作为一个完整的体系涉及到建筑企业经营活动的各个方面,它是以本企业的经营目标为出发点,以施工工程项目和建筑企业工程结算预测为主导,深入到生产、成本、费用和资金收支等方面的预算,最后编制预计财务报表。在全面预算的体系中,财务预算是最后一个环节,是经营、投资预算和业务预算的综合反映,是全面预算的主体,因此也称综合预算或总预算。建筑企业全面预算是一个体系,作为该体系的主要组成部分,在全面预算中起着相当重要的作用,具体表现为以下几个

方面：

1. 明确企业工作目标

每一个建筑企业都是一个有机的整体，预算作为建筑企业的计划，规定了企业在一定时期内总的经营目标和企业各部门的具体财务目标，这样就使得各个部门都能从价值上了解本企业的经济活动与整个企业经营目标的关系，从而明确各自的职责。

2. 协调企业各部门关系

建筑企业的财务预算是根据经营预算所编制的，从经营目标出发，将本部门的工作目标具体化，并和其他部门取得协调一致。编制财务预算可以促使企业内部各级各部门的预算相互协调、统筹兼顾并搞好综合平衡。

3. 控制日常财务活动

预算作为以货币计量的企业经营计划，其中规定的各项指标和要求是控制企业经营活动的依据。编制财务预算，主要是为控制建筑企业的日常财务活动提供依据。建筑企业在执行财务预算的过程中，通过计量、对比，及时发现实际脱离预算的偏差，并采取必要的措施对发生的偏差予以纠正，从而保证预算目标的实现。

4. 考核部门工作业绩

财务预算所规定的目标是考核建筑企业各部门工作业绩的标准。企业在评价各部门的工作业绩时，应根据财务预算的完成状况，具体分析实际发生数与预算数的差异，找出原因，划清责任，有奖有罚。

第二节　财务预算的编制方法

财务预算有各种编制方法。按其业务量基础的数量特征不同，可分为固定预算方法和弹性预算方法；按其预算期的时间特征不同，可分为定期预算方法和滚动预算方法；按其出发点的特征不同，可分为增量预算方法和零基预算方法。

一、固定预算和弹性预算

固定预算又称静态预算，是指企业按照预算期内正常的、可实现的某一固定业务量（如工程量）水平作为唯一基础来编制预算的一种方法。由于这种方法没有考虑预算期内经营活动水平可能发生的变动，因此，当经营活动水平变动时，如不重新编制固定预算，实际数与预算数就不具有可比性；而重新编制预算，将带来很大的工作量。所以固定预算，一般只适用于经营活动水平较为稳定的企业，固定预算也适用于企业固定成本（费用）的控制。

弹性预算又称变动预算，是企业在不能准确预测业务量的情况下，以业务量、成本和利润之间的依存关系为依据，按照预算期可预见的各种业务量水平，编制能够适应不同业务量的有伸缩性的预算方法。该预算适用于编制与业务量有关的各种预算，如成本、利润等预算。

二、定期预算和滚动预算

定期预算是指在编制预算时以不变的会计期间（如日历年度）作为预算期的一种编制预算的方法。

滚动预算又称连续预算或永续预算，是指在编制预算时，将预算期与会计年度脱离，随着预算的执行不断延伸补充预算，逐期向后滚动，使预算期永远保持为一个固定期间的一种预算编制方法。滚动预算能及时调整和修订近期预算，从而使预算更切合实际，同时滚动预算在时间上不受日历年度的限制，能够连续不断地规划未来的经营活动，不会造成人为中断预算。

滚动预算在编制时，按滚动的时间单位不同可分为逐月滚动、逐季滚动和混合滚动三种方式。每经过一个月份（或季度），立即根据前一月份（或季度）的预算执行情况，对以后月份（或季度）进行修订，并增加一个月份（或季度）的预算，如此以逐期向后滚动、连续不断地预算形式规划企业未来的经营活动。

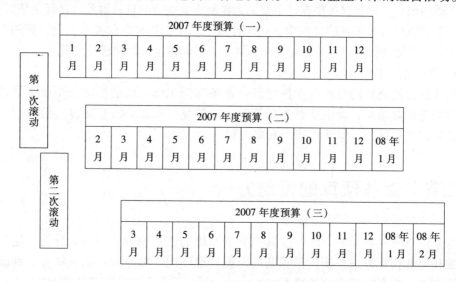

图9-1 滚动预算示意图

如上图9-1所示，是逐月滚动预算方式，逐季滚动预算方式与逐月滚动预算方式相同，但是工作量相对要小，且预算精确度较差。

混合滚动方式是指在预算编制过程中，同时使用月份和季度作为预算编制和滚动单位的方法。它是滚动预算的一种变通方式。

在实际工作中，采用哪一种滚动预算方式应该根据企业的实际需要确定。

三、增量预算和零基预算

增量预算，又称调整预算，是指以基期成本费用水平为基础，结合预算期业务量水平及有关影响成本因素的未来变动情况，通过调整有关原有费用项目而编制预算的一种方法。

企业实行增量预算方法是有一定的假定条件的，增量预算的假定前提有：

1. 现有的业务活动是企业必需的；
2. 原有的各项开支都是合理的；
3. 未来预算期的费用变动是在现有费用的基础上调整的结果。

零基预算又称零底预算，是指在编制成本费用预算时，不考虑以往会计期间所发生的费用项目或费用数额，而是将所有的预算支出均以零为出发点，一切从实际需要与可能出发，逐项审议预算期内各项费用的内容及开支标准是否合理，在综合平衡的基础上编制费用预算的一种方法。

零基预算在编制时，对于每项作业活动或职能均不以其存在为依据，而是重新评估，以求及时发现效益不佳的作业，杜绝资源浪费及缺乏效率的情况。零基预算方法包括五个内容：①确认目标；②评估完成目标可以采用的各种活动和方式，选出最优；③确定各项活动的资金分配量；④对工作和活动的业绩评价；⑤建立项目选择的优先顺序。零基预算的优点是：不受现有费用项目和开支水平限制；能够调动各方面降低费用的积极性，有助于企业的发展。其缺点是工作量大，编制时间较长。

第三节 现金预算及预计财务报表的编制

一、现金预算的编制

财务预算的中心是企业现金预算，也称现金收支预算，它是以日常业务预算和特种决策预算为基础所编制的反映现金收支情况的预算，即反映建筑企业现金流转状况的预算。现金预算的内容包括现金收入、现金支出、现金多余或不足的计算，以及不足部分的补充方案和多余部分的利用方案等。

现金预算取决于其他预算中现金收入和支出的安排，其他预算也要根据现金预算的可能支付条件安排本身的费用支出。编制现金预算的基础是其他各项预算，并以其他预算所提供的现金流量作为依据。以下分别从收入和支出两个方面来说明。

（一）收入预算

建筑企业的生产经营活动和其他行业相比有其特殊性。它所表现出来的特点是：产品品种单一；施工生产周期长；施工对象（即产品）是预先确定的。由于建筑企业的行业特性，决定了建筑企业每个单位工程总造价是事先确定的。而每个会计结算期或生产周期的收入，则是由每一期的工程形象进度决定的。

在编制建筑企业收入预算时，以事先编制的工程总造价预算为基础，根据计划经营部门整个工程的工程形象进度安排，确定当期收入预算。

[例9-1] 某公司2007年度承接甲工程，工程总造价1000万元，预计第一季度完成总进度的10%，第二季度完成总进度的25%，第三季度完成总进度的20%，第四季度完成总进度的40%。预计第一季度工程价款估算款中现金收入70万元；第二季度工程价款估算款中现金收入190万元；第三季度工程价款估算款

中现金收入220万元；第四季度工程价款估算款中现金收入320万元。

要求：编制该公司2007年度工程收入预算

根据题意，公司2007年度工程收入预算如表9-1所示：

公司2007年度工程收入预算（单位：元）　　　　　　　表9-1

项目	第一季度	第二季度	第三季度	第四季度	全年
预计工程造价	1000000	2500000	2000000	4000000	9500000
预计工程价款现金收入	700000	1900000	2200000	3200000	8000000

（二）成本费用预算

1. 直接材料费用预算

直接材料费用预算是指建筑企业在一定预算期内，因组织施工生产经营活动和材料采购活动，预计发生的直接材料需用量、采购数量和采购成本而编制的一种经营预算。它包括需用量预算和采购预算两个部分。

（1）直接材料需用量预算的编制程序

①按照单位工程某种材料消耗定额和工程量，计算预算期某种直接材料的需用量，计算公式：

某单位工程消耗某种直接材料预计需用量 = 某单位工程耗用该材料的消耗定额 × 该单位工程预算期的预计工程量　　　　　　　　　　　　　　　　(9-1)

②预计预算期某种直接材料的全部需用量，计算公式：

预算期某种直接材料全部需用量 = $\sum$ 某工程消耗该种直接材料预计需用量

(9-2)

（2）直接材料采购预算的编制程序

①预计预算期某种直接材料的全部采购量，计算公式：

某种直接材料的预计采购量 = 该种材料的预计需用量
　　　　　　　　　　　　　+ 该种材料的预计期末库存量　　(9-3)
　　　　　　　　　　　　　- 该种材料的预计期初库存量

上式中，材料的预计期末库存量通常可按下期的预计需用量的一定比例估算；材料预计期初库存量等于其期末库存量。

②预计预算期某种直接材料的采购成本，计算公式：

某种材料预计采购成本 = 该种材料单价（不含增值税）
　　　　　　　　　　　× 该种材料预计采购量　　(9-4)

③确定预算期直接材料采购总成本，计算公式：

预算期直接材料采购总成本 = $\sum$ 某种材料预计采购成本　　(9-5)

④确定与采购成本有关的增值税进项税额，计算成本：

某预算期增值税的进项税额 = 预算期直接材料采购总成本
　　　　　　　　　　　　　× 增值税税率　　(9-6)

⑤确定预算期预计采购金额，计算公式：

$$\text{预算期预计采购金额} = \text{预算期直接材料采购总成本} \quad (9\text{-}7)$$
$$+ \text{该期预计增值税进项税额}$$

为了便于以后编制现金预算，一般要编制与材料采购有关的预计材料采购现金支出，其数额包括偿还上期应付账款和本期应付的采购料款。

预算期材料采购现金支出计算公式：

$$\text{某预算期材料采购现金支出} = \text{该期现购材料现金支出} \quad (9\text{-}8)$$
$$+ \text{该期支付以前期的应付账款}$$

[**例 9-2**] 某公司 2007 年承接甲工程需用的材料消耗定额及采购单价如表 9-2 所示；材料年初和年末的库存量及有关账户余额等如表 9-3 所示。

2007 年度公司材料消耗定额及采购单价　　　　表 9-2

项目	材料品种	第一季度	第二季度	第三季度	第四季度	全年
材料消耗定额（t/m³）	水泥	0.25	0.25	0.25	0.25	
	黄砂	0.75	0.75	0.75	0.75	
	石子	1.00	1.00	1.00	1.00	
材料采购单价（元/t）	水泥	300.00	300.00	300.00	300.00	
	黄砂	35.00	35.00	35.00	35.00	
	石子	40.00	40.00	40.00	40.00	
预计工程量（m³）		3500	4000	3700	4500	15700

2007 年度公司的材料库存量和其他资料　　　　表 9-3

材料品种	年初存货量（t）	年末存货量（t）	预计期末存货量占下期需用量%	增值税率	年初应付账款（元）	当季付现率
水泥	150	200	20%	17%	1183000.00	60%
黄砂	850	930	30%			
石子	750	820	20%			
年初库存材料（元）	104750.00	年末库存材料（元）	125350.00			

要求：根据以上资料，编制该公司 2007 年度的直接材料需用量预算、采购预算和材料采购现金支出预算。

根据题意，

（1）直接材料需用量预算，如表 9-4 所示。

2007 年度公司直接材料需用量预算　　　　表 9-4

项目	材料品种	第一季度	第二季度	第三季度	第四季度	全年
预计需用量（t）	水泥	875	1000	925	1125	3925
	黄砂	2625	3000	2775	3375	11775
	石子	3500	4000	3700	4500	15700

(2) 直接材料采购预算，如表 9-5 所示。

2007 年度公司直接材料采购预算（单位：元） 表 9-5

材料品种	项目	第一季度	第二季度	第三季度	第四季度	全年
水泥 （不含税）	需用量	875.00	1000.00	925.00	1125.00	3925.00
	加：期末材料存量	200.00	185.00	225.00	200.00	
	减：期初材料存量	150.00	200.00	185.00	225.00	
	本期采购量	925.00	985.00	965.00	1100.00	3975.00
	材料采购单价	300.00	300.00	300.00	300.00	
	材料采购成本	277500.00	295500.00	289500.00	330000.00	1192500.00
黄砂 （不含税）	需用量	2625.00	3000.00	2775.00	3375.00	11775.00
	加：期末材料存量	900.00	832.50	1012.50	930.00	
	减：期初材料存量	850.00	900.00	832.50	1012.50	
	本期采购量	2675.00	2932.50	2955.00	3292.50	11855.00
	材料采购单价	35.00	35.00	35.00	35.00	
	材料采购成本	93625.00	102637.50	103425.00	115237.50	414925.00
石子 （不含税）	需用量	3500.00	4000.00	3700.00	4500.00	15700.00
	加：期末材料存量	800.00	740.00	900.00	820.00	
	减：期初材料存量	750.00	800.00	740.00	900.00	
	本期采购量	3550.00	3940.00	3860.00	4420.00	15770.00
	材料采购单价	40.00	40.00	40.00	40.00	
	材料采购成本	142000.00	157600.00	154400.00	176800.00	630800.00
预计材料采购成本（不含税）合计		513125.00	555737.50	547325.00	622037.50	2238225.00
增值税进项税额		87231.25	94475.38	93045.25	105746.38	380498.25
预计采购金额合计		600356.25	650212.88	640370.25	727783.88	2618723.25

(3) 直接材料采购现金支出预算，如表 9-6 所示。

2007 年度公司直接材料采购现金支出预算（单位：元） 表 9-6

项目	第一季度	第二季度	第三季度	第四季度	全年
预计采购金额合计	600356.25	650212.88	640370.25	727783.88	2618723.25
期初应付账款	1183000.00				1183000.00
第一季度采购现金支出	360213.75	240142.50			600356.25
第二季度采购现金支出		390127.73	260085.15		650212.88
第三季度采购现金支出			384222.15	256148.10	640370.25
第四季度采购现金支出				436670.33	436670.33
现金支出合计	1543213.75	630270.23	644307.30	692818.43	3510609.70

2. 直接人工费用预算

直接人工预算是指建筑企业在一定预算期内,为预计直接人工工时的消耗水平而编制的一种经营预算。它包括直接工资费用预算和按直接工资的一定比例计提的有关费用预算。

直接人工费用预算的编制程序如下:

(1) 预计单位工程的直接人工工时总数,计算公式:

$$单位工程直接人工工时总数 = 单位工程工时定额 \times 预计该工程的工程量$$

(9-9)

(2) 预计单位工程耗用的直接工资,计算公式:

$$预计单位工程耗用直接工资 = 单位工时直接人工费用(小时工资率) \\ \times 该单位工程直接人工工时总数$$

(9-10)

(3) 预计单位工程计提的工资附加费用,计算公式:

$$预计单位工程计提的工资附加费用 = 预计单位工程耗用直接工资 \\ \times 相应的计提标准$$

(按现行会计制度:职工福利费14%;工会经费2%;教育费附加1.5%)

(9-11)

(4) 确定预算期单位工程的预计直接人工成本,计算公式:

$$预计单位工程的直接人工成本 = 预计单位工程耗用直接工资 \\ + 预计单位工程计提的工资附加费用$$

(9-12)

(5) 确定预算期直接人工成本合计,计算公式:

$$预计企业直接人工成本合计 = \sum 预计单位工程的直接人工成本 \quad (9\text{-}13)$$

由于施工企业的直接人工成本一般均以现金开支,所以在日常工作中不单独编制与此相关的预计现金支出预算。对不以现金开支的工资附加费用,作适当的调整。

$$预计预算期直接人工成本现金支出 = 该期预计直接工资总额 \\ + 该期预计的工资附加费现金支出$$

(9-14)

公式中工资附加费现金支出可按下列方式测算:

$$预计工资附加费现金支出 = 预计单位工程计提的工资附加费用 \\ \times 预计工资附加费支用率$$

(9-15)

预计工资附加费支用率是指预算期内支用的工资附加费占同期提取的工资附加费的百分比,它是依据历史数据估计的。

[例9-3] 某公司2007年度单位工程工时定额和单位工时工资率如表9-7所示。

2007 年度公司的单位工程工时定额和单位工时工资率资料　　表 9-7

项目	第一季度	第二季度	第三季度	第四季度	附加费计提标准	附加费预计支用率
单位工时工资率	8	8	8	8	17.5%	70%
工时定额	10	10	10	10		

要求：编制该公司 2007 年度的直接人工预算。

根据题意，公司 2007 年直接人工预算如表 9-8 所示。

2007 年度公司的直接人工预算（单位：元）　　表 9-8

项目	第一季度	第二季度	第三季度	第四季度	全年
单位工时工资率	8	8	8	8	
工时定额	10	10	10	10	
预计工程量（m^3）	3500	4000	3700	4500	15700
直接人工工时总数（小时）	35000	40000	37000	45000	157000
预计直接工资（元）	280000.00	320000.00	296000.00	360000.00	1256000.00
工资附加费（元）	49000.00	56000.00	51800.00	63000.00	219800.00
直接人工成本合计	329000.00	376000.00	347800.00	423000.00	1475800.00
单位工时直接人工成本	9.40	9.40	9.40	9.40	
预计工资附加费现金支出	34300.00	39200.00	36260.00	44100.00	153860.00
直接人工成本现金支出合计	314300.00	359200.00	332260.00	404100.00	1409860.00

3. 机械使用费用预算

机械使用费用预算是指施工企业在一定预算期内，为预计施工中因使用施工机械发生的各种费用而编制的一种经营预算。它包括自有施工机械费用预算（一般中小型机械设备）和施工机械租赁费用预算（大型机械设备和特殊机械设备）。

机械使用费用预算的编制程序如下：

（1）确定按台时费计算的自有机械使用费，计算公式：

按台时费计算的自有机械使用费 = 预计机械预算期工作台时数
　　　　　　　　　　　　　　　×该机械台时费　　　　　　　(9-16)

（2）确定按台时费计算的自有机械使用费合计，计算公式：

按台时费计算的自有机械使用费合计 = $\sum$ 预计按台时费计算的机械使用费

(9-17)

（3）确定某单位工程自有机械使用费，计算公式：

某单位工程自有机械使用费 =（该单位工程预计预算期机械工作台时数
　　　　　　　　　　　　　/预算期机械工作台时总数）
　　　　　　　　　　　　　×预计按台时费计算的机械使用费合计

(9-18)

(4) 确定某单位工程租赁机械使用费，计算公式：

$$某单位工程租赁机械使用费 = \sum（预计每台机械预算期台班数 \times 该机械台班单价） \quad (9-19)$$

(5) 确定预算期机械使用费用，计算公式：

$$预算期机械使用费用 = 预计自有机械使用费 + 预计租赁机械使用费 \quad (9-20)$$

自有机械使用费用中一般包括：人工费、燃料动力费、经常修理费、折旧费、大修理费用摊销等等。除折旧费、大修理费用摊销外，一般其他发生的项目都是现金支出，在编制现金预算时要将折旧费、大修理费用摊销剔除。

[例9-4] 某公司2007年度甲工程自有混凝土搅拌机工作台时和台时费及其他资料如表9-9所示：

2007年度公司混凝土搅拌机工作台时和台时费 表9-9

项目	第一季度	第二季度	第三季度	第四季度	全年
预计甲工程工作台时（台时）	30000	20000	35000	50000	135000
台时费（元/台时）	10.00	10.00	10.00	10.00	
预计全年计提折旧费（元）	50000.00	50000.00	50000.00	50000.00	200000.00
预计全年摊销大修理费（元）	20000.00	20000.00	30000.00	30000.00	100000.00

该公司2007年度向租赁公司租借大型机械资料如表9-10所示：

2007年度某公司甲工程租赁机械情况 表9-10

项目	第一季度	第二季度	第三季度	第四季度	全年
预计需用台班数（台班）	—	2500	4000	3000	9500
机械租赁单价（元/台班）	—	30.00	30.00	30.00	—

要求：编制该公司2007年度的施工机械费用预算。

根据题意，公司2007年施工机械费用预算如表9-11所示。

2007年度公司施工机械费用预算（单位：元） 表9-11

项目	第一季度	第二季度	第三季度	第四季度	全年
预计甲工程工作台时（台时）	30000	20000	35000	50000	135000
台时费（元/台时）	10.00	10.00	10.00	10.00	
甲工程自有机械费用	300000.00	200000.00	350000.00	500000.00	1350000.00
甲工程租赁机械费用	—	75000.00	120000.00	90000.00	285000.00
预算期机械使用费用	300000.00	275000.00	470000.00	590000.00	1635000.00
预计机械使用费现金支出	230000.00	205000.00	390000.00	510000.00	1335000.00

4. 其他直接费用预算

建筑企业的其他直接费是指在施工现场直接发生的,但不能计入直接材料费、直接人工费和施工机械使用费项目的其他直接生产费用。直接费用预算是指施工企业在一定预算期内,为预计施工中发生的各种其他直接生产费用而编制的一种经营预算。其他直接费预算主要包括:临时设施摊销、材料二次搬运费、水电费、检测试验费、场地清理费、工程点交费等。

在编制其他直接费用预算时,应附有预计现金支出表,便于以后编制现金预算。由于临时设施摊销是不需要用现金支出的项目,所以计算其他直接费用预期现金支出时,应将临时设施摊销费项目扣除。

[例 9-5] 某公司 2007 年甲工程其他直接费用预算如表 9-12 所示,除临时设施摊销费以外的各项其他直接费用均以现金支付。

要求:编制公司 2007 年度直接费用的现金支出预算。

根据题意,公司 2007 年其他直接费用预算如表 9-13 所示。

2007 年度公司预计其他直接费预算(单位:元) 表 9-12

项目	第一季度	第二季度	第三季度	第四季度	全年
水电费	80000.00	96000.00	95000.00	95000.00	366000.00
临时设施摊销	60000.00	60000.00	60000.00	60000.00	240000.00
材料二次搬运费		10000.00		25000.00	35000.00
检验试验费				8000.00	8000.00
场地清理费				13500.00	13500.00
其他	10000.00	—	13000.00	18000.00	41000.00

2007 年度公司其他直接费预算(单位:元) 表 9-13

项目	第一季度	第二季度	第三季度	第四季度	全年
水电费	80000.00	96000.00	95000.00	95000.00	366000.00
临时设施摊销	60000.00	60000.00	60000.00	60000.00	240000.00
材料二次搬运费		10000.00		25000.00	35000.00
检验试验费				8000.00	8000.00
场地清理费				13500.00	13500.00
其他	10000.00	—	13000.00	18000.00	41000.00
预算期其他直接费用合计	150000.00	166000.00	168000.00	219500.00	703500.00
预计其他直接费现金支出	90000.00	106000.00	108000.00	159500.00	463500.00

5. 间接费用预算

在建筑企业工程成本中,除了各项直接费外,还包括各建筑单位为组织和管理施工生产活动所发生的各项费用。这些费用不能确定其为某项工程所应负担,因而无法将它直接计入各个成本计算对象。间接费用主要是指管理人员工资、折旧费、修理费、工具用具使用费、办公费、劳动保护费等,对于这类费用应先归集后分配。

间接费用一般属于相对固定的费用,在编制间接费用预算时,一般是以过去的实际开支为基础,按预算期的可预见变化来调整。预计的间接费用在单位工程中进行分配时,以预算期发生的直接费或人工费为分配标准计算的。由于固定资产折旧是不需要用现金支出的项目,所以计算间接费用预期现金支出时,应将折旧费项目扣除。

[例9-6] 某公司2007年预计间接费用如表9-14所示,除固定资产折旧以外的各项间接费用均以现金支付。

要求:编制该公司2007年度间接费用的现金支出预算。

根据题意,公司2007年度间接费用预算如表9-15所示。

2007年度公司预计间接费用(单位:元) 表9-14

项目	第一季度	第二季度	第三季度	第四季度	全年
管理人员工资	60000.00	60000.00	60000.00	80000.00	260000.00
办公费	20000.00	13000.00	15000.00	19000.00	67000.00
劳动保护费		15000.00		15000.00	30000.00
经常性修理费	8000.00	10000.00	8000.00	9000.00	35000.00
固定资产折旧费	65000.00	65000.00	65000.00	70000.00	265000.00
其他	8000.00	5000.00	9000.00	4000.00	26000.00

2007年度公司间接费用预算(单位:元) 表9-15

项目	第一季度	第二季度	第三季度	第四季度	全年
管理人员工资	60000.00	60000.00	60000.00	80000.00	260000.00
办公费	20000.00	13000.00	15000.00	19000.00	67000.00
劳动保护费		15000.00		15000.00	30000.00
经常性修理费	8000.00	10000.00	8000.00	9000.00	35000.00
固定资产折旧费	65000.00	65000.00	65000.00	70000.00	265000.00
其他	8000.00	5000.00	9000.00	4000.00	26000.00
预算期间接费用合计	161000.00	168000.00	157000.00	197000.00	683000.00
预计间接费现金支出	96000.00	103000.00	92000.00	127000.00	418000.00

6. 财务及管理费用预算

财务费用及管理费用是搞好一般管理业务所必要的费用。随着企业规模的扩大,管理职能日益重要,其费用也相应增加。在编制财务及管理费用预算时,要分析企业的业务成绩和一般经济状况,务必做到费用合理化。财务及管理费用大部分属于固定成本，所以，一般是以过去的实际开支为基础，按预算期的可预见变化来调整。重要的是，必须充分考察每种费用是否必要，以便提高费用效率。

（三）现金预算

现金预算由四部分组成：现金收入、现金支出、现金多余或不足、资金的筹集和运用。

"现金收入"部分包括期初现金余额和预算期现金收入。就建筑企业而言，完成施工产值并取得结算的工程价款收入是现金收入的主要来源。期初"现金余额"是在编制预算时预计的，"产值现金收入"的数据来自收入预算，"可供使用现金"是期初余额与本期现金收入之和。

"现金支出"部分包括预算期的各项现金支出。"直接材料费用"、"直接人工费用"、"机械使用费用"、"其他直接费用"、"间接费用"、"财务和管理费用"的数据分别来自前述有关预算。此外，还包括营业税及附加、所得税、购置设备、股利分配等现金支出，有关的数据分别来自另行编制的专门预算。

"现金多余或不足"部分列示现金收入与现金支出合计的差额。差额为正，说明收大于支，现金有多余，可用于偿还过去向银行取得的借款，或者用于短期投资；差额为负，说明支大于收，现金不足，要向银行取得新的借款。

现金预算的编制，以各项经营预算和资本预算为基础，它反映各预算期的收入款项和支出款项，并作对比说明。其目的在于资金不足时筹措资金，资金多余时及时处理现金余额，并且提供现金收支的控制限额，发挥现金管理的作用。

在编制现金预算时，要掌握二个关系式：

1. 某期现金余缺＝该期现金收入－该期现金支出
2. 期末现金余额＝现金余缺－现金的筹集和运用

[**例9-7**] 为简化计算过程，假设某公司只承接甲工程。公司2007年度工程收入预算、直接材料费用预算、直接人工费用预算、施工机械费用预算、其他直接费用预算、间接费用预算分别见表9-1、表9-6、表9-8、表9-11、表9-13、表9-15所示；其他有关资料如表9-16所示。

2007年度公司有关资料（单位：元） 表9-16

项目	第一季度	第二季度	第三季度	第四季度	全年
预计工程税金及附加	33300.00	83250.00	66600.00	133200.00	316350.00
预计所得税	0.00	0.00	0.00	111391.69	111391.69
预计财务费用	272000.00	272000.00	272000.00	272000.00	1088000.00
预计管理费用	120000.00	120000.00	160000.00	200000.00	600000.00
预计用现金增加的固定资产			100000.00		

要求：编制该公司2007年度的现金预算。

根据题意，公司2007年度现金预算如表9-17所示：

2007 年度公司现金预算（单位：元） 表 9-17

项目	第一季度	第二季度	第三季度	第四季度	全年
期初现金余额	550000.00	100489.22	121769.00	156601.70	
工程现金收入	700000.00	1900000.00	2200000.00	3200000.00	8000000.00
可用现金合计	1250000.00	2000489.22	2321769.00	3356601.70	
经营性现金支出					
直接材料费用	1543213.75	630270.23	644307.30	692818.43	3510609.70
直接人工费用	314300.00	359200.00	332260.00	404100.00	1409860.00
施工机械费用	230000.00	205000.00	390000.00	510000.00	1335000.00
其他直接费用	90000.00	106000.00	108000.00	159500.00	463500.00
间接费用	96000.00	103000.00	92000.00	127000.00	418000.00
管理费用	120000.00	120000.00	160000.00	200000.00	600000.00
营业税及附加	33300.00	83250.00	66600.00	133200.00	316350.00
所得税	450697.03	0.00	0.00	111391.69	562088.72
资本性现金支出					
购置固定资产			100000.00		
现金支出合计	2877510.78	1606720.23	1893167.30	2338010.11	8615408.42
现金余缺	-1627510.78	393769.00	428601.70	1018591.58	
资金筹措及运用					
加：短期借款	2000000.00				
减：支付短期贷款利息	40000.00	40000.00	40000.00	40000.00	
减：支付长期贷款利息	232000.00	232000.00	232000.00	232000.00	
期末现金余额	100489.22	121769.00	156601.70	746591.58	

注：短期借款的借款发生在期初；短期借款的还款发生在期末；每季末支付利息。

二、预计财务报表的编制

预计财务报表是财务管理的重要工具，财务预算中的预计财务报表包括预计利润表和预计资产负债表。预计财务报表主要是为施工企业财务管理服务的，是有效控制施工企业资金、成本和利润总量的重要方法。

（一）预计利润表的编制

预计利润表是指以货币形式综合反映预算期内施工企业经营活动成果计划水平的一种财务预算。

预计利润表是在工程收入预算、直接材料费用预算、直接人工费用预算、施工机械费用预算、其他直接费用预算、间接费用预算等日常业务预算的基础上编制的。

[例9-8] 某公司 2007 年度的工程收入预算、直接材料费用预算、直接人工费用预算、施工机械费用预算、其他直接费用预算、间接费用预算等分别见表 9-1、表 9-6、表 9-8、表 9-11、表 9-13、表 9-15 所示：

要求：编制 2007 年度该公司的预计利润表

根据题意，编制公司 2007 年度预计利润表，如表 9-18 所示。

2007 年度公司预计利润表（单位：元） 表 9-18

项目	金额	资料来源
营业收入	9500000.00	见表 9-1
减：营业成本	7050083.25	见表 9-5、表 9-8、表 9-11、表 9-13、表 9-15
营业税金及附加	316350.00	见表 9-16
管理费用	600000.00	见表 9-16
财务费用	1088000.00	见表 9-16
预计利润总额	445566.75	
预计所得税	111391.69	所得税税率 25%
预计净利润	334175.06	

预计的利润表和实际利润报表在内容与格式上均一致，不同的是，数字是预计的。它是在预计的相关收入、成本费用、营业外收支的基础上加以编制的，如果其结果与企业的目标利润有较大差异，就需要有关部门调整相关预算，使其达到预计的目标。

（二）预计资产负债表的编制

预计资产负债表是指用于总括反映施工企业预算期末财务状况的一种财务预算。预计资产负债表与实际的资产负债表内容、格式相同，所不同的是数据是预测数。该表是利用期初的资产负债表的数据，根据施工企业有关结算收入、生产、资本等预算的有关数据加以调整而编制的。

[例 9-9] 某公司 2007 年度有关资料见本章前述例题，要求：根据上述资料编制该公司的资产负债表。

根据题意，公司 2007 年度预计资产负债表如表 9-19 所示：

2007 年度公司资产负债表（单位：元） 表 9-19

资产	年初数	年末数	资料来源
流动资产			
货币资金	550000.00	746591.58	见表 9-17
其他应收款	20000.00	43991.69	
应收账款	100000.00	160000.00	见表 9-1
存货	104750.00	125350.00	见表 9-3
流动资产合计	774750.00	1075933.27	
固定资产			
固定资产原值	4000000.00	5400000.00	

续表

资产	年初数	年末数	资料来源
减：累计折旧	430000.00	895000.00	见表9-9、表9-14
固定资产净值	3570000.00	4505000.00	
固定资产合计	3570000.00	4505000.00	
无形及其他非流动资产			
无形资产	0.00	0.00	
无形及其他非流动资产合计	0.00	0.00	
长期资产合计	3570000.00	4505000.00	
资产总计	4344750.00	5580933.27	
负债及所有者权益	年初数	年末数	资料来源
流动负债			
短期借款		2000000.00	
未交税金	450697.03	244591.69	见表9-16
应付账款	1183000.00	291113.55	见表9-3、表9-6
应付职工薪酬			
流动负债合计	1633697.03	2535705.24	
长期负债			
长期借款	1200000.00	1200000.00	
应付债券			
长期负债合计	1200000.00	1200000.00	
负债合计	2833697.03	3735705.24	
所有者权益			
实收资本	1000000.00	1000000.00	
资本公积			
盈余公积			
未分配利润	511052.97	845228.03	见表9-18
所有者权益合计	1511052.97	1845228.03	
负债及所有者权益总计	4344750.00	5580933.27	

复习思考题

1. 财务预算的编制方法有哪些？
2. 简述编制预计财务报表的意义。一般需要编制哪些预计财务报表？

第十章 财务分析

第一节 财务分析概述

一、财务分析的意义

财务分析是指以建筑企业的财务会计报告和其他资料为依据，采用一系列专门的方法，对建筑企业的财务状况和经营成果以及未来前景进行分析、研究与评价的一种业务手段。

财务分析既是对已完成的财务活动的总结，又是财务预测的前提，在财务管理循环中起着承上启下的重要作用。因此，开展财务分析具有十分重要的意义。

（一）财务分析是评价财务状况、衡量经营业绩的重要依据

通过对建筑企业财务报表等核算资料进行分析，可以了解建筑企业偿债能力、营运能力和盈利能力，便于企业管理者及财务报表使用者了解企业财务状况和经营成果，并通过分析将影响财务状况和经营成果的主观因素与客观因素、微观因素和宏观因素区分开来，以划清经济责任，合理评价经营者的工作业绩，并据此奖优罚劣，以促使经营者不断改进工作。

（二）财务分析是挖掘潜力、改进工作、实现理财目标的重要手段

建筑企业理财的根本目标是努力实现企业价值最大化。通过财务指标的计算和分析，能了解建筑企业的盈利能力和资金周转状况，不断挖掘建筑企业改善财务状况、扩大财务成果的内部潜力，充分认识未被利用的人力资源和物质资源，寻找利用不当的部分及原因，发现进一步提高利用效率的可能性，以便从各个方

面揭露矛盾、找出差距、寻求措施，以促进企业生产经营活动按照企业价值最大化的目标实现良性运行。

（三）财务分析为筹资、投资决策提供信息

通过对建筑企业财务数据的分析，可以了解企业盈利能力的高低，偿债能力的强弱及营运效率的大小，可以了解企业投资后的收益水平和财务风险水平，为筹资、投资决策提供必要的信息。

二、财务分析的目的

财务分析的一般目的可以概括为：评价过去的经营业绩；衡量现在的财务状况；预测未来的发展趋势。但由于建筑企业对外发布的财务会计报告，是根据全体使用人的一般要求设计的，所以并不适合特定使用人的特殊要求。财务会计报告的使用人要从中选择自己需要的信息，重新排列，并研究其相互关系，使之符合特定决策要求。建筑企业财务会计报告的主要使用人有七种，他们分析的具体目的可以概括如下：

1. 投资者：分析企业的资产和盈利能力，以决定是否投资；分析盈利状况、股价变动和发展前景，以决定是否转让股份；分析资产盈利水平、破产风险和竞争能力，以考查经营者业绩；分析筹资状况，以决定股利分配政策。

2. 债权人：分析贷款的报酬和风险，以决定是否给企业贷款；分析资产的流动性，以了解债务人的短期偿债能力；分析其盈利状况，以了解债务人的长期偿债能力；评价债权的价值，以决定是否出让债权。

3. 企业内部管理人员：为改善财务决策而进行财务分析，涉及的内容最广泛，几乎包括外部使用人和内部职工关心的所有问题。

4. 供应商：要通过财务分析，看企业是否能长期合作；了解销售信用水平如何；是否应对企业延长付款期。

5. 政府：要通过财务分析了解企业纳税情况；了解企业遵守法规和市场秩序的情况；了解企业职工收入和就业状况。

6. 职工和工会：要通过财务分析判断企业盈利与职工收入、保险、福利之间是否相适应。

7. 中介机构（注册会计师、咨询人员等）：注册会计师通过财务分析可以确定审计的重点；财务分析领域的逐渐扩展与咨询业的发展有关，在一些国家"财务分析师"已成为专门职业，他们为各类财务会计报告使用人提供专业咨询。

三、财务分析的内容

建筑企业资金的来源和占用的情况反映企业的偿债能力，其资金周转反映了企业资金的营运能力。尽管不同的利益主体进行财务分析有着各自的侧重点，但总体来说，财务分析的内容可归纳为以下四个方面：偿债能力分析，营运能力分析，盈利能力分析和发展能力分析。其中偿债能力是财务目标实现的稳健保证；

营运能力是财务目标实现的物质基础;而盈利能力则是前两者共同作用的结果,同时也对前两者的增强起着推动作用;发展能力表示企业经营的持续性。四者相辅相成,共同构成了企业财务分析的基本内容。

第二节 财务分析方法

开展财务分析需要运用一定的方法,选用恰当的方法,可获得事半功倍的效果。财务分析的方法有很多种,主要有趋势分析法、比率分析法和因素分析法等。

一、趋势分析法

趋势分析法是通过对比两期或连续若干期财务报告中的相同指标,确定其增减变动的方向、数额和幅度,以说明建筑企业财务状况或经营成果的变动趋势的一种方法。采用这种方法,可以分析引起变化的主要原因、变动的性质,并预测企业未来的发展前景。

趋势分析法的具体运用主要有以下三种方式:

(一)重要财务指标的比较

重要财务指标的比较,是将不同时期财务报告中的相同指标或比率进行比较,直接观察其增减变动情况及变动幅度,考察其发展趋势,预测其发展前景。

对不同时期财务指标的比较,有以下两种方法:

1. 定基动态比率

定基动态比率是以某一时期的数额为固定基期数额而计算出来的动态比率。其计算公式为:

$$\text{定基动态比率} = \frac{\text{分析期数额}}{\text{固定基期数额}} \times 100\% \qquad (10\text{-}1)$$

2. 环比动态比率

环比动态比率是以每一分析期的前一期数额为基期数额而计算出来的动态比率。其计算公式为:

$$\text{环比动态比率} = \frac{\text{分析期数额}}{\text{前一期数额}} \times 100\% \qquad (10\text{-}2)$$

(二)会计报表的比较

会计报表的比较是将连续数期的会计报表的金额并列起来,比较其相同指标的增减变动金额和幅度,据以判断建筑企业财务状况和经营成果发展变化的一种方法。会计报表的比较,具体包括资产负债表比较、利润表比较和现金流量表比较等。比较时,既要计算出表中有关项目增减变动的绝对数,又要计算出其增减变动的百分比。

(三) 会计报表项目构成的比较

会计报表项目构成的比较是以会计报表中的某个总体指标作为100%，再计算出其各组成项目占该总体指标的百分比，从而比较各个项目百分比的增减变动，以此判断有关财务活动的变化趋势。它既可用于同一企业不同时期财务状况的纵向比较，又可用于不同企业之间的横向比较；同时，这种方法比前述两种方法能消除不同时期（不同企业）之间业务规模差异的影响，有利于分析企业的耗费水平和盈利水平。

采用趋势分析法时，必须注意以下问题：第一，所对比指标的计算口径必须一致；第二，应剔除偶发性项目的影响；第三，应运用例外原则对某项有显著变动的指标做重点分析。

二、比率分析法

比率分析法是把某些彼此存在关联的项目加以对比，计算出比率，据以确定财务活动变动程度的分析方法。比率是相对数，采用这种方法，能够把某些条件下的不可比指标变为可比指标，从确定的比率差异中发现问题。比率分析法是财务分析中应用最广泛的一种方法。

比率指标的类型主要有以下三种：

(一) 构成比率

构成比率又称结构比率，是指某项财务指标的各组成部分数值占总体数值的百分比，反映部分与总体的关系。其计算公式为：

$$构成比率 = \frac{某个组成部分数值}{总体数值} \times 100\% \qquad (10\text{-}3)$$

构成比率通常反映会计报表各项目的纵向关系，比如企业资产中流动资产、固定资产和无形资产占资产总额的百分比（资产构成比率）。利用构成比率，可以考察总体中某个部分的形成和安排是否合理，以便协调各项财务活动，突出重点。

(二) 效率比率

效率比率是某项经济活动中所费与所得的比率，反映投入与产出的关系。利用效率比率指标，可以进行得失比较，考察经营成果，评价经济效益。将利润项目与工程结算成本、工程结算收入、资本等项目加以对比，可以计算出成本利润率、销售利润率及资本利润率等利润率指标，可以从不同角度观察比较建筑企业盈利能力的高低及其增减变化情况，分析考察建筑企业财务成果，评价建筑企业经营状况和经济效益水平。

(三) 相关比率

相关比率是以某个项目和与其有关但又不同的项目加以对比所得的比率，反映有关经济活动的相互关系。利用相关比率指标，可以考察有联系的相关业务安排得是否合理，以保障企业运营活动能够顺畅进行。如将流动资产与流动负债对比，计算出流动比率，据以判断企业的短期偿债能力。

比率分析法的优点是计算简便，计算结果也比较容易判断，而且可以使某些指标在不同规模的企业之间进行比较，甚至也能在一定程度上超越行业间的差别进行比较。但采用这一方法时应该注意以下几点：

1. 对比项目的相关性。计算比率的子项和母项必须具有相关性，把不相关的项目进行对比是没有意义的。在构成比率指标中，部分指标必须是总体指标这个大系统中的一个小系统；在效率比率指标中，投入与产出必须有因果关系；在相关比率指标中，两个对比指标也要有内在联系，才能评价有关经济活动之间是否协调均衡，安排是否合理。

2. 对比口径的一致性。计算比率的子项和母项必须在计算时间、范围等方面保持口径一致。

3. 衡量标准的科学性。运用比率分析，需要选用一定的标准与之对比，以便对企业的财务状况作出评价。通常而言，科学合理的对比标准有：①预定目标，如预算指标、设计指标、定额指标、理论指标等；②历史标准，如上期实际、上年同期实际、历史先进水平以及有典型意义时期的实际水平等；③行业标准，如主管部门或行业协会颁布的技术标准、国内外同类企业的先进水平、国内外同类企业的平均水平等；④公认标准，如反映流动资产与流动负债关系的流动比率，一般认为应以2比较稳妥，即为公认标准。

三、因素分析法

因素分析法是依据分析指标与其影响因素的关系，从数量上确定各因素对分析指标影响方向和影响程度的一种方法。采用这种方法的前提是，当有若干因素对分析对象发生影响作用时，假定其他各个因素都无变化，从而顺序确定每一个因素单独变化所产生的影响。

因素分析法具体包括以下两种：

（一）连环替代法

它是将分析指标分解为各个可以计量的因素，并根据各个因素之间的依存关系，顺次用各因素的比较值（通常即实际值）替代基准值（通常为标准值或计划值），据以测定各因素对分析指标的影响。

（二）差额分析法

它是连环替代法的一种简化形式，是利用各个因素的比较值与基准值之间的差额，来计算各因素对分析指标的影响。

第三节　财务分析指标

进行财务分析时，需要以资产负债表、利润表及现金流量表等作为分析的依据。现将后面例子中需用到的××建筑企业的资产负债表（表10-1）和利润表（表10-2）列示如下。

资产负债表　　　　　　　　　　　　　　　　　表 10-1

编制单位：××建筑企业　　　2007 年 12 月 31 日　　　　　　　　单位：万元

资产	期末余额	年初余额	负债和股东权益	期末余额	年初余额
流动资产：			流动负债：		
货币资金	2700	2400	短期借款	6900	6000
交易性金融资产	1500	3000	应付账款	3600	3000
应收账款	3900	3600	预收账款	1200	900
预付账款	210	120	其他应付款	300	300
存货	15600	12000	流动负债合计	12000	10200
其他流动资产	240	180	非流动负债：		
流动资产合计	24150	21300	长期负债	7500	6000
非流动资产：			非流动负债合计	7500	6000
持有至到期投资	1200	1200	负债合计	19500	16200
固定资产	42000	36000	股东权益：		
无形资产	1650	1500	股本	36000	36000
非流动资产合计	44850	38700	盈余公积	6312	4800
			未分配利润	7188	3000
			股东权益合计	49500	43800
资产总计	69000	60000	负债及股东权益总计	69000	60000

利润表　　　　　　　　　　　　　　　　　表 10-2

编制单位：××建筑企业　　　2007 年度　　　　　　　　单位：万元

项目	本期金额	上期金额
一、营业收入	63600	56400
减：营业成本	37200	32700
营业税金及附加	3600	3240
销售费用		
管理费用	8700	7260
财务费用	900	600
加：投资收益	900	900
二、营业利润	14100	13500
加：营业外收入	450	300
减：营业外支出	1950	1800
三、利润总额	12600	12000
减：所得税费用（税率为 40%）	5040	4800
四、净利润	7560	7200

一、偿债能力分析

偿债能力是企业偿还各种到期债务（包括本息）的能力。按债务偿还期限的不同（通常以 1 年为界），建筑企业的偿债能力可分为短期偿债能力和长期偿债能力。短期偿债能力一般取决于企业资产变现能力及企业再融资或现款筹措能力，它与企业一定时期的盈利能力大小关系不大;长期偿债能力则由于债务是长期的,所以其能力体现不仅取决于企业当时的现金净流量,而且与企业的盈利能力密切相关。

(一)短期偿债能力分析

短期偿债能力是指建筑企业偿还流动负债的能力,它是衡量企业当前财务能力,特别是流动资产变现能力的重要标志。

企业短期偿债能力的衡量指标主要有流动比率、速动比率和现金流动负债比率等。

1. 流动比率

流动比率是流动资产与流动负债的比率。其计算公式为:

$$流动比率 = \frac{流动资产}{流动负债} \tag{10-4}$$

流动比率表示企业每1元流动负债有多少流动资产作为偿还的保证,反映企业用可在短期内转变为现金的流动资产偿还到期流动负债的能力。

一般情况下,流动比率越大,企业的短期偿债能力就越强,对债权人也越有保障。一般认为,流动比率保持在2是较为适当的。这是因为在流动资产中变现能力最差的存货等金额,约占流动资产总额的一半,剩下的流动性较强的流动资产至少要等于流动负债,企业的短期偿债能力才会有保障。

在分析流动比率时,应注意以下几个问题:

(1)虽然流动比率越高,企业偿还短期债务的流动资产保证程度越强,但这并不等于企业已有足够的现金或存款用来偿债。流动比率高也可能是存货积压、应收账款增多且收账期延长,以及待摊费用和待处理财产损失增加所致,而真正可用来偿债的现金和存款却严重短缺。所以,企业应在分析流动比率的基础上,进一步对现金流量加以考察。

(2)从短期债权人的角度看,自然希望流动比率越高越好。但从企业经营角度看,过高的流动比率通常意味着企业闲置现金的持有量过多,必然造成企业机会成本的增加和盈利能力的降低。因此,企业应尽可能将流动比率维持在不使货币资金闲置的水平。

(3)流动比率是否合理,不同行业、不同企业以及同一企业不同时期的评价标准是不同的,因此,不应使用统一的标准来评价各企业流动比率合理与否。比如对施工企业来说,流动资产的变现,与建筑市场的景气度密切相关。在建筑市场景气时期,施工单位不但对发包单位的信用有选择的余地,工程款回收快,而且生产建筑制品容易销售,收回资金也快,流动比率可以小些;反之,在建筑市场不景气时期,流动比率就要大些,不能采用统一的标准来评价企业流动比率的合理与否。

(4)在分析流动比率时应当剔除一些虚假因素的影响。

[例 10-1]根据表 10-1 资料,该建筑企业的流动比率计算如下(计算结果保留小数点后两位,下同):

$$年初流动比率 = \frac{21300}{10200} = 2.09$$

$$年末流动比率 = \frac{24150}{12000} = 2.01$$

该建筑企业连续两年的流动比率均超过公认标准,反映其短期偿债能力较强。

2. **速动比率**

速动比率是速动资产与流动负债的比率。其计算公式为:

$$速动比率 = \frac{速动资产}{流动负债} \tag{10-5}$$

其中,速动资产是指从全部流动资产中剔除变现能力较差或无法变现的存货、预付账款、一年内到期的非流动资产和其他流动资产等之后的余额,包括货币资金、交易性金融资产、应收账款、应收票据等。即:

$$\begin{aligned} 速动资产 &= 货币资金 + 交易性金融资产 + 应收帐款 + 应收票据 \\ &= 流动资产 - 存货 - 预付帐款 - 一年内到期的非流动资产 \\ &\quad - 其他流动资产 \end{aligned} \tag{10-6}$$

说明:报表中如有应收利息、应收股利和其他应收款项目,可视情况归入速动资产项目。

如果预付账款、应收利息、应收股利、其他应收款、一年内到期的非流动资产和其他流动资产等项目在企业流动资产中比重较小,可忽略不计,则速动资产也可简单地用流动资产减去存货后的差额来表示。即:

$$速动资产 = 流动资产 - 存货 \tag{10-7}$$

由于从流动资产中剔除了存货等变现能力较差或根本无法变现的资产,则速动资产较之流动资产更能真实地反映、评价企业流动资产的流动性及其偿还短期负债的能力。

一般情况下,速动比率越大,企业的短期偿债能力就越强。国际上通常认为,速动比率保持在1较为适当。因为此时的速动比率表示即使不变现存货,仅出售交易性金融资产、收回应收账款加上货币资金,也能偿付到期短期债务。如果速动比率小于1,可能使企业面临较大的偿债风险;如果速动比率大于1,尽管短期债务偿还的安全性很高,但会因货币资金等占用过多,而大大增加企业的机会成本。

影响速动比率可信度的重要因素是应收账款的变现能力。因为如果债务人信用好,应收账款收现率高,即使速动比率小于1,也能通过及时收回应收账款按期清偿短期债务。否则,如果债务人信用差,应收账款收现率低,即使速动比率大于1,也可能仍然不能及时偿还短期债务。

[**例 10-2**] 根据表 10-1 资料,该建筑企业的速动比率计算如下:

$$年初速动比率 = \frac{2400 + 3000 + 3600}{10200} = 0.88$$

$$年末速动比率 = \frac{2700 + 1500 + 3900}{12000} = 0.68$$

或者：

$$年初速动比率 = \frac{21300 - 12000}{10200} = 0.91$$

$$年末速动比率 = \frac{24150 - 15600}{12000} = 0.71$$

该建筑企业的速动比率未达到公认标准，年末的速动比率比年初更低。说明虽然该建筑企业流动比率超过公认标准，但由于流动资产中存货所占比重过大，导致企业实际的短期偿债能力并不理想。

3. 现金流动负债比率

现金流动负债比率是企业一定时期的经营现金净流量同流动负债的比率，它可以从现金流量角度来反映企业当期偿付短期负债的能力。其计算公式为：

$$现金流动负债比率 = \frac{经营活动现金净流量}{流动负债} \times 100\% \qquad (10-8)$$

其中，经营活动现金净流量指一定时期内，企业经营活动所产生的现金及现金等价物流入量与流出量的差额。分母中的流动负债，通常使用资产负债表中的"流动负债"的年初和年末的平均数。在实际分析中，为了简便，也可以使用年末数。

现金流动负债比率从现金流入和流出的动态角度对企业的实际偿债能力进行考察。由于有利润的年份不一定有足够的现金（含现金等价物）来偿还债务，所以利用以收付实现制为基础计量的现金流动负债比率指标，能充分体现企业经营活动所产生的现金净流量可以在多大程度上保证当期流动负债的偿还，直观地反映出企业偿还流动负债的实际能力。用该指标评价企业偿债能力更加谨慎。该指标越大，表明企业经营活动产生的现金净流量越多，越能保障企业按期偿还到期债务。但该指标也并不是越大越好，该指标过大则表明企业流动资金利用不充分，盈利能力不强。

[**例 10-3**] 根据表 10-1 资料，同时假定该建筑企业 2006 年度和 2007 年度的经营活动现金净流量分别为 9000 万元和 15000 万元（经营活动现金净流量的数据可从该建筑企业的现金流量表中获得），公式中的"流动负债"用年末数，则该建筑企业的现金流动负债比率计算如下：

$$2006 年度的现金流动负债比率 = \frac{9000}{10200} \times 100\% = 88.24\%$$

$$2007 年度的现金流动负债比率 = \frac{15000}{12000} \times 100\% = 125\%$$

该建筑企业 2007 年度的现金流动负债比率比 2006 年度有明显的提高，表明该建筑企业的短期偿债能力增强。

（二）长期偿债能力分析

长期偿债能力是指企业偿还长期负债的能力，企业的长期负债主要有长期借款、应付债券、长期应付款、专项应付款等。企业的长期债权人和所有者不仅关心企业短期偿债能力，更关心企业长期偿债能力。因此，在对企业进行短期偿债能力分析的同时，还需分析企业的长期偿债能力，以便于债权人和投资者全面了解企业的偿债能力及财务风险。反映企业长期偿债能力的指标主要有：资产负债率、产权比率、权益乘数、已获利息倍数等。

1. 资产负债率

资产负债率是企业负债总额与资产总额的比率，也称为负债比率或举债经营比率，它反映企业的资产总额中有多少是通过举债而得到的。其计算公式为：

$$资产负债率 = \frac{负债总额}{资产总额} \times 100\% \tag{10-9}$$

资产负债率反映企业偿还债务的综合能力，这个指标越高，企业偿还债务的能力越差；反之，偿还债务的能力越强。

对于资产负债率，企业的债权人、股东和企业经营者往往从不同的角度来评价。

（1）从债权人角度来看，他们最关心的是其借给企业资金的安全性。如果这个指标过高，说明在企业的全部资产中，股东提供的资本所占比重太低，这样，企业的财务风险就主要由债权人负担，其资金的安全也缺乏可靠的保障，所以，债权人总是希望企业的资产负债率低一些。

（2）从企业股东的角度来看，他们关心的主要是投资收益的高低，企业借入的资金与股东投入的资金在生产经营中可以发挥同样的作用，如果企业负债所支付的利息率低于资产报酬率，股东就可以利用举债经营取得更多的投资收益。因此，股东所关心的往往是全部资产报酬率是否超过了借款的利息率。企业股东可以通过举债经营的方式，以有限的资本、付出有限的代价而取得对企业的控制权，并且可以得到举债经营的杠杆利益。

（3）从企业经营者的角度来看，他们既要考虑企业的盈利，也要顾及企业所承担的财务风险。资产负债率不仅反映了企业的长期财务状况，也反映了企业管理当局的进取精神。如果企业不利用举债经营或者资产负债率很小，则说明企业比较保守，对前途信心不足，利用债权人资本进行经营活动的能力较差。但是，负债也必须有一定限度，负债比率过高，企业的财务风险将增大，一旦资产负债率超过1，则说明企业资不抵债，有濒临倒闭的危险。

资产负债率为多少才是合理的，并没有一个确定的标准。不同行业、不同类型的企业有较大差异。一般而言，处于高速成长时期的企业，其资产负债率可能会高一些，这样所有者会得到更多的杠杆利益。但是，作为财务管理者在确定企业的资产负债率时，一定要审时度势，充分考虑企业内部各种因素和企业外部的市场环境，在收益与风险之间权衡利弊得失，然后才能作出正确的财务决策。

[例10-4] 根据表10-1资料，该建筑企业的资产负债率计算如下：

$$年初资产负债率 = \frac{16200}{60000} \times 100\% = 27\%$$

$$年末资产负债率 = \frac{19500}{69000} \times 100\% = 28.26\%$$

该建筑企业 2007 年年初和年末的资产负债率均不高,说明其长期偿债能力较强,债权人的保障程度较高。资产负债率较低还表明该施工企业比较保守,利用债权人资本进行经营活动的能力较差。该施工企业今后可以适当增加对债权人资金的利用,以提高企业的盈利水平。

2. 产权比率和权益乘数

产权比率和权益乘数是资产负债率的另外两种表现形式,它们和资产负债率的性质是一样的。

产权比率是负债总额与股东权益总额的比率,也叫债务股权比率。其计算公式为:

$$产权比率 = \frac{负债总额}{股东权益总额} \times 100\% \tag{10-10}$$

一般情况下,产权比率越低,表明企业的长期偿债能力越强。该指标反映由债权人提供的资本与股东提供的资本的对比关系,反映企业基本财务结构是否稳定。一般来说,股东资本大于借入资本较好,但也不能一概而论。从股东角度来看,在通货膨胀加剧时期,企业多借债可以把损失和风险转嫁给债权人;在经济繁荣时期,多借债可以获得额外的利润;在经济萎缩时期,少借债可以减少利息负担和财务风险。产权比率高,是高风险、高报酬的财务结构;产权比率低,是低风险、低报酬的财务结构。该指标同时也表明债权人投入的资本受到股东权益保障的程度,或者说是企业清算时对债权人利益的保障程度。

产权比率与资产负债率对评价偿债能力的作用基本相同,两者的主要区别是:资产负债率侧重于分析债务偿付安全性的物质保障程度,产权比率则侧重于揭示财务结构的稳健程度以及自有资金对偿债风险的承受能力。

[例 10-5] 根据表 10-1 资料,该建筑企业的产权比率计算如下:

$$年初产权比率 = \frac{16200}{43800} \times 100\% = 36.99\%$$

$$年末产权比率 = \frac{19500}{49500} \times 100\% = 39.39\%$$

该建筑企业 2007 年年初和年末的产权比率均不高,同资产负债率的计算结果可相互印证,表明该建筑企业的长期偿债能力较强,债权人的保障程度较高。

权益乘数是资产总额与股东权益总额的比率。其计算公式为:

$$权益乘数 = \frac{资产总额}{股东权益总额} \tag{10-11}$$

权益乘数越大,说明股东投入的资本在资产总额中所占比重越小,企业的偿债能力越差。

[例 10-6] 根据表 10-1 资料,该建筑企业的权益乘数计算如下:

$$年初权益乘数 = \frac{60000}{43800} = 1.37$$

$$年末权益乘数 = \frac{69000}{49500} = 1.39$$

该建筑企业2007年年初和年末的权益乘数变化不大且数值不大,表明股东投入的资本在资产中所占比重都不低,该施工企业的偿债能力较强。

3. 已获利息倍数

已获利息倍数是企业一定时期息税前利润与利息支出的比率,反映了盈利能力对债务偿付的保证程度。其计算公式为:

$$已获利息倍数 = \frac{息税前利润总额}{利息支出} \quad (10-12)$$

其中,息税前利润总额指扣除利息和所得税之前的利润,是利润总额与利息支出的合计数,利息支出指实际支出的借款利息、债券利息等。其计算公式为:

$$息税前利润总额 = 利润总额 + 利息支出$$
$$= 净利润 + 所得税 + 利息支出 \quad (10-13)$$

已获利息倍数不仅反映了企业盈利能力的大小,而且反映了盈利能力对偿还到期债务的保证程度,它既是企业举债经营的前提依据,也是衡量企业长期偿债能力大小的重要标志。一般情况下,已获利息倍数越高,表明企业长期偿债能力越强。国际上认为,已获利息倍数一般应该保持在3以上,而且应该观察连续若干期的数据来进行评价。利息保障倍数至少应当大于1,否则说明企业难以保证用经营所得来按时按量支付债务利息,长此以往,必将出现到期债务不能支付的问题。但是,短期内利息保障倍数低于1,可能并不影响利息的支付。因为税前利润是采用权责发生制来核算的,本期的息税前利润中已经扣除了一些非付现的成本费用。

[例10-7] 根据表10-1和表10-2资料,同时假定利润表中的财务费用全部为利息支出,该建筑企业的已获利息倍数计算如下:

$$2006 年度的已获利息倍数 = \frac{12000 + 600}{600} = 21$$

$$2007 年度的已获利息倍数 = \frac{12600 + 900}{900} = 15$$

该建筑企业这两年的已获利息倍数都很高,表明该企业有较强的偿付负债利息的能力。

二、营运能力分析

营运能力是指企业利用有限资源开展业务活动的能力。营运能力既影响企业的盈利能力,也影响企业的偿债能力。营运能力主要体现在资金的周转上。企业生产经营资金周转的速度越快,表明企业资金利用的效果越好,企业资源的配置和利用效率越高,企业管理人员的经营管理能力越强。

反映企业营运能力的指标主要有:存货周转率、应收账款周转率、营业周期、流动资产周转率、固定资产周转率和总资产周转率等。

1. 存货周转率

存货周转率也叫存货周转次数,是指企业在一定时期内存货占用资金可周转的次数，等于一定时期内企业营业成本与存货平均余额的比率。它是反映企业销售能力和流动资产流动性的一个指标，也是衡量企业生产经营各个环节中存货运营效率的一个综合性指标。其计算公式为：

$$存货周转率 = \frac{营业成本}{存货平均余额} \quad (10\text{-}14)$$

其中

$$存货平均余额 = \frac{存货期初余额 + 存货期末余额}{2} \quad (10\text{-}15)$$

用时间表示的存货周转率就是存货周转天数，表示存货周转一次（从购入存货、投入生产到把存货销售出去）所需要的时间。其计算公式为：

$$存货周转天数 = \frac{计算期天数}{存货周转率} \quad (10\text{-}16)$$

或

$$存货周转天数 = \frac{计算期天数 \times 存货平均余额}{主营业务成本} \quad (10\text{-}17)$$

其中：计算期天数全年按360天计算，全季按90天计算，全月按30天计算。

一般情况下，存货周转率越高、存货周转天数越短，表明企业存货周转速度快，经营效率高，库存存货适度；存货周转率低或者下降，存货周转天数长，则可能意味着企业存货中残次品增加，这样就会增大企业在存货方面的投资，同时也增大了企业的经营风险。存货是流动资产中最重要的组成部分，往往达到流动资产总额的一半以上。因此，存货的质量和流动性对企业的流动比率具有举足轻重的影响，并进而影响了企业的短期偿债能力。该指标在不同行业之间也存在着较大的差别，企业分析时要与同行业的平均数进行对比，以衡量其存货管理的效率和管理水平。

但是分析时也应注意，存货周转率过高、存货周转天数过短，也可能说明企业管理方面存在一些问题，如存货水平太低，甚至经常缺货，或者采购次数过于频繁，批量太小等。

在计算存货周转率时应注意：存货计价方法对存货周转率具有较大影响，因此，在分析企业不同时期或不同企业的存货周转率时，应注意存货计价方法的口径是否一致。

[例10-8] 根据表10-1和表10-2资料，同时假定该建筑企业2005年年末的存货余额为11400万元，则该建筑企业的存货周转率计算如下：

$$2006 年度的存货周转率 = \frac{32700}{(11400+12000)/2} = 2.79（次）$$

$$2006 年度的存货周转天数 = \frac{360}{2.79} = 129.03（天）$$

$$2007 年度的存货周转率 = \frac{37200}{(12000+15600)/2} = 2.70（次）$$

$$2007 年度的存货周转天数 = \frac{360}{2.70} = 133.33（天）$$

该建筑企业2007年的存货周转速度比2006年下降，周转次数由2.79次降为2.70次，周转天数由129.03天延长为133.33天。这反映出该建筑企业2007年存货管理效率不如2006年，其原因可能与2007年存货增长幅度过大有关。

2. 应收账款周转率

应收账款周转率也叫应收账款周转次数，是指企业一定时期内营业收入与应收账款平均余额的比率。其计算公式为：

$$应收账款周转率 = \frac{营业收入}{应收账款平均余额} \tag{10-18}$$

如果能够确定现销的数额，还应从营业收入中扣除现销的部分，即按赊销净额计算。

$$应收账款平均余额 = \frac{应收账款期初余额 + 应收账款期末余额}{2} \tag{10-19}$$

应收账款周转速度还可以用应收账款周转天数来反映，应收账款周转天数也叫应收账款平均收账期，表示自产生应收账款开始至收回应收账款为止所需要的时间。其计算公式为：

$$应收账款周转天数 = \frac{计算期天数}{应收账款周转率} \tag{10-20}$$

或

$$应收账款周转天数 = \frac{计算期天数 \times 应收账款平均余额}{营业收入} \tag{10-21}$$

一般情况下，应收账款周转率越高、应收账款周转天数越短，表明企业应收账款收回速度快，这样一方面可以节约资金，同时也说明企业信用状况好，不易发生坏账损失。

但是分析时也应注意，如果应收账款周转次数过多、周转天数过短，则可能是由于奉行了过于严格的信用政策，采用了过于苛刻的信用标准和付款条件。与此同时，会使得企业的存货周转率偏低，这样会限制企业销售量的扩大，影响盈利水平的提高。

在计算应收账款周转率时应注意：公式中的应收账款包括应收账款和应收票据等全部赊销账款。如果应收账款余额的波动性较大，应尽可能使用更详尽的计算资料，如按每月的应收账款余额来计算其平均余额。

[例10-9] 根据表10-1和表10-2资料，同时假定该建筑企业2005年年末的应收账款余额为3300万元，则该建筑企业的应收账款周转率计算如下：

$$2006年度的应收账款周转率 = \frac{56400}{(3300+3600) \div 2} = 16.35（次）$$

$$2006年度的应收账款周转天数 = \frac{360}{16.35} = 22.02（天）$$

$$2007年度的应收账款周转率 = \frac{63600}{(3600+3900) \div 2} = 16.96（次）$$

$$2007年度的应收账款周转天数 = \frac{360}{16.96} = 21.23（天）$$

该建筑企业2007年度的应收账款周转速度比2006年度略有改善，周转次数由16.35次提高为16.96次，周转天数由22.02天缩短为21.23天。这不仅说明该建筑业的营运能力有所加强，而且对流动资产的变现能力和周转速度也会起到促进作用。

3. 营业周期

营业周期是指从取得存货开始到销售存货并收回现金为止的这段时间。营业周期的长短取决于存货周转天数和应收账款周转天数。其计算公式为：

$$营业周期 = 存货周转天数 + 应收账款周转天数 \quad (10-22)$$

把存货周转天数和应收账款周转天数加在一起计算出来的营业周期，指的是取得的存货需要多长时间能变为现金。一般情况下，营业周期短，说明资金周转速度快；营业周期长，说明资金周转速度慢。

[例10-10] 根据例10-8和例10-9资料，该施工企业的营业周期计算如下：

2006年度的营业周期 = 129.03 + 22.02 = 151.05（天）
2007年度的营业周期 = 133.33 + 21.23 = 154.56（天）

该施工企业2007年度的营业周期比2006年度有所延长，主要是因为存货周转速度有所变慢。

4. 流动资产周转率

流动资产周转率也叫流动资产周转次数，是指企业一定时期内营业收入与流动资产平均余额的比率，是反映企业流动资产周转速度的指标。其计算公式为：

$$流动资产周转率 = \frac{营业收入}{流动资产平均余额} \quad (10-23)$$

其中

$$流动资产平均余额 = \frac{流动资产期初余额 + 流动资产期末余额}{2} \quad (10-24)$$

流动资产周转速度还可以用流动资产周转天数来反映，流动资产周转天数表示流动资产周转一次所需要的时间。其计算公式为：

$$流动资产周转天数 = \frac{计算期天数}{流动资产周转率} \quad (10-25)$$

或

$$流动资产周转天数 = \frac{计算期天数 \times 流动资产平均余额}{营业收入} \quad (10-26)$$

在一定时期内，流动资产周转率越高，表明以相同的流动资产完成的周转额越多，流动资产利用效果越好。从流动资产周转天数来看，周转一次所需要的天数越少，表明流动资产在经历生产和销售各阶段时所占用的时间越短。生产经营任何一个环节上的工作改善，都会反映到周转天数的缩短上来。

[例10-11] 根据表10-1和表10-2资料，同时假定该建筑企业2005年年末的流动资产余额为18000万元，则该建筑企业的流动资产周转率计算如下：

$$2006年度的流动资产周转率 = \frac{56400}{(18000 + 21300) \div 2} = 2.87（次）$$

$$2006\text{ 年度的流动资产周转天数} = \frac{360}{2.87} = 125.44\text{（天）}$$

$$2007\text{ 年度的流动资产周转率} = \frac{63600}{(21300+24150) \div 2} = 2.80\text{（次）}$$

$$2007\text{ 年度的流动资产周转天数} = \frac{360}{2.80} = 128.57\text{（天）}$$

该建筑企业2007年度的流动资产周转天数比2006年度延长了3.13天，对流动资金的占用增加，增加占用的数额可计算如下：

$$\frac{63600}{360} \times (128.57 - 125.44) = 552.97\text{（万元）}$$

5. 固定资产周转率

固定资产周转率也叫固定资产周转次数，是指企业一定时期内营业收入与固定资产平均净值的比率，是衡量企业固定资产利用效率的一项指标。其计算公式为：

$$\text{固定资产周转率} = \frac{\text{计算期天数}}{\text{固定资产平均净值}} \qquad (10\text{-}27)$$

其中

$$\text{固定资产平均净值} = \frac{\text{固定资产期初净值} + \text{固定资产期末净值}}{2} \qquad (10\text{-}28)$$

固定资产周转速度还可以用固定资产周转天数来反映，固定资产周转天数表示企业固定资产自投入使用开始至其报废或出售转让为止所需要的时间。其计算公式为：

$$\text{固定资产周转天数} = \frac{\text{计算期天数}}{\text{固定资产周转率}} \qquad (10\text{-}29)$$

或

$$\text{固定资产周转天数} = \frac{\text{计算期天数} \times \text{固定资产平均净值}}{\text{营业收入}} \qquad (10\text{-}30)$$

在一般情况下，固定资产周转率高，表明企业固定资产利用充分，同时也说明企业固定资产投资得当，固定资产结构合理，能够充分发挥固定资产的使用效率，企业的经营活动比较有效；反之，则表明固定资产使用效率不高，提供的生产经营成果不多，企业的营运能力较差。

评价固定资产周转率并没有可参照的判断标准，因为在种类、结构、使用年限等方面均基本相似的机器设备和厂房等外部参照物几乎不存在，难以找到外部可借鉴的标准企业和标准比率。因此，企业在评价固定资产周转率时，通常以当年实际周转指标与本企业以往年度的周转指标相比较，据以做出评价。

运用固定资产周转率时，需要考虑固定资产因计提折旧的影响其净值在不断地减少，以及因更新重置其净值突然增加的影响。同时，由于折旧方法的不同，可能影响其可比性。在分析时，一定要剔除掉这些不可比因素。

[例10-12] 根据表10-1和表10-2资料，同时假定该建筑企业2005年年末的

固定资产净值为 35400 万元，表 10-1 中的固定资产金额均为固定资产净值（未计提固定资产减值准备），则该建筑企业的固定资产周转率计算如下

$$2006 年度的固定资产周转率 = \frac{56400}{(35400+36000) \div 2} = 1.58（次）$$

$$2006 年度的固定资产周转天数 = \frac{360}{1.58} = 227.85（天）$$

$$2007 年度的固定资产周转率 = \frac{63600}{(36000+42000) \div 2} = 1.63（次）$$

$$2007 年度的固定资产周转天数 = \frac{360}{1.63} = 220.86（天）$$

该建筑企业 2007 年度的固定资产周转速度比 2006 年度略有加快，其主要原因是固定资产净值的增加幅度低于营业收入增长幅度所引起的，表明公司的营运能力有所提高。

6. 总资产周转率

总资产周转率也叫总资产周转次数，是指企业一定时期内营业收入与资产平均总额的比率，可以用来反映企业全部资产的利用效率。其计算公式为：

$$总资产周转率 = \frac{营业收入}{资产平均总额} \tag{10-31}$$

其中：

$$资产平均净值 = \frac{资产期初总值 + 资产期末总值}{2} \tag{10-32}$$

总资产周转速度还可以用总资产周转天数来反映，总资产周转天数表示总资产周转一次所需要的时间。其计算公式为：

$$总资产周转天数 = \frac{计算期天数}{总资产周转率} \tag{10-33}$$

或

$$总资产周转天数 = \frac{计算期天数 \times 资产平均总额}{营业收入} \tag{10-34}$$

总资产周转率是综合评价企业全部资产经营质量和利用效果的重要指标，它体现企业在经营期间全部资产从投入到产出周而复始的流转速度。该指标是一个包容性较强的综合指标，要受到流动资产周转率（包括存货周转率和应收账款周转率）、固定资产周转率的影响。

一般说来，总资产周转率高，说明企业利用全部资产进行经营的效率高，固定资产利用效果好，进而使企业的偿债能力和盈利能力得到增强；反之，则说明企业经营效率低，固定资产利用效果差，最终还将影响企业的盈利能力。出现这种情况时，企业就应该采取措施挖掘潜力，积极创收，提高市场占有率，扩大销售收入，提高各项资产的利用程度，对那些确实无法充分利用的多余、闲置资产及时进行处理。

[例 10-13] 根据表 10-1 和表 10-2 资料，同时假定该建筑企业 2005 年年末的

资产总额为 57000 万元,则该施工企业的总资产周转率计算如下:

$$2006 \text{ 年度的总资产周转率} = \frac{56400}{(57000+60000) \div 2} = 0.96 \text{(次)}$$

$$2006 \text{ 年度的总资产周转天数} = \frac{360}{0.96} = 375 \text{(天)}$$

$$2007 \text{ 年度的总资产周转率} = \frac{63600}{(60000+69000) \div 2} = 0.99 \text{(次)}$$

$$2007 \text{ 年度的总资产周转天数} = \frac{360}{0.99} = 363.64 \text{(天)}$$

该建筑企业 2007 年度的总资产周转速度比 2006 年度只略有加快。
由以上资料计算可得:

$$\text{主营业务收入净额增长率} = \frac{63600-56400}{56400} \times 100\% = 12.77\%$$

$$\text{固定资产平均净值增长率} = \frac{(36000+42000) \div 2 - (35400+36000) \div 2}{(35400+36000) \div 2}$$
$$\times 100\% = 9.24\%$$

$$\text{流动资产平均余额增长率} = \frac{(21300+24150) \div 2 - (18000+21300) \div 2}{(18000+21300) \div 2}$$
$$\times 100\% = 15.65\%$$

表明该建筑企业固定资产平均净值的增长率(9.24%)虽低于营业收入增长率(12.77%),但流动资产平均余额的增长率(15.65%)高于营业收入的增长率,所以总资产的利用效果难以大幅度提高。

三、盈利能力分析

盈利能力是指企业赚取利润的能力。盈利是企业的重要经营目标,是企业生存和发展的物质基础,它不仅关系到企业所有者的利益,也是企业偿还债务的一个重要来源。因此,企业的债权人、所有者以及管理者都十分关心企业的盈利能力。盈利能力分析是企业财务分析的重要组成部分,也是评价企业经营管理水平的重要依据。企业的各项经营活动都会影响到企业的盈利,但是,对企业盈利能力的分析不涉及非正常的经营活动。这是因为一些非正常的、特殊的经营活动,虽然也会给企业带来收益,但它不是经常的和持久的,不能将其作为企业的一种盈利能力加以评价。

反映企业盈利能力的指标主要有:营业利润率、成本费用利润率、盈余现金保障倍数、总资产报酬率、总资产净利率、净资产收益率等。对于股份有限公司,还应分析每股收益、每股现金流量、每股股利、股利支付率、每股净资产、市盈率等。

1. 营业利润率

营业利润率是企业一定时期营业利润与营业收入的比率。其计算公式为:

$$\text{营业利润率} = \frac{\text{营业利润}}{\text{营业收入}} \times 100\% \tag{10-35}$$

营业利润率表明企业每 1 元营业收入可实现的营业利润是多少。该比率越高，表明企业市场竞争力越强，发展潜力越大，从而盈利能力越强。

[例 10-14] 根据表 10-2 资料，该建筑企业的营业利润率计算如下：

$$2006 年度的营业利润率 = \frac{13500}{56400} \times 100\% = 23.94\%$$

$$2007 年度的营业利润率 = \frac{14100}{63600} \times 100\% = 22.17\%$$

该施工企业 2007 年度的营业利润率比 2006 年度略有下降。

2. 成本费用利润率

成本费用利润率是企业一定时期利润总额和成本费用总额的比率。其计算公式为：

$$成本费用利润率 = \frac{利润总额}{成本费用总额} \times 100\% \tag{10-36}$$

其中

$$成本费用总额 = 营业成本 + 营业税金及附加 + 销售费用 + 管理费用 + 财务费用 \tag{10-37}$$

成本费用利润率越高，表明企业为取得利润总额而付出的代价越小，成本费用控制得越好，盈利能力越强。

[例 10-15] 根据表 10-2 资料，该建筑企业的成本费用利润率计算如下：

$$2006 年度的成本费用利润率 = \frac{12000}{32700 + 3240 + 7260 + 600} \times 100\% = 27.40\%$$

$$2007 年度的成本费用利润率 = \frac{12600}{37200 + 3600 + 8700 + 900} \times 100\% = 25\%$$

该建筑企业 2007 年度的成本费用利润率比 2006 年度有所下降，应当深入检查导致成本费用上升的因素，改进有关工作。

3. 盈余现金保障倍数

盈余现金保障倍数是指企业一定时期经营现金净流量同净利润的比值，反映了企业当期净利润中现金收益的保障程度，真实反映了企业盈余的质量，是评价企业盈利状况的辅助指标。其计算公式为：

$$盈余现金保障倍数 = \frac{经营活动现金净流量}{净利润} \tag{10-38}$$

盈余现金保障倍数是从现金流入和流出的动态角度，对企业收益的质量进行评价，在收付实现制的基础上，充分反映出企业当期净利润中有多少是有现金保障的。一般来说，当企业当期净利润大于零时，盈余现金保障倍数应当大于 1。该指标越大，表明企业经营活动产生的净利润对现金的贡献越大。

[例 10-16] 根据表 10-2 资料，同时假定该建筑企业 2006 年度和 2007 年度的经营活动现金净流量分别为 9000 万元和 15000 万元（经营活动现金净流量的数据可从该建筑企业的现金流量表中获得），该建筑企业的盈余现金保障倍数计算如下：

$$2006 年度的盈余现金保障倍数 = \frac{9000}{7200} = 1.25$$

$$2007 年度的盈余现金保障倍数 = \frac{15000}{7560} = 1.98$$

该建筑企业 2007 年度的盈余现金保障倍数比 2006 年度有较大的提高，这是因为在净利润增长 360 万元的情况下，经营活动现金净流量增长了 6000 万元，表明该建筑企业收益的流动性有所提高。

4. 总资产报酬率

总资产报酬率是企业一定时期内获得的报酬总额与资产平均总额的比率。它是反映企业资产综合利用效果的指标，也是衡量企业利用债权人和股东权益总额所取得盈利的重要指标。其计算公式为：

$$总资产报酬率 = \frac{息税前利润总额}{资产平均总额} \times 100\% \qquad (10-39)$$

总资产报酬率表示企业全部资产获取收益的水平，全面反映了企业的盈利能力和投入产出状况。一般情况下，该指标越高，表明企业的资产利用效益越好，整个企业盈利能力越强，经营管理水平越高。企业还可以将该指标与资本市场的利率进行比较，如果前者比后者大，则说明企业可以充分利用财务杠杆，适当举债经营，以获得更多的收益；如果总资产报酬率较低，则说明利用负债是不利的。

[**例 10-17**] 根据表 10-1 和表 10-2 资料，同时假定利润表中的财务费用全部为利息支出，而且该建筑企业 2005 年年末的资产总额为 57000 万元，则该建筑企业的总资产报酬率计算如下：

$$2006 年度的总资产报酬率 = \frac{12000 + 600}{(57000 + 60000) \div 2} \times 100\% = 21.54\%$$

$$2007 年度的总资产报酬率 = \frac{12600 + 900}{(60000 + 69000) \div 2} \times 100\% = 20.93\%$$

该建筑企业 2007 年度的资产综合利用效率略微不如 2006 年度，需要对公司资产的使用情况、增产节约工作等情况作进一步的分析考察，以便改进管理，提高效益。

5. 总资产净利率

总资产净利率是企业净利润与企业资产平均总额的比率，它是反映企业资产综合利用效果的指标，也是衡量企业利用资产总额获取净利能力强弱的重要指标。其计算公式为：

$$总资产净利率 = \frac{净利润}{资产平均总额} \times 100\% \qquad (10-40)$$

该指标越高，表明资产的利用效率越高，说明企业在增加收入和节约资金使用等方面取得了良好的效果。

[**例 10-18**] 根据表 10-1 和表 10-2 资料，同时假定该建筑企业 2005 年年末的资产总额为 57000 万元，则该建筑企业的总资产净利率计算如下：

$$2006 年度的总资产净利率 = \frac{7200}{(57000 + 60000) \div 2} \times 100\% = 12.31\%$$

$$2007\text{ 年度的总资产净利率} = \frac{7560}{(60000+69000) \div 2} \times 100\% = 11.72\%$$

该指标同样反映该建筑企业资产综合利用效率 2007 年不如 2006 年，需要对企业资产的使用情况、增产节约工作开展情况等作进一步分析考查，以便改进管理，提高效益。

6. 净资产收益率

净资产收益率是企业一定时期净利润与平均净资产的比率。它是反映自有资金投资收益水平的指标，是企业盈利能力指标的核心。其计算公式为：

$$\text{净资产收益率} = \frac{\text{净利润}}{\text{平均净资产}} \times 100\% \quad (10\text{-}41)$$

其中：

$$\text{平均净资产} = \frac{\text{净资产期初数}+\text{净资产期末数}}{2} \times 100\% \quad (10\text{-}42)$$

净资产收益率是评价企业自有资本及其积累获取报酬水平的最具综合性与代表性的指标，反映企业资本运营的综合效益。该指标通用性强，适应范围广，不受行业局限，在国际上的企业综合评价中使用率非常高。

通过对该指标的综合对比分析，可以看出企业盈利能力在同行业中所处的地位，以及与同类企业的差异水平。一般认为，净资产收益率越高，企业自有资本获取收益的能力越强，运营效益越好，对企业投资人、债权人的保证程度越高。

[例 10-19] 根据表 10-1 和表 10-2 资料，同时假定该建筑企业 2005 年年末的净资产（股东权益）为 39000 万元，则该建筑企业的净资产收益率计算如下：

$$2006\text{ 年度的净资产收益率} = \frac{7200}{(39000+43800) \div 2} \times 100\% = 17.39\%$$

$$2007\text{ 年度的净资产收益率} = \frac{7560}{(43800+49500) \div 2} \times 100\% = 16.21\%$$

该建筑企业 2007 年度的净资产收益率比 2006 年度降低了 1 个多百分点，这是由于该企业净利润的增长慢于平均净资产的增长所引起的。

7. 每股收益

每股收益，也称每股利润或每股盈余，是股份公司税后利润分析的一个重要指标，主要是针对普通股而言的。每股收益是税后净利润扣除优先股股利后的余额，除以发行在外的普通股平均股数。其计算公式为：

$$\text{每股收益} = \frac{\text{净利润}-\text{优先股股利}}{\text{发行在外的普通股平均股数}} \quad (10\text{-}43)$$

其中：

$$\text{发行在外的普通股平均股数} = \sum \left(\text{发行在外的普通股股数} \times \frac{\text{发行在外的月份数}}{12} \right)$$

$$(10\text{-}44)$$

若本期普通股股数未发生增减变化，则发行在外的普通股平均股数可直接用期末发行在外的普通股股数。

每股收益是股份公司发行在外的普通股每股所取得的净利润,它可以反映股份公司的盈利能力的大小。每股收益越高,说明股份公司的盈利能力越强。

虽然每股收益可以很直观地反映股份公司的盈利能力以及股东的报酬,但是,它是一个绝对数指标,在分析每股收益时,还应结合流通在外的股数。如果某一股份公司采用股本扩张的政策,大量配股或以股票股利的形式分配股利,这样必然摊薄每股收益,使每股收益减小。同时,分析者还应注意到每股股价的高低,如果甲、乙两个公司的每股收益都是 0.64 元,但是甲公司每股市价为 22 元,而乙公司每股市价为 18 元,则投资于甲、乙两个公司的风险和报酬很显然是不同的。因此,投资者不能只片面地分析每股收益,最好结合净资产收益率来分析公司的盈利能力。

[例 10-20] 根据表 10-2 资料,同时假定该建筑企业 2006 年～2007 年末的普通股股数始终为 36000 万股,未发行优先股,则该建筑企业的每股收益计算如下:

$$2006 年度的每股收益 = \frac{7200}{36000} = 0.2（元）$$

$$2007 年度的每股收益 = \frac{7560}{36000} = 0.21（元）$$

该建筑企业 2007 年度的每股收益比 2006 年度略有增加,普通股股数未发生增减变化,表明该建筑企业的净利润略有增加。

8. 每股现金流量

注重股利分配的投资者应当注意,每股收益的高低虽然与股利分配有密切的关系,但是它不是决定股利分配的唯一因素。如果某一公司的每股收益很高,但是缺乏现金,那么也无法分配现金股利。因此,还有必要分析公司的每股现金流量。每股现金流量是经营活动现金净流量扣除优先股股利后的余额,除以发行在外的普通股平均股数。其计算公式为:

$$每股现金流量 = \frac{经营活动现金净流量 - 优先股股利}{发行在外的普通股平均股数} \qquad (10\text{-}45)$$

每股现金流量越高,说明股份公司越有能力支付现金股利。该指标反映股份公司最大的分派现金股利的能力,超过此限度,就要借款分红。

[例 10-21] 根据表 10-2 资料,同时假定该建筑企业 2006 年～2007 年末的普通股股数始终为 36000 万股,未发行优先股,2006 年度和 2007 年度的经营活动现金净流量分别为 9000 万元和 15000 万元,则该建筑企业的每股现金流量计算如下:

$$2006 年度的每股现金流量 = \frac{9000}{36000} = 0.25（元）$$

$$2007 年度的每股现金流量 = \frac{15000}{36000} = 0.42（元）$$

该建筑企业 2007 年度的每股现金流量比 2006 年度有显著增加,普通股股数未发生增减变化,表明该建筑企业的经营活动现金净流量有显著增加。

9. 每股股利

每股股利是普通股分配的现金股利总额除以发行在外的普通股股数,它反映了每股普通股获得的现金股利的多少。其计算公式为:

$$每股股利 = \frac{普通股现金股利总额}{期末发行在外的普通股平均股数} \quad (10\text{-}46)$$

每股股利的高低,不仅取决于公司盈利能力的强弱,还取决于公司的股利政策和现金是否充裕。

[例10-22] 根据表10-2资料,同时假定该建筑企业2006年~2007年末的普通股股数始终为36000万股,未发行优先股,2006年度和2007年度分派的现金股利分别为1800万元和2880万元,则该建筑企业的每股股利计算如下:

$$2006\text{年度的每股股利} = \frac{1800}{36000} = 0.05\text{(元)}$$

$$2007\text{年度的每股股利} = \frac{2880}{36000} = 0.08\text{(元)}$$

该建筑企业2007年度分派的每股股利比2006年度增加了0.03元。

10. 股利支付率

股利支付率,也称股利发放率,是普通股每股股利与每股收益的比率。它表明股份公司的净利润中有多少用于现金股利的分派。其计算公式为:

$$股利支付率 = \frac{每股股利}{每股收益} \times 100\% \quad (10\text{-}47)$$

股利支付率主要取决于公司的股利政策,没有一个具体的标准来判断股利支付率是大好还是小好。一般而言,如果一家公司的现金量比较充裕,并且目前没有更好的投资项目,则可能会倾向于发放现金股利;如果公司有较好的投资项目,则可能会少发现金股利,而将资金用于投资。

[例10-23] 根据例10-20和例10-22资料,该建筑企业的股利支付率计算如下:

$$2006\text{年度的股利支付率} = \frac{0.05}{0.2} = 25\%$$

$$2007\text{年度的股利支付率} = \frac{0.08}{0.21} = 38.1\%$$

该建筑企业2007年度的股利支付率比2006年度有明显上升。

11. 每股净资产

每股净资产,也称每股账面价值,是股东权益总额除以发行在外的普通股股数。其计算公式为:

$$每股净资产 = \frac{期末股东权益总额}{期末发行在外的普通股股数} \quad (10\text{-}48)$$

该指标反映了每股普通股所拥有的净资产,它是公司对投资者回报的实力基础,它可以衡量公司股票的含金量,该指标越大,说明公司每股拥有的净资产越多,公司的发展潜力越强;它是支撑股票市价的物质基础,指标越大,表明公司实力强，抵御外来因素影响和打击的能力越强，就会带动股价上升；它是公司在清算时股票的账面价值，通常被认为是股票市价下跌的最低限。但在分析时，只能有限地使用这一指标，因其净资产是用历史成本计量的，既不反映净资产的变现价值，也不反映净资产的产出能力。

[例 10-24] 根据表 10-2 资料，同时假定该建筑企业 2006 年～2007 年末的普通股股数始终为 36000 万股，该建筑企业的每股净资产计算如下：

$$2006 年末的每股净资产 = \frac{43800}{36000} = 1.22（元）$$

$$2007 年末的每股净资产 = \frac{49500}{36000} = 1.38（元）$$

该建筑企业 2007 年末的每股净资产比 2006 年末多。

12. 市盈率

市盈率，也称价格盈余比率或价格与收益比率，是指普通股每股市价与每股收益的比率。其计算公式为：

$$市盈率 = \frac{每股市价}{每股收益} \tag{10-49}$$

市盈率是反映股份公司盈利能力的一个重要指标，也是投资者对从某种股票获得 1 元净利润所愿意支付的价格。这一比率是投资者作出投资决策的重要参考因素之一。一般来说，市盈率高，说明投资者对该公司的发展前景看好，愿意出较高的价格购买该公司股票。另外一方面，市盈率也是衡量投资风险和报酬的重要标准。其他条件相同的情况下，市盈率较低的股票具有更大的投资价值。在市价确定的情况下，每股收益越高，市盈率越低，股票投资的风险越小；反之，在市价确定的情况下，每股收益越低，市盈率越高，股票投资的风险越大。在每股收益一定的情况下，市价越高，市盈率越高，投资的风险越大；反之，在每股收益一定的情况下，市价越低，市盈率越低，投资的风险越小，股票越具有投资价值。

[例 10-25] 根据例 10-20 资料，同时假定该建筑企业 2006 年末的每股市价为 3 元，2007 年末的每股市价为 3.78 元，则该建筑企业股票的市盈率计算如下：

$$2006 年末的市盈率 = \frac{3}{0.2} = 15$$

$$2007 年末的市盈率 = \frac{3.78}{0.21} = 18$$

该建筑企业 2007 年末的市盈率比 2006 年末高。

四、发展能力分析

发展能力是企业在生存的基础上扩大规模壮大实力的潜在能力。

反映企业发展能力的指标主要有：营业收入增长率、资本积累率、总资产增长率等。

1. 营业收入增长率

营业收入增长率是企业本年营业收入增长额与上年营业收入总额的比率。它反映企业营业收入的增减变动情况,是评价企业成长状况和发展能力的重要指标。其计算公式为:

$$营业收入增长率 = \frac{本年度营业收入增长额}{上年度营业收入总额} \times 100\% \qquad (10\text{-}50)$$

其中:

$$本年度营业收入增长额 = 本年营业收入总额 - 上年营业收入总额 \qquad (10\text{-}51)$$

营业收入增长率是衡量企业经营状况和市场占有能力、预测企业经营业务拓展趋势的重要标志,也是企业扩张资本的重要前提。不断增加营业收入,是企业生存的基础和发展的条件。该指标若大于0,表示企业本年的营业收入有所增长,指标值越高,表明增长速度越快,企业市场前景越好;若该指标小于0,则说明企业市场份额萎缩。

[例10-26] 根据表10-2资料,该建筑企业2007年度的营业收入增长率计算如下:

$$营业收入增长率 = \frac{63600 - 56400}{56400} \times 100\% = 12.77\%$$

该建筑企业2007年度的营业收入比2006年度有12.77%的增长。

2. 资本积累率

资本积累率是企业本年股东权益增长额与年初股东权益的比率。它反映企业当年资本的积累能力,是评价企业发展潜力的重要指标。其计算公式为:

$$资本积累率 = \frac{本年度股东权益增长额}{年初股东权益} \times 100\% \qquad (10\text{-}52)$$

其中:

$$本年股东权益增长额 = 股东权益年末数 - 股东权益年初数 \qquad (10\text{-}53)$$

资本积累率是企业当年股东权益总的增长率,反映了企业股东权益在当年的变动水平,体现了企业资本的积累情况,是企业发展强盛的标志,也是企业扩大再生产的源泉,展示了企业的发展潜力。资本积累率还反映了投资者投入企业资本的保全性和增长性。该指标若大于0,则指标值越高表明企业的资本积累越多,应对风险、持续发展的能力越大;该指标如为负值,表明企业资本受到侵蚀,所有者利益受到损害,应予充分重视。

[例10-27] 根据表10-1资料,该建筑企业2007年度的资本积累率计算如下:

$$资本积累率 = \frac{49500 - 43800}{43800} \times 100\% = 13.01\%$$

该建筑企业2007年末的股东权益比年初有13.01%的增长。

3. 总资产增长率

总资产增长率是企业本年总资产增长额同年初资产总额的比率,它反映企业本期资产规模的增长情况。其计算公式为:

$$总资产增长率 = \frac{本年总资产增长额}{年初资产总额} \times 100\% \qquad (10\text{-}54)$$

其中：

$$本年总资产增长额 = 资产总额年末数 - 资产总额年初数 \qquad (10\text{-}55)$$

总资产增长率是从企业资产总量扩张方面衡量企业的发展能力，表明企业规模增长水平对企业发展后劲的影响。该指标越高，表明企业一定时期内资产经营规模扩张的速度越快。但在分析时，应注意考虑资产规模扩张的质和量的关系，以及企业的后续发展能力，避免资产盲目扩张。

[例 10-28] 根据表 10-1 资料，该建筑企业 2007 年度的总资产增长率计算如下：

$$总资产增长率 = \frac{69000 - 60000}{60000} \times 100\% = 15\%$$

该建筑企业 2007 年末的资产总额比年初有 15% 的增长。

第四节 财务综合分析

财务分析的最终目的在于全面、准确、客观地揭示与披露建筑企业财务状况和经营管理的成果，并借以对建筑企业经济效益的优劣作出系统的、合理的评价。而事实上，仅仅测算出几项财务指标，很难全面评价企业的财务状况和经营成果，有时甚至会作出自相矛盾甚至是错误的结论。因此，要想对企业财务状况和经营成果有一个总的评价，必须将企业的偿债能力、营运能力、盈利能力及发展能力等各项指标作为一个整体，系统、全面地对企业财务状况和经营成果进行相互关联地分析，采用适当的标准进行综合性评价，才能得出正确的分析结论。

所谓财务综合分析就是将偿债能力、营运能力、盈利能力及发展能力等诸方面的分析纳入一个有机的整体之中，全面地对企业经营状况、财务状况进行综合和分析，从而对企业经济效益的优劣作出准确的评价与判断。

以下介绍常用的综合分析方法：杜邦分析法和沃尔比重评分法。

一、杜邦分析法

杜邦分析法是利用几种主要的财务比率之间的关系来综合地分析企业的财务状况，或者说利用各项主要财务比率与核心指标之间的内在联系，分析获利能力的变化原因的一种综合分析方法。因该分析方法是由美国杜邦公司首先提出，故称杜邦分析法。

[例 10-29] 根据表 10-1、表 10-2 资料，可计算杜邦财务分析体系中的各项指标如图 10-1 所示。

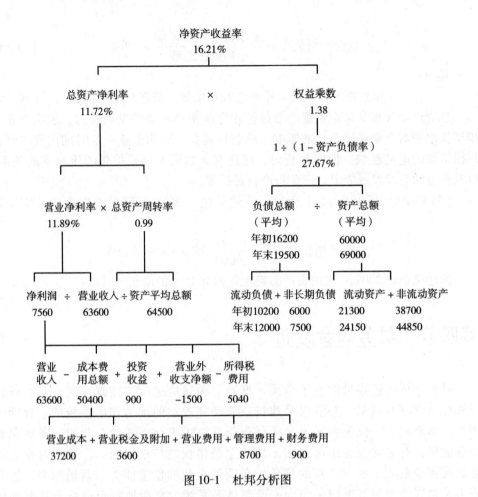

图 10-1 杜邦分析图

需要说明的是，由于净资产收益率、总资产净利率、营业利润率和总资产周转率都是时期指标，而权益乘数和资产负债率是时点指标，因此，为了使这些指标具有可比性，图 10-1 中的权益乘数和资产负债率均采用 2007 年初和年末的平均值。另外，由于每一指标计算时四舍五入后保留的数字个数较少，所以不十分精确。

杜邦体系的核心指标为净资产收益率，各主要指标之间的关系如下：

$$\text{净资产收益率} = \text{总资产净利率} \times \text{权益乘数} \tag{10-56}$$

$$\text{总资产净利率} = \text{营业净利率} \times \text{总资产周转率} \tag{10-57}$$

其中，

$$\text{营业净利率} = \frac{\text{净利润}}{\text{营业收入}} \times 100\% \tag{10-58}$$

$$\text{总资产周转率} = \frac{\text{营业收入}}{\text{资产平均总额}} \tag{10-59}$$

$$\text{权益乘数} = \frac{\text{资产总额}}{\text{所有者权益总额}} = \frac{1}{1-\text{资产负债率}} \tag{10-60}$$

上述指标之间的关系如下：

1. 净资产收益率是一个综合性最强的指标，它是杜邦体系的核心。其他各项指标都是围绕这一核心，通过研究彼此间的依存制约关系，揭示企业的获利能力及其前因后果。净资产收益率反映所有者投入资金的获利能力，反映企业筹资、投资、资产运营等活动的效率。提高股东权益报酬是实现财务管理目标的基本保证。净资产收益率受营业利润率、总资产周转率、权益乘数的影响。

2. 总资产净利率是另一个重要的财务比率，综合性也较强。该指标的高低取决于营业净利率（盈利能力指标）和总资产周转率（营运能力指标），因此，需要从营业状况和资产运营两个方面进行分析。

3. 营业净利率是提高企业盈利的关键，提高该指标的主要途径是扩大营业收入、降低成本费用。

4. 总资产周转率是反映企业利用资产实现营业收入的综合能力，提高该指标的途径是：扩大营业收入；合理安排流动资产与非流动资产的比例，减少资产占用。

5. 权益乘数反映所有者权益同总资产的关系。在总资产需要量既定的前提下，企业适当开展负债经营，相对减少所有者权益所占的份额，就可使权益乘数提高，这样能给企业带来较大的财务杠杆利益，但同时企业也需要承受较大的风险压力。因此，企业既要合理使用全部资产，又要妥善安排资金结构。

综上所述，提高净资产收益率的根本途径是：优化资本结构、优化投资配置、确立风险意识、扩大销售、节约成本、加速资金周转等。

杜邦分析法的指标设计也具有一定的局限性，它更偏重于企业所有者的利益角度。从杜邦指标体系来看，在其他因素不变的情况下，资产负债率越高，净资产收益率就越高。这是因为利用较多负债，从而利用财务杠杆作用的结果，但是没有考虑财务风险的因素，负债越多，财务风险越大，偿债压力越大。因此，还要结合其他指标综合分析。

二、沃尔比重评分法

在进行财务分析时，人们遇到的一个主要问题就是计算出财务比率之后，无法判断它是偏高还是偏低。将所测算的比率与本企业的历史水平或计划、定额相比较，也只能看出本企业自身的变化但难以评价其在市场竞争中的优劣地位。为了弥补这些缺陷，亚历山大·沃尔在其出版的《信用晴雨表研究》和《财务报表比率分析》中提出了信用能力指数概念，将流动比率、产权比率、固定资产比率、存货周转率、固定资产周转率、自有资金周转率等7项财务比率用线形关系结合起来，并分别给定各自的分数比重，然后通过与标准比率进行比较，确定各项指标的得分及总体指标的累计分数，从而对企业的信用水平作出评价。

原始意义上的沃尔评分法存在两个缺陷：一是所选定的7项指标缺乏证明力；二是当某项指标严重失常时，会对总评分产生不合逻辑的重大影响。现代社会与沃尔时代已经发生很大的变化，沃尔最初提出的7项指标已难以完全适用当前企业评价的需要。

进行财务综合评价是一项十分复杂、细致的工作,要得出十分正确的评价和判断则更是非常困难,所以上述方法只能提供一个综合分析的思路。

复习思考题

某公司 2007 年 12 月 31 日的资产负债表和 2007 年度利润表有关资料如下:

资产负债表　　　　　　　　　　　　　　　　表 10-3

编制单位：××公司　　　2007 年 12 月 31 日　　　　　　单位：万元

资产	年初数	期末数	负债和股东权益	年初数	期末数
			流动负债:		
			短期借款	170	175
流动资产:			应付账款	2000	2000
货币资金	110		流动负债合计	2170	2175
交易性金融资产	118		非流动负债:		
应收账款	1480	102	长期负债	1200	900
存货	2100	215	非流动负债合计	1200	900
流动资产合计	3808	1500	负债合计	3370	3075
非流动资产:		2000	股东权益:		
固定资产	2100	3817	股本	2500	2500
非流动资产合计	2100	1800	留存收益	38	42
			股东权益合计	2538	2542
资产总计	5908	5617	负债及股东权益总计	5908	5617

利润表　　　　　　　　　　　　　　　　表 10-4

编制单位：××公司　　　2007 年度　　　　　　单位：万元

项目	本期金额
一、营业收入	7960
减：营业成本	6540
营业税金及附加	50
销售费用	970
管理费用	165
财务费用	
加：投资收益	
二、营业利润	235
加：营业外收入	16
减：营业外支出	51
三、利润总额	200
减：所得税费用（税率为 40%）	80
四、净利润	120

假定该公司利润表中的财务费用全部为利息支出。

要求：根据以上有关报表资料计算2007年末的流动比率、速动比率、资产负债率、产权比率、权益乘数以及2007年度的现金流动负债比率、已获利息倍数、存货周转率、应收账款周转率、营业周期、流动资产周转率、固定资产周转率、总资产周转率、营业利润率、成本费用利润率、盈余现金保障倍数、总资产报酬率、总资产净利率、净资产收益率、营业收入增长率、资本积累率和总资产增长率。

附表一： 复利终值系数表

期数	1%	2%	3%	4%	5%	6%	7%	8%	9%	10%
1	1.0100	1.0200	1.0300	1.0400	1.0500	1.0600	1.0700	1.0800	1.0900	1.1000
2	1.0201	1.0404	1.0609	1.0816	1.1025	1.1236	1.1449	1.1664	1.1881	1.2100
3	1.0303	1.0612	1.0927	1.1249	1.1576	1.1910	1.2250	1.2597	1.2950	1.3310
4	1.0406	1.0824	1.1255	1.1699	1.2155	1.2625	1.3108	1.3605	1.4116	1.4641
5	1.0510	1.1041	1.1593	1.2167	1.2763	1.3382	1.4026	1.4693	1.5386	1.6105
6	1.0615	1.1262	1.1941	1.2653	1.3401	1.4185	1.5007	1.5809	1.6771	1.7716
7	1.0721	1.1487	1.2299	1.3159	1.4071	1.5306	1.6058	1.7738	1.8280	1.9487
8	1.0829	1.1717	1.2668	1.3686	1.4775	1.5938	1.7182	1.8509	1.9926	2.1436
9	1.0937	1.1951	1.3048	1.4233	1.5513	1.6895	1.8385	1.9990	2.1719	2.3579
10	1.1046	1.2190	1.3439	1.4802	1.6289	1.7908	1.9672	2.1589	2.3674	2.5937
11	1.1157	1.2434	1.3842	1.5395	1.7103	1.8983	2.1049	2.3316	2.5804	2.8531
12	1.1268	1.2682	1.4258	1.6010	1.7959	2.0122	2.2522	2.5182	2.8127	3.1384
13	1.1381	1.2936	1.4685	1.6651	1.8856	2.1329	2.4098	2.7196	3.0658	3.4523
14	1.1495	1.3195	1.5126	1.7317	1.9799	2.2609	2.5785	2.9372	3.3417	3.7975
15	1.1610	1.3459	1.5580	1.8009	2.0789	2.3966	2.7590	3.1722	3.6425	4.1772
16	1.1726	1.3728	1.6047	1.8730	2.1829	2.5404	2.9522	3.4259	3.9703	4.5950
17	1.1843	1.4002	1.6528	1.9479	2.2920	2.6928	3.1588	3.7000	4.3276	5.0545
18	1.1961	1.4282	1.7204	2.0258	2.4066	2.8543	3.3799	3.9960	4.7171	5.5599
19	1.2081	1.4568	1.7535	2.1068	2.5270	3.0256	3.6165	4.3157	5.1417	6.1159
20	1.2202	1.4859	1.8061	2.1911	2.6533	3.2071	3.8697	4.6610	5.6044	6.7275
21	1.2324	1.5157	1.8603	2.2788	2.7860	3.3996	4.1406	5.0388	6.1088	7.4002
22	1.2447	1.5460	1.9161	2.3699	2.9253	3.6035	4.4304	5.4365	6.6586	8.1403
23	1.2572	1.5769	1.9736	2.4647	3.0715	3.8197	4.7405	5.8715	7.2579	8.2543
24	1.2697	1.6084	2.0328	2.5633	3.2251	4.0489	5.0724	6.3412	7.9111	9.8497
25	1.2824	1.6406	2.0938	2.6658	3.3864	4.2919	5.4274	6.8485	8.6231	10.835
26	1.2953	1.6734	2.1566	2.7725	3.5557	4.5494	5.8076	7.3992	9.3992	11.918
27	1.3082	1.7069	2.2213	2.8834	3.7335	4.8823	6.2139	7.9881	10.245	13.110
28	1.3213	1.7410	2.2879	2.9987	3.9201	5.1117	6.6488	8.6271	11.167	14.421
29	1.3345	1.7758	2.3566	3.1187	4.1161	5.4184	7.1143	9.3173	12.172	15.863
30	1.3478	1.8114	2.4273	3.2434	4.3219	5.7435	7.6123	10.063	13.268	17.449
40	1.4889	2.2080	3.2620	4.8010	7.0400	10.286	14.794	21.725	31.408	45.259
50	1.6446	2.6916	4.3839	7.1067	11.467	18.420	29.457	46.902	74.358	117.39
60	1.8167	3.2810	5.8916	10.520	18.679	32.988	57.946	101.26	176.03	304.48

续表

期数	12%	14%	15%	16%	18%	20%	24%	28%	32%	36%
1	1.1200	1.1400	1.1500	1.1600	1.1800	1.2000	1.2400	1.2800	1.3200	1.3600
2	1.2544	1.2996	1.3225	1.3456	1.3924	1.4400	1.5376	1.6384	1.7424	1.8496
3	1.4049	1.4815	1.5209	1.5609	1.6430	1.7280	1.9066	2.0872	2.3000	2.5155
4	1.5735	1.6890	1.7490	1.8106	1.9388	2.0736	2.3642	2.6844	3.0360	3.4210
5	1.7623	1.9254	2.0114	2.1003	2.2878	2.4883	2.9316	3.4360	4.0075	4.6526
6	1.9738	2.1950	2.3131	2.4364	2.6996	2.9860	3.6352	4.3980	5.2899	6.3275
7	2.2107	2.5023	2.6600	2.8262	3.1855	3.5832	4.5077	5.6295	6.9826	8.6054
8	2.4760	2.8526	3.0590	3.2784	3.7589	4.2998	5.5895	7.2508	9.2170	11.703
9	2.7731	3.2519	3.5179	3.8030	4.4355	5.1598	6.9310	9.2234	12.166	15.917
10	3.1058	3.7072	4.0456	4.4114	5.2338	6.1917	8.5944	11.806	16.060	21.647
11	3.4785	4.2262	4.6524	5.1173	6.1759	7.4301	10.657	15.112	21.199	29.439
12	3.8960	4.8179	5.3503	5.9360	7.2876	8.9161	13.215	19.343	27.983	40.037
13	4.3635	5.4924	6.1528	6.8858	8.5994	10.699	16.386	24.759	36.937	54.451
14	4.8871	6.2613	7.0757	7.9875	10.147	12.839	20.319	31.691	48.757	74.053
15	5.4736	7.1379	8.1371	9.2655	11.974	15.407	25.196	40.565	64.359	100.71
16	6.1304	8.1372	9.3576	10.748	14.129	18.488	31.243	51.923	84.954	136.97
17	6.8860	9.2765	10.761	12.468	16.672	22.186	38.741	66.461	112.14	186.28
18	7.6900	10.575	12.375	14.463	19.673	26.623	48.039	86.071	148.02	253.34
19	8.6128	12.056	14.232	16.777	23.214	31.948	59.568	108.89	195.39	344.54
20	9.6463	13.743	16.367	19.461	27.393	38.338	73.864	139.38	257.92	468.57
21	10.804	15.668	18.822	22.574	32.324	46.005	91.592	178.41	340.45	637.26
22	12.100	17.861	21.645	26.186	38.142	55.206	113.57	228.36	449.39	866.67
23	13.552	20.362	24.891	30.376	45.008	66.247	140.83	292.30	593.20	1178.7
24	15.179	23.212	28.625	35.236	53.109	79.497	174.63	374.14	783.02	1603.0
25	17.000	26.462	32.919	40.874	62.669	95.396	216.54	478.90	1033.6	2180.1
26	19.040	30.167	37.857	47.414	73.949	114.48	268.51	613.00	1364.3	2964.9
27	21.325	34.390	43.535	55.000	87.260	137.37	332.95	784.64	1800.9	4032.3
28	23.884	39.204	50.066	63.800	102.97	164.84	412.86	1004.3	2377.2	5483.9
29	26.750	44.693	57.575	74.009	121.50	197.81	511.95	1285.6	3137.9	7458.1
30	29.960	50.950	66.212	85.850	143.37	237.38	634.82	1645.5	4142.1	10143
40	93.051	188.83	267.86	378.72	750.38	1469.8	5455.9	19427	66521	*
50	289.00	700.23	1083.7	1670.7	3927.4	9100.4	46890	*	*	*
60	897.60	2595.9	4384.0	7370.2	20555	56348	*	*	*	*
*	>99999									

附表二： 复利现值系数表

期数	1%	2%	3%	4%	5%	6%	7%	8%	9%	10%
1	.9901	.9804	.9709	.9615	.9524	.9434	.9346	.9259	.9174	.9091
2	.9803	.9712	.9426	.9246	.9070	.8900	.8734	.8573	.8417	.8264
3	.9706	.9423	.9151	.8890	.8638	.8396	.8163	.7938	.7722	.7513
4	.9610	.9238	.8885	.8548	.8227	.7921	.7629	.7350	.7084	.6830
5	.9515	.9057	.8626	.8219	.7835	.7473	.7130	.6806	.6499	.6209
6	.9420	.8880	.8375	.7903	.7462	.7050	.6663	.6302	.5963	.5645
7	.9327	.8606	.8131	.8219	.7107	.665	.6227	.5835	.5470	.5132
8	.9235	.8535	.7874	.7307	.6768	.6274	.5820	.5403	.5019	.4665
9	.9143	.8368	.7664	.7026	.6446	.5919	.5439	.5002	.4604	.4241
10	.9053	.8203	.7441	.6756	.6139	.5584	.5083	.4632	.4224	.3855
11	.8963	.8043	.7224	.6496	.5847	.5268	.4751	.4289	.3875	.3505
12	.8874	.7885	.7014	.6246	.5568	.4970	.4440	.3971	.3555	.3186
13	.8787	.7730	.6810	.6006	.5303	.4688	.4150	.3677	.3262	.2897
14	.8700	.7579	.6611	.5775	.5051	.4423	.3878	.3405	.2992	.2633
15	.8613	.7430	.6419	.5553	.4810	.4173	.3624	.3152	.2745	.2394
16	.8528	.7284	.6232	.5339	.4581	.3936	.3387	.2919	.2519	.2176
17	.8444	.7142	.6050	.5134	.4363	.3714	.3166	.2703	.2311	.1978
18	.8360	.7002	.5874	.4936	.4155	.3503	.2959	.2502	.2120	.1799
19	.8277	.6864	.5703	.4746	.3957	.3305	.2765	.2317	.1945	.1635
20	.8195	.6730	.5537	.4564	.3769	.3118	.2584	.2145	.1784	.1486
21	.8114	.6598	.5375	.4388	.3589	.2942	.2415	.1987	.1637	.1351
22	.8034	.6468	.5219	.4220	.3418	.2775	.2257	.1839	.1502	.1228
23	.7954	.6342	.5067	.4057	.3256	.2618	.2109	.1703	.1378	.1117
24	.7876	.6217	.4919	.3901	.3101	.2470	.1971	.1577	.1264	.1015
25	.7798	.6095	.4776	.3751	.2953	.2330	.1842	.1460	.1160	.0923
26	.7720	.5976	.4637	.3604	.2812	.2198	.1722	.1352	.1064	.0839
27	.7644	.5859	.4502	.3468	.2578	.2074	.1609	.1252	.0976	.0763
28	.7568	.5744	.4371	.3335	.2551	.1956	.1504	.1159	.0895	.0693
29	.7493	.5631	.4243	.3207	.2429	.1846	.1406	.1073	.0822	.0630
30	.7419	.5521	.4120	.3083	.2314	.1741	.1314	.0994	.0754	.0573
35	.7059	.5000	.3554	.2534	.1813	.1301	.0937	.0676	.0490	.0356
40	.6717	.4529	.3066	.2083	.1420	.0972	.0668	.0460	.0318	.0221
45	.6391	.4102	.2644	.1712	.1113	.0727	.0476	.0313	.0207	.0137
50	.6080	.3715	.2281	.1407	.0872	.0543	.0339	.0213	.0134	.0085
55	.5785	.3365	.1968	.1157	.0683	.0406	.0242	.0145	.0087	.0053

续表

期数	12%	14%	15%	16%	18%	20%	24%	28%	32%	36%
1	.8929	.8772	.8696	.8621	.8475	.8333	.8065	.7813	.7576	.7353
2	.7972	.7695	.7561	.7432	.7182	.6944	.6504	.6104	.5739	.5407
3	.7118	.6750	.6575	.6407	.6086	.5787	.5245	.4768	.4348	.3975
4	.6355	.5921	.5718	.5523	.5158	.4823	.4230	.3725	.3294	.2923
5	.5674	.5194	.4972	.4762	.4371	.4019	.3411	.2910	.2495	.2149
6	.5066	.4556	.4323	.4104	.3704	.3349	.2751	.2274	.1890	.1580
7	.4523	.3996	.3759	.3538	.3139	.2791	.2218	.1776	.1432	.1162
8	.4039	.3506	.3269	.3050	.2660	.2326	.1789	.1388	.1085	.0854
9	.3606	.3075	.2843	.2630	.2255	.1938	.1443	.1084	.0822	.0628
10	.3220	.2697	.2472	.2267	.1911	.1615	.1164	.0847	.0623	.0462
11	.2875	.2366	.2149	.1954	.1619	.1346	.0938	.0662	.0472	.0340
12	.2567	.2076	.1869	.1685	.1372	.1122	.0757	.0517	.0357	.0250
13	.2292	.1821	.1625	.1452	.1163	.0935	.0610	.0404	.0271	.0184
14	.2046	.1597	.1413	.1252	.0985	.0779	.0492	.0316	.0205	.0135
15	.1827	.1401	.1229	.1079	.0835	.0649	.0397	.0247	.0155	.0099
16	.1631	.1229	.1069	.0930	.0708	.0541	.0320	.0193	.0118	.0073
17	.1456	.1078	.0929	.0802	.0600	.0451	.0259	.0150	.0089	.0054
18	.1300	.0946	.0808	.0691	.0508	.0376	.0208	.0118	.0068	.0039
19	.1161	.0829	.0703	.0596	.0431	.0313	.0168	.0092	.0051	.0029
20	.1037	.0728	.0611	.0514	.0365	.0261	.0135	.0072	.0039	.0021
21	.0926	.0638	.0531	.0443	.0309	.0217	.0109	.0056	.0029	.0016
22	.0826	.0560	.0462	.0382	.0262	.0181	.0088	.0044	.0022	.0012
23	.0738	.0491	.0402	.0329	.0222	.0151	.0071	.0034	.0017	.0008
24	.0659	.0431	.0349	.0284	.0188	.0126	.0057	.0027	.0013	.0006
25	.0588	.0378	.0304	.0245	.0160	.0105	.0046	.0021	.0010	.0005
26	.0525	.0331	.0264	.0211	.0135	.0087	.0037	.0016	.0007	.0003
27	.0469	.0291	.0230	.0182	.0115	.0073	.0030	.0013	.0006	.0002
28	.0419	.0255	.0200	.0157	.0097	.0061	.0024	.0010	.0004	.0002
29	.0374	.0224	.0174	.0135	.0082	.0051	.0020	.0008	.0003	.0001
30	.0334	.0196	.0151	.0116	.0070	.0042	.0016	.0006	.0002	.0001
35	.0189	.0102	.0075	.0055	.0030	.0017	.0005	.0002	.0001	*
40	.0107	.0053	.0037	.0026	.0013	.0007	.0002	.0001	*	*
45	.0061	.0027	.0019	.0013	.0006	.0003	.0001	*	*	*
50	.0035	.0014	.0009	.0006	.0003	.0001	*	*	*	*
55	.0020	.0007	.0005	.0003	.0001	*	*	*	*	*
*	<.0001									

附表三： 普通年金终值系数表

期数	1%	2%	3%	4%	5%	6%	7%	8%	9%	10%
1	1.0000	1.0000	1.0000	1.0000	1.0000	1.0000	1.0000	1.0000	1.0000	1.0000
2	2.0100	2.0200	2.0300	2.0400	2.0500	2.0600	2.0700	2.0800	2.0900	2.1000
3	3.0301	309694	3.0909	3.1216	3.1525	3.1836	2.2149	3.2464	3.2781	3.3100
4	4.0604	4.1216	4.1836	4.2465	4.3101	4.3746	4.4399	4.5061	4.5731	4.6410
5	5.1010	5.2040	5.3091	5.4163	5.5256	5.6371	5.7507	5.8666	5.9847	6.1051
6	6.1520	6.3081	6.4684	6.6330	6.8019	6.9753	7.1522	7.3359	7.5233	7.7156
7	7.2135	7.4343	7.6625	7.8983	8.1420	8.3938	8.6540	8.9228	9.2004	9.4872
8	8.2857	8.5830	8.8923	9.2142	9.5491	9.8975	10.260	10.637	11.028	11.436
9	9.3685	9.7546	10.159	10.583	11.027	11.491	11.978	12.488	13.021	13.579
10	10.462	10.950	11.464	12.006	12.578	13.181	13.816	14.487	15.193	15.937
11	11.567	12.169	12.808	13.486	14.207	14.972	15.784	16.645	17.560	18.531
12	12.683	13.412	14.192	15.026	15.917	16.870	17.888	18.977	20.141	21.384
13	13.809	14.680	15.618	16.627	17.713	18.882	20.141	21.495	22.953	24.523
14	14.947	15.974	17.086	18.292	19.599	21.015	22.550	24.214	26.019	27.975
15	16.097	17.293	18.599	20.024	21.579	23.276	25.129	27.152	29.361	31.772
16	17.258	18.639	20.157	21.825	23.657	25.673	27.888	30.324	33.003	35.950
17	18.430	20.012	21.762	23.698	25.840	28.213	30.840	33.750	36.974	40.545
18	19.615	21.412	23.414	25.645	28.132	30.906	33.999	37.450	41.301	45.599
19	20.811	22.841	25.117	27.671	30.539	33.760	37.379	41.446	46.018	51.159
20	22.019	24.297	26.870	29.778	33.066	36.786	40.995	45.752	51.160	57.275
21	23.239	25.783	28.676	31.969	35.719	39.993	44.865	50.423	56.765	64.002
22	24.472	27.299	30.537	34.248	38.505	43.392	49.006	55.457	62.873	71.403
23	25.716	28.845	32.453	36.618	41.430	46.996	53.436	60.883	69.532	79.543
24	26.973	30.422	34.426	39.083	44.502	50.816	58.177	66.765	76.790	88.497
25	28.243	32.030	36.459	41.646	47.727	54.863	63.294	73.106	84.701	98.347
26	29.526	33.671	38.553	44.312	51.113	59.156	68.676	79.954	93.324	109.18
27	30.821	35.344	40.710	47.084	54.669	63.706	74.484	87.351	102.72	121.10
28	32.129	37.051	42.931	49.968	58.403	68.528	80.698	95.339	112.97	134.21
29	33.450	38.792	45.219	52.966	62.323	73.640	87.347	103.97	124.14	148.63
30	34.785	40.568	47.575	56.085	66.439	79.058	94.461	113.28	146.31	164.49
40	48.886	60.402	75.401	95.026	120.80	154.76	199.64	259.06	337.88	442.59
50	64.463	84.579	112.80	152.67	209.35	290.34	406.53	573.77	815.08	1163.9
60	81.670	114.05	163.05	237.99	353.58	533.13	813.52	1253.2	1944.8	3034.8

续表

期数	12%	14%	15%	16%	18%	20%	24%	28%	32%	36%
1	1.0000	1.0000	1.0000	1.0000	1.0000	1.0000	1.0000	1.0000	1.0000	1.0000
2	2.1200	2.1400	2.1500	2.1600	2.1800	2.2000	2.2400	2.2800	2.3200	2.3600
3	3.3744	3.4396	3.4725	3.5056	3.5724	3.6400	3.7776	3.9184	3.0624	3.2096
4	4.7793	4.9211	4.9934	5.0665	5.2154	5.3680	5.6842	6.0156	6.3624	6.7251
5	6.3528	6.6101	6.7424	6.8771	7.1542	7.4416	8.0484	8.6999	9.3983	10.146
6	8.1152	8.5355	8.7537	8.9775	9.4420	9.9299	10.980	12.136	13.406	14.799
7	10.089	10.730	11.067	11.414	12.142	12.916	14.615	16.534	18.696	21.126
8	12.300	13.233	13.727	14.240	15.327	16.499	19.123	22.163	25.678	29.732
9	14.776	16.085	16.786	17.519	19.086	20.799	24.712	29.369	34.895	41.435
10	17.549	19.337	20.304	21.321	23.521	25.959	31.643	38.593	47.062	57.352
11	20.655	23.045	24.349	25.733	28.755	32.150	40.238	50.398	63.122	78.998
12	24.133	27.271	29.002	30.850	34.931	39.581	50.895	65.510	84.320	108.44
13	28.029	32.089	34.352	36.786	42.219	48.497	64.110	84.853	112.30	148.47
14	32.393	37.581	40.505	43.672	50.818	59.196	80.496	109.61	149.24	202.93
15	37.280	43.842	47.580	51.660	60.965	72.035	100.82	141.30	198.00	276.98
16	42.753	50.980	55.717	60.925	72.939	87.442	126.01	181.87	262.36	377.69
17	48.884	59.118	65.075	71.673	87.068	105.93	157.25	233.79	347.31	514.66
18	55.750	68.394	75.836	84.141	103.74	128.12	195.99	300.25	459.45	770.94
19	63.440	78.969	88.212	98.603	123.41	154.74	244.03	385.32	607.47	954.28
20	72.052	91.025	102.44	115.38	146.63	186.69	303.60	494.21	802.86	1298.8
21	81.699	104.77	118.81	134.84	174.02	225.03	377.46	633.59	1060.8	1767.4
22	92.503	120.44	137.63	157.41	206.34	271.03	469.06	812.00	1401.2	2404.7
23	104.60	138.30	159.28	183.60	244.49	326.24	582.63	1040.4	1850.6	3271.3
24	118.16	158.66	184.17	213.98	289.49	392.48	723.46	1322.7	2443.8	4450.0
25	133.33	181.87	212.79	249.21	342.60	471.98	898.09	1706.8	3226.8	6053.0
26	150.33	208.33	245.71	290.09	405.27	567.38	1114.6	2185.7	4260.4	8233.1
27	169.37	238.50	283.57	337.50	479.22	681.85	1383.1	2798.7	5624.8	11198.0
28	190.70	272.89	327.10	392.50	566.48	819.22	1716.1	3583.3	7425.7	15230.3
29	214.58	312.09	377.17	456.30	669.45	984.07	2129.0	4587.7	9802.9	20714.2
30	241.33	356.79	434.75	530.31	790.95	1181.9	2640.9	5873.2	12941	28172.3
40	767.09	1342.0	1779.1	2360.8	4163.2	7343.2	2729	69377	*	*
50	2400.0	4994.5	7217.7	10436	21813	45497	*	*	*	*
60	7471.6	18535	29220	46058	*	*	*	*	*	*
*	>99999									

附表三 普通年金终值系数表

附表四: 普通年金现值系数表

期数	1%	2%	3%	4%	5%	6%	7%	8%	9%
1	0.9901	0.9804	0.9709	0.9615	0.9524	0.9434	0.9346	0.9259	0.9174
2	1.9704	1.9416	1.9135	1.8861	1.8594	1.8334	1.8080	1.7833	1.7591
3	2.9410	2.8839	2.8286	2.7751	2.7232	2.6730	2.6243	2.5771	2.5313
4	3.9020	3.8077	3.7171	3.6299	3.5460	3.4651	3.3872	3.3121	3.2397
5	4.8534	4.7135	4.5797	4.4518	4.3295	4.2124	4.1002	3.9927	3.8897
6	5.7955	5.6014	5.4172	5.2421	5.0757	4.9173	4.7665	4.6229	4.4859
7	6.7282	6.4720	6.2303	6.0021	5.7864	5.5824	5.3893	5.2064	5.0330
8	7.6517	7.3255	7.0197	6.7327	6.4632	6.2098	5.9713	5.7466	5.5348
9	8.5660	8.1622	7.7861	7.4353	7.1078	6.8017	6.5152	6.2469	5.9952
10	9.4713	8.9826	8.5302	8.1109	7.7217	7.3601	7.0236	6.7107	6.4177
11	10.3676	9.7868	9.2526	8.7605	8.3064	7.8869	7.4987	7.1390	6.8052
12	11.2551	10.5753	9.9540	9.3851	8.8633	8.3838	7.9427	7.5361	7.1607
13	12.1337	11.3484	10.6350	9.9856	9.3936	8.8527	8.3577	7.9038	7.4869
14	13.0037	12.1062	11.2961	10.5631	9.8986	9.2950	8.7455	8.2442	7.7862
15	13.8651	12.8493	11.9379	11.1184	10.3797	9.7122	9.1079	8.5595	8.0607
16	14.7179	13.5777	12.5611	11.6523	10.8378	10.1059	9.4466	8.8514	8.3126
17	15.5623	14.2919	13.1661	12.1657	11.2741	10.4773	9.7632	9.1216	8.5436
18	16.3983	14.9920	13.7535	12.6896	11.6896	10.8276	10.0591	9.3719	8.7556
19	17.2260	15.6785	14.3238	13.1339	12.0853	11.1581	10.3356	9.6036	8.9601
20	18.0456	16.3514	14.8775	13.5903	12.4622	11.4699	10.5940	9.8181	9.1285
21	18.8570	17.0112	15.4150	14.0292	12.8212	11.7641	10.8355	10.0168	9.2922
22	19.6604	17.6580	15.9369	14.4511	13.1630	12.0416	11.0612	10.2007	9.4424
23	20.4558	18.2922	16.4436	14.8568	13.4886	12.3034	11.2722	10.3711	9.5802
24	21.2434	18.9139	16.9355	15.2470	13.7986	12.5504	11.4693	10.5288	9.7066
25	22.0232	19.5235	17.4131	15.6221	14.0939	12.7834	11.6536	10.6748	9.8226
26	22.7952	10.1210	17.8768	15.9828	14.3752	13.0032	11.8258	10.8100	9.9290
27	23.5596	20.7059	18.3270	16.3296	14.6430	13.2105	11.9867	10.9352	10.0266
28	24.3164	21.2813	18.7641	16.6631	14.8981	13.4062	12.1371	11.0511	10.1161
29	25.0658	21.8444	19.1885	16.9837	15.1411	13.5907	12.2777	11.1584	10.2983
30	25.8077	22.3965	19.6004	17.2920	15.3725	13.7648	12.4090	11.2578	10.2737
35	29.4086	24.9986	21.4872	18.6646	16.3742	14.4982	12.9477	11.6546	10.5668
40	32.8347	27.3556	23.1148	19.7928	17.1591	15.0463	13.3317	11.9246	10.7574
45	36.0945	29.4902	24.5187	20.7200	17.7741	15.4558	13.6055	12.1084	10.8812
50	39.1961	31.4236	25.7298	21.4822	18.2559	15.7619	13.8007	12.2335	10.9617
55	42.1472	33.1748	26.7744	22.1086	18.6335	15.9905	13.9399	12.3186	11.0140

续表

期数	10%	12%	14%	15%	16%	18%	20%	24%	28%	32%
1	0.9091	0.8929	0.8772	0.8696	0.8621	0.8475	0.8333	0.8065	0.7813	0.7576
2	1.7355	1.6901	1.6467	1.6257	1.6052	1.5656	1.5278	1.4568	1.3916	1.3315
3	2.4869	2.4018	2.3216	2.2832	2.2459	2.1743	2.1065	1.9813	1.8684	1.7663
4	3.1699	3.0373	2.9173	2.8550	2.7982	2.6901	2.5887	2.4043	2.2410	2.0957
5	3.7908	3.6048	3.4331	3.3522	3.2743	3.1272	2.9906	2.7454	2.5320	2.3452
6	4.3553	4.1114	3.8887	3.7845	3.6847	3.4976	3.3255	3.0205	2.7594	2.5342
7	4.8684	4.5638	4.2882	4.1604	4.0386	3.8115	3.6046	3.2423	2.9370	2.6775
8	5.3349	4.9676	4.6389	4.4873	4.3436	4.0766	3.8372	3.4212	3.0758	2.7860
9	5.7590	5.3282	4.9164	4.7716	4.6065	4.3030	4.0310	3.5655	3.1842	2.8681
10	6.1446	5.6502	5.2161	5.0188	4.8332	4.4941	4.1925	3.6819	3.2689	2.9304
11	6.4951	5.9377	5.4527	5.2337	5.0286	4.6560	4.3271	3.7757	3.3351	2.9776
12	6.8137	6.1944	5.6603	5.4206	5.1971	4.7932	4.4392	3.8514	3.3868	3.0133
13	7.1034	6.4235	5.8424	5.5831	5.3423	4.9095	4.5327	3.9124	3.4272	3.0404
14	7.3667	6.6282	6.0021	5.7245	5.4675	5.0081	4.6106	3.9616	3.4587	3.0609
15	7.6061	6.8109	6.1422	5.8474	5.5755	5.0916	4.6755	4.0013	3.4834	3.0764
16	7.8237	6.9740	6.2651	5.9542	5.6685	5.1624	4.7296	4.0333	3.5026	3.0882
17	8.0216	7.1196	6.3729	6.0472	5.7487	5.2223	4.7746	4.0591	3.5177	3.0971
18	8.2014	7.2497	6.4674	6.1280	5.8178	5.2732	4.8122	4.0799	3.5294	3.1039
19	8.3649	7.3658	6.5504	6.1982	5.8775	5.3162	4.8435	4.0967	3.5386	3.1090
20	8.5136	7.4694	6.6231	6.2593	5.9288	5.3527	4.8696	4.1103	3.5458	3.1129
21	8.6487	7.5620	6.6870	6.3125	5.9731	5.3837	4.8913	4.1212	3.5514	3.1158
22	8.7715	7.6446	6.7429	6.3587	6.0113	5.4099	4.9094	4.1300	3.5558	3.1180
23	8.8832	7.7184	6.7921	6.3988	6.0442	5.4321	4.9245	4.1371	3.5592	3.1197
24	8.9847	7.7843	6.8351	6.4338	6.0726	5.4509	4.9371	4.1428	3.5619	3.1210
25	9.0770	7.8431	6.8729	6.4641	6.0971	5.4669	4.9476	4.1474	3.5640	3.1220
26	9.1609	7.8957	6.9061	6.4906	6.1182	5.4804	4.9563	4.1511	3.5656	3.1227
27	9.2372	7.9426	6.9352	6.5135	6.1364	5.4919	4.9636	4.1542	3.5669	3.1233
28	9.3066	7.9844	6.9607	6.5335	6.1520	5.5016	4.9697	4.1566	3.5679	3.1237
29	9.3696	8.0218	6.9830	6.5509	6.1656	5.5098	4.9747	4.1585	3.5687	3.1240
30	9.4269	8.0552	7.0027	6.5660	6.1772	5.5168	4.9789	4.1601	3.5693	3.1242
35	9.6442	8.1755	7.0700	6.6166	6.2153	5.5386	4.9915	4.1644	3.5708	3.1248
40	9.7791	8.2438	7.1050	6.6418	6.2335	5.5482	4.9966	4.1659	3.5712	3.1250
45	9.8628	8.2825	7.1232	6.6543	6.2421	5.5523	4.9986	4.1664	3.5714	3.1250
50	9.9148	8.3045	7.1327	6.6605	6.2463	5.5541	4.9995	4.1666	3.5714	3.1250
55	9.9471	8.3170	7.1376	6.6636	6.2482	5.5549	4.9998	4.1666	3.5714	3.1250

附表四 普通年金现值系数表

参考文献

[1] 财政部会计资格评价中心. 全国会计专业技术资格考试辅导教材：中级会计资格——财务管理. 北京：中国财政经济出版社，2007.

[2] 中国注册会计师协会. 2007年度注册会计师全国统一考试辅导教材：财务成本管理. 北京：经济科学出版社，2007.

[3] 温作民，许敏. 财务管理. 南京：东南大学出版社，2002.

[4] 吴树畅，胡国强. 财务管理. 成都：西南财经大学出版社，2006.

[5] 邵天营，陈复昌. 财务管理学. 上海：立信会计出版社，2004.

[6] 褚小囡，陈雪飞. 财务管理. 上海：东华大学出版社，2006.